上海 **教师教育** 丛书

知困书系

文化·教师·讲台

站住讲台的

Zhanzhu Jiangtai de Liliang

主编 吴国平

上海教育出版社
SHANGHAI EDUCATIONAL
PUBLISHING HOUSE

上海教师教育丛书编委会

主　　任　李永智　尹后庆

编　　委　（以姓氏笔画为序）

策　　划　吴国平

总　序

　　教育改革的步伐已经进入了关注教师发展的新阶段。不是因为课程改革已陷于制度性疲倦，不是因为评价改革终将受制于社会发展的瓶颈，也不是因为我们拥有超过千万的中小幼教师队伍，每年有数十万计的青年人正在进入这个领域。课程也好，评价也罢，根本上它们都内在于教师。拥抱"教师的年代"，不在于讨论有多少以教职为生计的人，而在于如何拥有师者的内在品质，值得学生效法，使自己从一名教者成长为一名真正的师者。

关注教师是国际教育改革的普遍趋势

　　制度化教育确立以来，课程长期占据着学校教育的中心地位。直到20世纪60年代，国际教育界才开始把视线转向教师。这是由于课程、教学、评价、管理这些学校层面的所有改革，最终都离不开教师。尽管半个世纪以来，教师职业到底算不算专业还存有不同的看法，但关于教师的专业化问题持续受到广泛关注。

　　中国向来具有有别于西方的教育传统。中国古代教育有重教师、轻课程的传统，唯这种传统并未演化成现代意义上的教与学的机制，更未形成制度化的学校，因此循着传道授业解惑的路径发展教师素养的希冀，愿望虽好，但缺少登梯之阶，难以形成规范。近年来，随着教育国际交流的增进，尤其是上海学生在PISA项目中的表现，引来国际社会对中国教师组织化程度经验的关注，其中教研组和集体备课被认为是两大亮点。因为在西方，教师的教学行为被认为是从属于个人的专业行为，即便是同行也不得任意干预，可以想见，其结果便影响到授业与指导经验的传播。问题是，中国学校教研组的形式究竟以怎样的方式引导教师提升专业能力，尚缺乏充分的论证和公认的成果。理论上来说，一个组织如果确实发生了影响，既有可能是正面积极的，也有可能是负面消极的。教研组对于教师的影响，既未被证实也未被证伪，能否成为经验尚待科学论证。至于集体备课，从不久前在上海对近八千名中小学幼儿园教师所进行的问卷调研显示，面对庞杂的课程事实和众说纷纭的教师要求，一大批成长期的教师从茫然不知所措，到随波逐流；而所谓"成熟期"的教师则顾影自怜地停留在自我经验的世界中，真正知识讲授型教师则难觅踪影。教师发展的局限已成为深化课程改革的短板，这样的局面不改变，教育质量有大滑坡的风险。

教师的成熟需要积累丰富的社会实践

在汉语中，我们把师者称为"老师"，一般解释其中的"老"无义，表尊敬。其实《荀子·致士》中强调了做老师有四个条件，其中一条曰"耆艾而信，可以为师"。古人把五十岁的人称为"艾"，把六十岁的人称为"耆"，把七十岁的人称为"老"。这或是"老师"称谓的早期由来。可见，年龄本是成为教师的一项先决的基本条件。只是在制度化教育出现以后，尤其是以分科为特征的知识传授成为学习的基本形式形成以来，这种年龄的限制才被取消。

古人为什么会对为师者设置年龄限制？是因为教师的职业属性是一名"杂家"，这样的"杂家"不经过长期的、丰富的社会实践积累，是难以炼成的。在今人眼里，"杂家"似乎意味着专业程度低人一等。其实，无论是在古代中国还是在近代西方，强调的都是社会中的个体应具备多方面的才能。孔子所谓的"君子不器"不是在谈"杂家"吗？而马克思关于人的全面发展又何尝不是在谈"杂家"呢？及至当代，"把一个人在体力、智力、情绪、伦理各方面的因素综合起来，使他成为一个完善的人，这就是对教育基本目的的一个广义的界说"（《学会生存》）。这句话表明"杂家"较之于"专家"更近于"完善的人"。教师面对的是多姿多彩的学生，每个学生都有各自的阅历，他们的家庭、他们的生活、他们的所见所闻都不尽相同，每个学生都是一个完整的世界，每个学生又都是一个独特的世界。教师要想成为学生精神生活的指引者，自己必须是一个精神生活丰富的人。而精神生活丰富的基础就是有渊博的知识，不仅是专业知识，而且是与之相关的各方面的知识。

岗位成长已成为教师专业发展的共识

我们拥有成熟的师范教育体系,拥有完备的教师任职制度,是否就意味着我们拥有了优秀教师的培养机制? 想要回答这一问题,须明了:教师是师范院校培养的吗? 教师资格认证制度是从教的当然资质吗?

教师知识与技能的习得途径主要有三种:一是书本阅读,二是课堂知识传授,三是实践体悟。前两种可以通过岗前培养与训练获得,后一种则需要在岗锻炼习得。这就意味着,一名真正合格的教师无法在职前培养中完成,亦无法依靠教师资格认证制度自然解决。这也可以解释为什么近年来相当数量的示范性高中多从综合性大学招收新任教师,是示范性高中教学要求低,还是这些学校无视教育的专业属性? 答案显然不是。教师的专业性主要不在于"知",而在于"行",即一名教师在从教岗位上的实践、探索、体验、反省和觉悟。可以认为,教师是在岗位实践中自我型塑的,师范院校也好,综合性大学也罢,都不过为一名教师从教所做的预判性准备。

所谓教学,不是教师从书本上把知识搬家一样送到学生面前,它必须融入教师自己的透彻理解,没有教师的透彻理解很难有学生的透彻理解,以其昏昏使人昭昭的事在教育上是难以发生的。在教师透彻理解的基础上,还必须考虑知识传授的方法。采取什么样的方法,除了教师的个人喜好外,还涉及知识的难易程度、学生的接受程度以及教学资源的承受能力等因素,取舍之间,包蕴着非常丰富的个性化知识。一名真正的优秀教师拥有丰富的个性化知识,犹如中医问诊中的察颜把脉。这种知识无法仅仅通过书本研读和知识传授获得,需要通过实践不断揣摩,从而得到一种内化了的知识。显然,它是一种非常个人化的特殊知识,需要教师在对每个学生"辨症"施教中不断积累,其习得主要依赖于教师的个人努力。由此,可以得到一条简单而又明确的结论:帮助一名从教者,使之成为一名真正的师者。可以说,帮助数以千万计的从教者,使其早日成长为师者,这是今日中国教师教育领域的一项重大课题。

助推教师成为教育的思想者、研究者、实践者和创新者

国家兴旺,教育为本;教育优先,教师为基。持续了半个世纪的教育改革

浪潮把教师发展推到了历史的前台。在当代教育的历史进程中,教师不是单纯的任务执行者,而是教育的思想者、研究者、实践者和创新者。在专业发展的路径上,教师的主体地位、精神和意识得到了时代的推崇,教师专业化发展和对教师的重新发现将对教育产生重大影响。可以说,教师问题的重要性已无须讨论,而应考虑如何实践。

新一轮课程改革呼唤着教师创造性地施行教与学的行为。吊诡的是,一大批被应试熏陶出来的青年走上讲坛,他们却被要求培养有创新能力的学生。面对变化了的教学材料和教学要求,是施教者的一脸迷茫和不知所措。英国教育家沛西·能曾说过,教师是学生学习的最大动力。问题是,迷茫中的施教者如何才能让自己成为学生学习的动力呢?

基于上述认识,由上海市师资培训中心主持,联合上海师范大学、华东师范大学以及上海教育出版社等单位,倾力研发并打造了这套"上海教师教育丛书"。本丛书由"知会书系""知新书系"和"知困书系"三部分构成,分别聚焦新教师的教学规范、校本的教师研修经验以及优秀教师的成长启示,旨在从岗位上助推有资历和创造性的教师成长,这是我们的理想和愿望。

鉴于本书系不仅是上海也是国内自改革开放以来第一次全面系统开发的教师在岗培训教材,限于能力和水平,在编写过程中尚有诸多局限和不足,乞教于方家,不吝批评指正!

上海教师教育丛书编委会
2017 年 4 月

教师的讲台风貌

　　教师是站讲台的人。站在讲台上的教师,各有各的风貌。教师该有怎样的讲台风貌呢?

　　讲台上的教师,一身洁净着装,有风貌;一脸端庄,有风貌;一手漂亮的板书,有风貌;妙语连珠,有风貌;满堂幽默,有风貌……风貌是老师站在讲台上的资本,好的老师,全都有讲台风貌。

　　何以形成讲台风貌呢? 谓曰"文化底蕴"。

　　站在讲台上的老师如果没有文化底蕴,着装就会媚俗;相貌就会扭曲;书写就会夸张;语言就会贫乏;课堂就会成为表演的场所……当年晚清遗老辜鸿铭拒剪辫子,在北大授课,引来底下学生一片嬉笑,他的乖张形象一时成为未名湖畔的风景。如此说来辜鸿铭头上的瓜皮帽和他脑后拖着的那根焦黄小辫,是否就是他的风貌呢? 且慢! 学生们的笑声尚未退却,辜鸿铭慢吞吞地吐出了一句:"我头上的小辫子,只要一剪刀就能解决问题,可要割掉你们心里的小辫子,那就难了。"一转身,已是百年,对于中国人来说脑后的辫子已进了历史博物馆,心中的辫子却依然沉沉地压在身上。究竟是顽固抑或独立? 腐儒抑或清醒? 古董抑或现代? 相信有学养的教师自有判断能力。这才是一位师者的讲台风貌。

　　欲问文化底蕴从何而来? 有一个简单且行之久远的法宝——阅读。福楼拜曾说,阅读是为了活着;而对于以知识传授为职业的教师来说,未尝不可以说活着就是为了阅读。教育不是制造,学校不是工厂,社会不要求学校制衣、煮饭,学校则须回应社会知识传递之规范。读书也好,育人也罢,何止是规矩,更是知识人安身立命的根基。举头三尺有神明。明乎此理,我们才当得起社会对我们的称谓。

窃以为,这是一名教师站住讲台的根本力量。

吴国平

丁酉年春于沪上会心斋

目　　录

教育的信条

我是教师

爱的力量

Ai de Liliang

所有生物都会生存繁殖,但它们与爱无关,唯有人才会赋予生存繁殖以爱,才会基于爱而生存繁殖。当年,奶奶把爱传递给了一个叫苏霍姆林斯基的少年,少年长大后把爱传递给了自己的女儿和不计其数的儿童,让他们成为人,让他们把爱的接力棒传递给一代又一代后来的人,直到今天我们还都铭记着苏霍姆林斯基的爱的教育。

　　故此,"只有能以人的方式去爱的人,才成其为人"。人类不正是由无数的苏霍姆林斯基演绎了一个又一个感人至深的爱,才有了我们芸芸众生吗? 才使得人的生存超越了万物的生存,直至令上帝都羡慕嫉妒恨。然而,人类的伟大在于,即令上帝嫉恨也无法撼动人之为人的精神与情怀,正是爱造就了人类的美和力量,正是爱使人类可以高于上帝。

与女儿谈爱情

苏霍姆林斯基①

亲爱的女儿:

你的问题使我心情非常激动。

今天你整整十四岁了。你正跨越一个界限,越过它你就是一名成年女性了。你问我:"爸爸,什么是爱情?"

一想到我今天已不是跟一个幼稚的孩子在说话,我的心就跳得益发欢快。你在跨越这个界限,愿你幸福。但做一个幸福的人,只能是在你成为有智慧的人的时候。

千百万妇女,尤其那些十四岁的少女,怀着一颗忐忑的心在思考着:什么是爱情? 对此各有各的理解。每个男青年,当他们已萌发成年男人的气质时,也都在思考着这个问题。现在,亲爱的女儿,我给你的信再不是从前那种信了。我的夙愿是把生活的智慧,也可称之为生活的本事传授给你。但愿父辈的每一句话如同一颗小小的种子,从中萌发出你自己的观点和信念的幼芽。

从前,这个问题也同样使我不能平静。在我少年和进入青年早期的时候,祖母玛丽娅是我最亲近的人。她真了不起。我心灵中所获取的一切美好的、智慧的、诚实的东西都应该归功于她。她在战前去世了。是她在我面前打开了童话、祖国语言和人类美德的世界。有一次,在初秋宁静的傍晚,我和她坐在一棵枝叶繁茂的苹果树下,望着向温带飞去的鹤群,我问道:"奶奶,什么是爱情?"

---

① 瓦·阿·苏霍姆林斯基(1918—1970),苏联教育实践家和教育理论家。本文是苏霍姆林斯基写给女儿的信,标题为编者所加。

奶奶善于用童话解释极其复杂的难题。她那双乌黑的眼睛显露出沉思和不安的神情,不知为什么她用一种特别的、从未有过的目光看了我一眼。

"什么是爱情?……在上帝创造世界时,他就把一切生物分散安置在地上并且教会他们传宗接代,繁衍自己的子孙。给男人和女人都分了土地,教给他们如何筑造窝棚,又给男人一把铲子,女人一把谷粒。'生活下去,繁衍你们的后代吧。'上帝对他们说道,'我去忙自己的事了。一年以后我再来,看看你们这里的情形。'

"刚刚过一年,上帝带着大天使加夫里拉就来了。那正是清晨,太阳升起的时候。他看到:窝棚旁坐着一个男人和一个女人。他们面前的田地里是一片成熟的谷物。而在他们旁边放着一只摇篮,摇篮里躺着个熟睡的婴儿。那男人和女人一会儿望望天空,一会儿你看看我,我看看你,相互传情。在他们目光接触的刹那间,上帝从那目光中发现了一种他所不理解的美和某种从未见过的力量。这种美胜过天空和太阳、大地和麦田——胜过上帝所创造的一切。这种美使上帝迷惑不解,惊慌不已。

"'这是什么呀?'他向大天使加夫里拉问道。

"'这是爱情。'

"'爱情'是什么意思?

"大天使无可奈何地耸耸肩头。上帝走到男人和女人面前追问他们,什么是爱情。可是,他们也无法向他解释。于是上帝勃然大怒。

"'好呀!看我不惩罚你们才怪!从现在起你们就要变老。一生中的每时每刻都将消磨你们的青春和力量直到化为乌有!五十年后我再来,看看你们眼睛里还留存着什么东西,该死的人……'"

"上帝为什么要发怒呢?"我问了奶奶一句。

"是因为没有经过请示就创造了一种他自己闻所未闻、见所未见的东西。你还是往下听吧!五十年后上帝同大天使加夫里拉又来了。这次他看到,原来有窝棚的地方已盖起一幢圆木造的房子,荒地变成了果园,地里一片金黄色的麦穗,几个儿子在耕地,女儿在收麦子,孙子们在草地上嬉戏。老头儿和老太婆坐在屋前,时而望望红艳艳的朝霞,时而你看看我,我看看你,以目传情。上帝在这对男女的眼睛中看到了无与伦比的美和更大的力量,其中还含有一种新的东西。

"'这是什么?'他问大天使。

"'忠诚。'大天使答道,但还是解释不清楚。

"上帝怒不可遏。

"'你老得还不够快吗,该死的人? 你活不多久了。我还要来,看看你的爱情还能变成什么样!'

"三年以后,上帝带着大天使加夫里拉又来到这里。一看:有位男人坐在小土丘上。他的一双眼睛充满忧郁悲伤的神情,但目光中却仍然使人感到一种不可理解的美和那种同过去一样的力量。这已经不仅仅是爱情和忠诚了,还含有别的东西。

"'这又是什么?'他问大天使。

"'心灵的追念。'

"上帝手抚胡须,离开了小土丘上的老头儿。举目向麦田、向火红色的曙光望去:金黄色的麦穗中站着许多青年男女,他们一会儿望望火红的天空,一会儿你看看我,我看看你,相互传情……上帝久久地伫立凝视着。随后深沉地思索着离去了。从那时起人就成了大地上的上帝。

"这就是爱情,小孙子。爱情,它高于上帝。这是人类永恒的美和力量。人们世代交替,我们每个人都不免变成一抔黄土,但爱情却成为人类种族的生命力永不衰败的纽带。"

这就是爱情,亲爱的女儿。万物生存、繁殖、传宗接代,但只有人才能够爱。同样,从人本身来说,只有能以人的方式去爱的人,才成其为人。如果不善于对待爱情,便不能提高到人类美这一高度,就是说它还仅仅是能够成为人,但尚未成其为人的一种生物罢了。

张金长等 译

古代妈妈的一封信

杨　暖

古人写信很有意思。

这是古代妈妈的一封信。母亲写给儿子的。也算不得信，廖廖几十字，只当是一封简短的手函。短简，字微，充分发挥中国汉字的蕴藉和古典，有妙趣。

《示子朔》

郑淑云

阅儿信，谓一身备有三穷：用世颇殷，乃穷于遇；待人颇恕，乃穷于交；反身颇严，乃穷于行。昔司马子长云：虞卿非穷愁不能著书，以自见于后世。

是穷亦未尝无益于人，吾儿当以是自励也！

——《写心集》

写信的母亲郑淑云，是明代女作家。我没有读过她的作品，单从这一短简，倒也叫我生出三分钦佩。

信里，郑妈妈是这样讲的：人的这一生时常会遭遇三种困顿，千古有之，孩子，要做好心理准备：

第一种困顿，拥有强烈的用世才华，却遇不到好的平台和机遇；

第二种困顿，以一颗诚挚宽厚的心待人，却没有交上值得交的好朋友；

第三种困顿，对自己严格要求时常反省，却无法按照自己的意愿来活着；

最后，这位妈妈抚慰儿子，即使人生的际遇如此，也未尝没有好处。孩子要多读书以自励，不要放纵自己呀！

这样的妈妈,真强大。她的爱,不狭隘不灰暗,是一个风雨历练过的女人,看过人生百态后,饱含仁慈宽厚的生命之爱。她爱孩子,爱生命,更能用她的爱,给孩子一个用力的人生。

家 书 两 封

傅 雷[1]

毋 我 负 天 下

一九五六年十月三日晨

亲爱的孩子,你回来了,又走了;许多新的工作,新的忙碌,新的变化等着你,你是不会感到寂寞的;我们却是静下来,慢慢的回复我们单调的生活,和才过去的欢会与忙乱对比之下,不免一片空虚——昨儿整整一天若有所失。孩子,你一天天地在进步,在发展:这两年来你对人生和艺术的理解又跨了一大步,我愈来愈爱你了,除了因为你是我们身上的血肉所化出来的而爱你以外,还因为你有如此焕发的才华而爱你;正因为我爱一切的才华,爱一切的艺术品,所以我也把你当作一般的才华(离开骨肉关系),当作一件珍贵的艺术品而爱你。你得千万爱护自己,爱护我们所珍视的艺术品! 遇到任何一件出入重大的事,你得想到我们——连你自己在内——对艺术的爱! 不是说你应当时时刻刻想到自己了不起,而是说你应当从客观的角度重视自己:你的将来对中国音乐的前途有那么重大的关系,你每走一步,无形中都对整个民族艺术的发展有影响,所以你更应当战战兢兢,郑重将事! 随时随地要准备牺牲目前的感情,为了更大的感情——对艺术、对祖国的感情。你用在理解乐曲方面的理智,希望能普遍地应用到一切方面,特别是用在个人的感情方面。我的园丁工作已经做了一大半,还有一大半要你自己来做的了。爸爸已经进入人生的秋季,许多地方都要逐渐落在你们年轻人的后面,能够帮你的忙将要越来越减少;一切要靠你自己努力,靠你自己警惕,

---

[1] 傅雷(1908—1966),翻译家、作家、学者。

自己鞭策。你说到技巧要理论与实践结合,但愿你能把这句话用在人生的实践上去;那么你这朵花一定能开得更美,更丰满,更有力,更长久!

　　谈了一个多月的话,好像只跟你谈了一个开场白。我跟你是永远谈不完的,正如一个人对自己的独白是终身不会完的。你跟我两人的思想和感情,不正是我自己的思想和感情吗?清清楚楚地,我跟你的讨论与争辩,常常就是我跟自己的讨论与争辩。父子之间能有这种境界,也是人生莫大的幸福。除了外界的原因没有能使你把假期过得像个假期以外,连我也给你一些小小的不愉快,破坏了你回家前的对家庭的期望。我心中始终对你抱着歉意。但愿你这次给我的教育(就是说从和你相处而反映出我的缺点)能对我今后发生作用,把我自己继续改造。尽管人生那么无情,我们本人还是应当把自己尽量改好,少给人一些痛苦,多给人一些快乐。说来说去,我仍抱着"宁天下人负我,毋我负天下人"的心愿。我相信你也是这样的。

责己严　责人宽

一九六○年八月二十九日

　　亲爱的孩子,八月二十日报告的喜讯使我们心中说不出地欢喜和兴奋。你在人生的旅途中踏上一个新的阶段,开始负起新的责任来,我们要祝贺你,祝福你,鼓励你。希望你拿出像对待音乐艺术一样的毅力、信心、虔诚,来学习人生艺术中最高深的一课。但愿你将来在这一门艺术中得到像你在音乐艺术中一样的成功!发生什么疑难或苦闷,随时向一两个正直而有经验的中老年人讨教(你在伦敦已有一年八个月,也该有这样的老成的朋友吧?),深思熟虑,然后决定,切勿单凭一时冲动:只要你能做到这几点,我们也就放心了。

　　对终身伴侣的要求,正如对人生一切的要求一样不能太苛。事情总有正反两面:追得你太迫切了,你觉得负担重;追得不紧了,又觉得不够热烈。温柔的人有时会显得懦弱,刚强了又近乎专制。幻想多了未免不切实际,能干的管家太太又觉得俗气。只有长处没有短处的人在哪儿呢?世界上究竟有没有十全十美的人或事物呢?抚躬自问,自己又完美到什么程度呢?这一类的问题想必你考虑过不止一次。我觉得最主要的还是本质的善良,天性的温厚,开阔的胸襟。有了这三样,其他都可以逐渐培养;而且有了这三样,将来即使遇到大大小小的风波也不致变成悲剧。做艺术家的妻子比做任何人的妻子都难；你要不预先明白这一点，即使你知道"责人太严，责己太宽"，也不容易学会明哲、体贴、容忍。只要能代你解决生活琐事，同时对你的事业感到兴趣就行，对学问的钻研等等暂时不必期望过奢，还得看你们婚后的生活如何。眼前双方先学习相互的尊重、谅解、宽容。

对方把你作为她整个的世界固然很危险，但也很宝贵！你既已发觉，一定会慢慢点醒她；最好旁敲侧击而勿正面提出，还要使她感到那是为了维护她的人格独立，扩大她的世界观。倘若你已经想到奥里维的故事，不妨就把那部书叫她细读一两篇，特别要她注意那一段插曲。像雅葛丽纳那样只知道 love，love，love！的人只是童话中人物，在现实世界中非但得不到 love，连日子都会过不下去，因为她除了 love 一无所知，一无所有，一无所爱。这样狭窄的天地哪像一个天地！这样片面的人生观哪会得到幸福！无论男女，只有把兴趣集中在事业上，学问上，艺术上，尽量抛开渺小的自我（ego），才有快活的可能，才觉得活得有意义。未经世事的少女往往会存一个荒诞的梦想，以为恋爱时期的感情的高潮也能在婚后维持下去。这是违反自然规律的妄想。古语说，"君子之交淡如水"；又有一句话说，"夫妇相敬如宾"。可见只有平静、含蓄、温和的感情方能持久；另外一句的意义是说，夫妇到后来完全是一种知己朋友的关系，也即是我们所谓的终身伴侣。未婚之前双方能深切领会到这一点，就为将来打定了最可靠的基础，免除了多少不必要的误会与痛苦。

你是以艺术为生命的人，也是把真理、正义、人格等等看做高于一切的人，也是以工作为乐生的人，我用不着唠叨，想你早已把这些信念表白过，而且竭力灌输给对方的了。我只想提醒你几点：第一，世界上最有力的论证莫如实际行动，最有效的教育莫如以身作则；自己做不到的事千万勿要求别人；自己也要犯的毛病先批评自己，先改自己的。第二，永远不要忘了我教育你的时候犯的许多过严的毛病。我过去的错误要是能使你避免同样的错误，我的罪过也可以减轻几分；你受过的痛苦不再施之于他人，你也不算白白吃苦。总的来说，尽管指点别人，可不要给人"好为人师"的感觉。奥诺丽纳（你还记得巴尔扎克那个中篇吗？）的不幸一大半是咎由自取，一小部分也因为丈夫教育她的态度伤了她的自尊心，凡是童年不快乐的人都特别脆弱（也有训练得格外坚强的，但只是少数），特别敏感,你回想一下自己,就会知道对付你的恋人要如何 delicate,如何 discreet 了。

我相信你对爱情问题看得比以前更郑重更严肃了;就在这考验时期,希望你更加用严肃的态度对待一切,尤其要对婚后的责任先培养一种忠诚、庄严、虔敬的心情!

儿 女

朱自清①

我现在已是五个儿女的父亲了。想起圣陶喜欢用的"蜗牛背了壳"的比喻，便觉得不自在。新近一位亲戚嘲笑我说，"要剥层皮呢！"更有些悚然了。十年前刚结婚的时候，在胡适之先生的《藏晖室札记》里，见过一条，说世界上有许多伟大的人物是不结婚的；文中并引培根的话，"有妻子者，其命定矣"。当时确吃了一惊，仿佛梦醒一般；但是家里已是不由分说给娶了媳妇，又有甚么可说？现在是一个媳妇，跟着来了五个孩子；两个肩头上，加上这么重一副担子，真不知怎样走才好。"命定"是不用说了；从孩子们那一面说，他们该怎样长大，也正是可以忧虑的事。我是个彻头彻尾自私的人，做丈夫已是勉强，做父亲更是不成。自然，"子孙崇拜"，"儿童本位"的哲理或伦理，我也有些知道；既做着父亲，闭了眼抹杀孩子们的权利，知道是不行的。可惜这只是理论，实际上我是仍旧按照古老的传统，在野蛮地对付着，和普通的父亲一样。近来差不多是中年的人了，才渐渐觉得自己的残酷；想着孩子们受过的体罚和叱责，始终不能辩解——像抚摩着旧创痕那样，我的心酸溜溜的。有一回，读了有岛武郎《与幼小者》的译文，对了那种伟大的，沉挚的态度，我竟流下泪来了。去年父亲来信，问起阿九，那时阿九还在白马湖呢；信上说，"我没有耽误你，你也不要耽误他才好"。我为这句话哭了一场；我为什么不像父亲的仁慈？我不该忘记，父亲怎样待我们来着！人性许真是二元的，我是这样地矛盾；我的心像钟摆似的来去。

你读过鲁迅先生的《幸福的家庭》么？我的便是那一类的"幸福的家庭"！

---

① 朱自清(1898—1948)，文学家、学者。

每天午饭和晚饭,就如两次潮水一般。先是孩子们你来他去地在厨房与饭间里查看,一面催我或妻发"开饭"的命令。急促繁碎的脚步,夹着笑和嚷,一阵阵袭来,直到命令发出为止。他们一递一个地跑着喊着,将命令传给厨房里佣人;便立刻抢着回来搬凳子。于是这个说,"我坐这儿!"那个说,"大哥不让我!"大哥却说,"小妹打我!"我给他们调解,说好话。但是他们有时候很固执,我有时候也不耐烦,这便用着叱责;叱责还不行,不由自主地,我的沉重的手掌便到他们身上了。于是哭的哭,坐的坐,局面才算定了。接着可又你要大碗,他要小碗,你说红筷子好,他说黑筷子好;这个要干饭,那个要稀饭,要茶要汤,要鱼要肉,要豆腐,要萝卜;你说他菜多,他说你菜好。妻是照例安慰着他们,但这显然是太迂缓了。我是个暴躁的人,怎么等得及?不用说,用老法子将他们立刻征服了;虽然有哭的,不久也就抹着泪捧起碗了。吃完了,纷纷爬下凳子,桌上是饭粒呀,汤汁呀,骨头呀,渣滓呀,加上纵横的筷子,欹斜的匙子,就如一块花花绿绿的地图模型。吃饭而外,他们的大事便是游戏。游戏时,大的有大主意,小的有小主意,各自坚持不下,于是争执起来;或者大的欺负了小的,或者小的竟欺负了大的,被欺负的哭着嚷着,到我或妻的面前诉苦;我大抵仍旧要用老法子来判断的,但不理的时候也有。最为难的,是争夺玩具的时候:这一个的与那一个的是同样的东西,却偏要那一个的;而那一个便偏不答应。在这种情形之下,不论如何,终于是非哭了不可的。这些事件自然不至于天天全有,但大致总有好些起。我若坐在家里看书或写什么东西,管保一点钟里要分几回心,或站起来一两次的。若是雨天或礼拜日,孩子们在家的多,那么,摊开书竟看不下一行,提起笔也写不出一个字的事,也有过的。我常和妻说,"我们家真是成日的千军万马呀!"有时是不但"成日",连夜里也有兵马在进行着,在有吃乳或生病的孩子的时候!

我结婚那一年,才十九岁。二十一岁,有了阿九;二十三岁,又有了阿菜。那时我正像一匹野马,哪能容忍这些累赘的鞍鞯,辔头和缰绳?摆脱也知是不行的,但不自觉地时时在摆脱着。现在回想起来,那些日子,真苦了这两个孩子;真是难以宽宥的种种暴行呢!阿九才两岁半的样子,我们住在杭州的学校里。不知怎地,这孩子特别爱哭,又特别怕生人。一不见了母亲,或来了客,就哇哇地哭起来了。学校里住着许多人,我不能让他扰着他们,而客人也总是常有的;我懊恼极了,有一回,特地骗出了妻,关了门,将他按在地下打了一顿。这件事,妻到现在说起来，还觉得有些不忍；她说我的手太辣了，到底还是两岁半的孩子！我近年常想着那时的光景，也觉黯然。阿菜在台州，那是更小了；才过了周岁，还不大会走路。也是为了缠着母亲的缘故吧，我将她紧紧地按在墙角里，直哭喊了三四分钟；因此生了好几天病。妻说，那时真寒心呢！但我的苦痛也是真的。我曾给圣陶写信，说孩子们的磨折，实在无法奈何；有时竟觉着还是自杀的好。这虽是气愤的话，但这样的心情，确也有过的。后来孩子是多起来了，磨折也磨折得久了，少年的锋棱渐渐地钝起来了；加以增长的年岁增长了理性的裁制力，我能够忍耐了——觉得从前真是一个"不成材的父亲"，如我给另一个朋友信里所说。但我的孩子们在幼小时，确比别人的特别不安静，我至今还觉如此。我想这大约还是由于我们抚育不得法；从前只一味地责备孩子，让他们代我们负起责任，却未免是可耻的残酷了！

正面意义的"幸福"，其实也未尝没有。正如谁所说，小的总是可爱，孩子们的小模样，小心眼儿，确有些教人舍不得的。阿毛现在五个月了，你用手指去拨弄她的下巴，或向她做趣脸，她便会张开没牙的嘴格格地笑，笑得像一朵正开的花。她不愿在屋里待着；待久了，便大声儿嚷。妻常说，"姑娘又要出去溜达了"。她说她像鸟儿般，每天总得到外面溜一些时候。润儿上个月刚过了三岁，笨得很，话还没有学好呢。他只能说三四个字的短语或句子，文法错误，发音模糊，又得费气力说出；我们老是要笑他的。他说"好"字，总变成"小"字；问他"好不好?"他便说"小"，或"不小"。我们常常逗着他说这个字玩儿；他似乎有些觉得，近来偶然也能说出正确的"好"字了——特别在我们故意说成"小"字的时候。他有一只搪瓷碗，是一毛来钱买的；买来时，老妈子教给他，"这是一毛钱"。他便记住"一毛"两个字，管那只碗叫"一毛"，有时竟省称为"毛"。这在新来的老妈子，是必需翻译了才懂的。他不好意思，或见着生客时，便咧着嘴痴笑；我们常用了土话，叫他做"呆瓜"。他是个小胖子，短短的腿，走起路来，蹒跚可笑；若快走或跑，便更"好看"了。他有时学我，将两手叠在背后，一摇一摆的；那是他自己和我们都要乐的。他的大姊便是阿菜，已是七岁多了，在小学校里念着书。在饭桌上，一定得啰啰唆唆地报告些同学或他们父母的事情；气喘喘地说着，不管你爱听不爱听。说完了总问我:"爸爸认识么?""爸爸知道么?"妻常禁止她吃饭时说话，所以她总是问我。她的问题真多:看电影便问电影里的是不是人？是不是真人？怎么不说话？看照相也是一样。不知谁告诉她，兵是要打人的。她回来便问，兵是人么？为什么打人？近来大约听了先生的话，回来又问张作霖的兵是帮谁的？蒋介石的兵是不是帮我们的？诸如此类的问题，每天短不了，常常闹得我不知怎样答才行。她和润儿在一处玩儿，一大一小，不很合式，老是吵着哭着。但合式的时候也有：譬如这个往床底下躲，那个便钻进去追着；这个钻出来，那个也跟着——从这个床到那个床，只听见笑着，嚷着，喘着，真如妻所说，像小狗似的。现在在京的，便只有这三个孩子；阿九和转儿是去年北来时，让母亲暂时带回扬州去了。

阿九是欢喜书的孩子。他爱看《水浒》，《西游记》，《三侠五义》，《小朋友》等；没有事便捧着书坐着或躺着看。只不欢喜《红楼梦》，说是没有味儿。是的，《红楼梦》的味儿，一个十岁的孩子，哪里能领略呢？去年我们事实上只能带两个孩子来；因为他大些，而转儿是一直跟着祖母的，便在上海将他俩丢下。我清清楚楚记得那分别的一个早上。我领着阿九从二洋泾桥的旅馆出来，送他到母亲和转儿住着的亲戚家去。妻嘱咐说，"买点吃的给他们吧"。我们走过四马路，到一家茶食铺里。阿九说要熏鱼，我给买了；又买了饼干，是给转儿的。便乘电车到海宁路。下车时，看着他的害怕与累赘，很觉恻然。到亲戚家，因为就要回旅馆收拾上船，只说了一两句话便出来；转儿望望我，没说什么，阿九是和祖母说什么去了。我回头看了他们一眼，硬着头皮走了。后来妻告诉我，阿九背地里向她说："我知道爸爸欢喜小妹，不带我上北京去。"其实这是冤枉的。他又曾和我们说，"暑假时一定来接我啊！"我们当时答应着；但现在已是第二个暑假了，他们还在迢迢的扬州待着。他们是恨着我们呢，还是惦着我们呢？妻是一年来老放不下这两个，常常独自暗中流泪；但我有什么法子呢！想到"只为家贫成聚散"一句无名的诗，不禁有些凄然。转儿与我较生疏些。但去年离开白马湖时，她也曾用了生硬的扬州话（那时她还没有到过扬州呢），和那特别尖的小嗓子向着我："我要到北京去。"她晓得什么北京，只跟着大孩子们说罢了；但当时听着，现在想着的我，却真是抱歉呢。这兄妹俩离开我，原是常事，离开母亲，虽也有过一回，这回可是太长了；小小的心儿，知道是怎样忍耐那寂寞来着！

我的朋友大概都是爱孩子的。少谷有一回写信责备我，说儿女的吵闹，也是很有趣的，何至可厌到如我所说；他说他真不解。子恺为他家华瞻写的文章，真是"蔼然仁者之言"。圣陶也常常为孩子操心：小学毕业了，到什么中学好呢？——这样的话，他和我说过两三回了。我对他们只有惭愧！可是近来我也渐渐觉着自己的责任。我想，第一该将孩子们团聚起来，其次便该给他们些力量。我亲眼见过一个爱儿女的人，因为不曾好好地教育他们，便将他们荒废了。他并不是溺爱，只是没有耐心去料理他们，他们便不能成材了。我想我若照现在这样下去，孩子们也便危险了。我得计划着，让他们渐渐知道怎样去做人才行。但是要不要他们像我自己呢？这一层，我在白马湖教初中学生时，也曾从师生的立场上问过丏尊，他毫不踌躇地说，"自然啰"。近来与平伯谈起教子，他却答得妙，"总不希望比自己坏啰"。是的，只要不"比自己坏"就行，"像"不"像"倒是不在乎的。职业，人生观等，还是由他们自己去定的好；自己顶可贵，只要指导，帮助他们去发展自己，便是极贤明的办法。

予同说，"我们得让子女在大学毕了业，才算尽了责任"。SK 说，"不然，要看我们的经济，他们的材质与志愿；若是中学毕了业，不能或不愿升学，便去做别的事，譬如做工人吧，那也并非不行的"。自然，人的好坏与成败，也不尽靠学校教育；说是非大学毕业不可，也许只是我们的偏见。在这件事上，我现在毫不能有一定的主意；特别是这个变动不居的时代，知道将来怎样？好在孩子们还小，将来的事且等将来吧。目前所能做的，只是培养他们基本的力量——胸襟与眼光；孩子们还是孩子们，自然说不上高的远的，慢慢从近处小处下手便了。这自然也只能先按照我自己的样子；"神而明之，存乎其人"，光辉也罢，倒楣也罢，平凡也罢，让他们各尽各的力去。我只希望如我所想的，从此好好地做一回父亲，便自称心满意。——想到那"狂人""救救孩子"的呼声，我怎敢不悚然自勉呢？

一九二八年六月二十四日晚写毕，北京清华园

多年父子成兄弟

汪曾祺[①]

这是我父亲的一句名言。

父亲是个绝顶聪明的人。他是画家，会刻图章，画写意花卉。图章初宗浙派，中年后治汉印。他会摆弄各种乐器，弹琵琶，拉胡琴，笙箫管笛，无一不通。他认为乐器中最难的其实是胡琴，看起来简单，只有两根弦，但是变化很多，两手都要有功夫。他拉的是老派胡琴，弓子硬，松香滴得很厚——现在拉胡琴的松香都只滴了薄薄的一层，他的胡琴音色刚亮。胡琴码子都是他自己刻的，他认为买来的不中使。他养蟋蟀养金铃子，他养过花，他养的一盆素心兰在我母亲病故那年死了，从此他就不再养花。我母亲死后，他亲手给她做了几箱子冥衣——我们那里有烧冥衣的风俗。按照母亲生前的喜好，选购了各种花素色纸作衣料，单夹皮棉，四时不缺。他做的皮衣能分得出小麦穗、羊羔、灰鼠、狐坎。

父亲是个很随和的人，我很少见他发过脾气，对待子女，从无疾言厉色。他爱孩子，喜欢孩子，爱跟孩子玩，带着孩子玩。我的姑妈称他为"孩子头"。春天，不到清明，他领一群孩子到麦田里放风筝。放的是他自己糊的蜈蚣（我们那里叫"百脚"），是用染了色的绢糊的。放风筝的线是胡琴的老弦。老弦结实而轻，这样风筝可笔直地飞上去，没有"肚儿"。用胡琴弦放风筝，我还未见过第二人。清明节前，小麦还没有"起身"，是不怕践踏的，而且会越踏越长得旺。孩子们在屋里闷了一冬天，在春天的田野里奔跑跳跃，身心都极其畅快。他用钻石刀把玻璃裁成不同形状的小块，再一块一块斗拢，接缝处用胶水粘牢，做成小桥、小

[①] 汪曾祺（1920—1997），散文家、戏剧家。

亭子、八角玲珑水晶球。桥、亭、球是中空的,里面养了金铃子。从外面可以看到金铃子在里面自在爬行,振翅鸣叫。他会做各种灯。用浅绿透明的"鱼鳞纸"扎了一只纺织娘,栩栩如生。用西洋红染了色,上深下浅,通草做花瓣,做了一个重瓣荷花灯,真是美极了。用小西瓜(这是拉秧的小瓜,因其小,不中吃,叫做"打瓜"或"笃瓜")上开小口挖净瓜瓤,在瓜皮上雕镂出极细的花纹,做成西瓜灯。我们在这些灯里点了蜡烛,穿街过巷,邻居的孩子都跟过来看,非常羡慕。

父亲对我的学业是关心的,但不强求。我小时候,国文成绩一直是全班第一,我的作文,时得佳评,他就拿出去到处给人看。我的数学不好,他也不责怪,只要能及格,就行了。他画画,我小时也喜欢画画,但他从不指点我。他画画时,我在旁边看,其余时间由我自己乱翻画谱,瞎抹。我对写意花卉那时还不太会欣赏,只是画一些鲜艳的大桃子,或者我从来没有见过的瀑布。我小时字写得不错,他倒是给我出过一点主意。在我写过一阵"圭峰碑"和"多宝塔"以后,他建议我写写"张猛龙"。这建议是很好的,到现在我写的字还有"张猛龙"的影响。我初中时爱唱戏,唱青衣,我的嗓子很好,高亮甜润。在家里,他拉胡琴,我唱。我的同学有几个能唱戏的。学校开同乐会,他应我的邀请,到学校去伴奏。几个同学都只是清唱,有一个姓费的同学借到一顶纱帽,一件蓝官衣,扮起来唱"朱砂井",但是没有配角,没有衙役,没有犯人,只是一个赵廉,摇着马鞭在台上走了两圈,唱了一段"郡坞县在马上心神不定"便完事下场。父亲那么大的人陪着几个孩子玩了一下午,还挺高兴。我十七岁初恋,暑假里,在家写情书,他在一旁瞎出主意。我十几岁就学会了抽烟喝酒。他喝酒,给我也倒一杯。抽烟,一次抽出两根他一根我一根。他还总是先给我点上火。我们的这种关系,他人或以为怪。父亲说:"我们是多年父子成兄弟。"

我和儿子的关系也是不错的。我戴了"右派分子"的帽子下放张家口农村劳动,他那时从幼儿园刚毕业,刚刚学会汉语拼音,用汉语拼音给我写了第一封信。我也只好赶紧学会汉语拼音,好给他写回信。"文化大革命"期间,我被打成"黑帮",送进"牛棚"。偶尔回家,孩子们对我还是很亲热。我的老伴告诫他们"你们要和爸爸'划清界限'",儿子反问母亲:"那你怎么还给他打酒?"只有一件事,两代之间,曾有分歧。他下放山西忻县"插队落户",按规定,春节可以回京探亲。我们等着他回来。不料他同时带回了一个同学。他这个同学的父亲是一位正受林彪迫害,搞得人囚家破的空军将领。这个同学在北京已经没有家。按照大队的规定是不能回北京的,但是孩子很想回北京,在一伙同学的秘密帮助下,我的儿子就偷偷地把他带回来了。他连"临时户口"也不能上,是个"黑人",我们留他在家住,等于"窝藏"了他。公安局随时可以来查户口,街道办事处的大妈也可能举报。当时人人自危,自顾不暇,儿子惹了这么一个麻烦,使我们非常为难。我和老伴把他叫到我们的卧室,对他的冒失行为表示不满,我责备他:"怎么事前也不和我们商量一下!"我的儿子哭了,哭得很委屈,很伤心。我们当时立刻明白了:他是对的,我们是错的。我们这种怕担干系的思想是庸俗的。我们对儿子和同学之间义气缺乏理解,对他的感情不够尊重。他的同学在我们家一直住了四十多天,才离去。

对儿子的几次恋爱,我采取的态度是"闻而不问"。了解,但不干涉。我们相信他自己的选择,他的决定。最后,他悄悄和一个小学时期女同学好上了,结了婚。有了一个女儿,已近七岁。

我的孩子有时叫我"爸",有时叫我"老头子"!连我的孙女也跟着叫。我的亲家母说这孩子"没大没小"。我觉得一个现代化的,充满人情味的家庭,首先必须做到"没大没小"。父母叫人敬畏,儿女"笔管条直",最没有意思。

儿女是属于他们自己的。他们的现在,和他们的未来,都应由他们自己来设计。一个想用自己理想的模式塑造自己的孩子的父亲是愚蠢的,而且,可恶!另外,作为一个父亲,应该尽量保持一点童心。

一九九〇年九月一日

爱是一门艺术吗

弗洛姆①

  爱是什么？是一门艺术还是一种愉悦感？如果是前者,那么爱就需要知识、需要努力;如果是后者,那么体验这种愉悦感就是一个机遇问题,一种只要运气好就会"堕入其中"的东西。这本小书是以前一种假定为基础的,而毋庸置疑,今天大部分人所相信则是后者。

  这并不是说人们认为爱是不重要的,人们对爱是极为渴望的;他们观看着无以数计的关于幸福的和不幸福的爱情故事和电影,聆听着成千上万粗劣不堪的爱情歌曲——然而几乎没有人认为,在爱的方面有什么需要学习的东西。

  这种奇怪的态度是以某些先入为主的假定为基础的,这些假定或是单独或是混杂在一起导致人们坚持这种态度。大多数人都把爱的问题看成主要是被爱的问题,而不是看成主动去爱和爱的能力的问题。这样,对他们来说,爱的问题就是如何能够被爱,如何变得可爱。他们沿循着几种途径——这种途径追求这个目标。一种途径——尤为男子们所采用——是获得成功,在其社会地位许可的范围内变得有钱有势。另一种途径——这种途径为女子们所采用——是靠修饰其肉体、穿着等等而使自己迷人。还有一些使自己迷人的方式则是男女皆可采用的,譬如培养优雅的风度、谐趣的谈吐,变得热情、得体、讨人喜欢。使自己可爱的众多方式与那些使自己成功的方法完全是一回事,就是"赢得朋友,影响他人"。事实上,在我们的文化中,大多数人心目中的可爱,无非是指成为一个既为大众喜爱又富有性感的混合物。

---

  ① 弗洛姆(1900—1980),美国心理学家。

在这种关于爱没有什么需要学习的态度之背后还有另一种假定:爱的问题是一个关于对象的问题,而不是关于身心能力的问题。人们认为去爱并不困难,但要寻找一个适当的对象去爱——亦即被适当的对象所爱——却是困难重重。这种态度有一些植根于现代社会发展状况的原因。一个原因是,"爱的对象"的选择在20世纪发生了巨大的变化。在维多利亚女王时代,就像在许多传统文化中一样,爱在大多数情况下不是一种发自内心的、由之会导致婚姻的个人经历。婚姻是按照习俗缔结的——或是由各自的家庭或是由婚姻代理人,即便不借助于中间人的帮助,也总是在社会考虑的基础上缔结婚姻,而爱则被看成是随着婚姻的缔结自然产生的东西。最近几十年,浪漫的爱情观在西方世界几乎成了带有普遍性的生活方式。在美国,人们对于习俗的考虑虽不是完全没有,但在很大程度上都在追求"浪漫之爱",寻求由此应该发展为婚姻的那种爱的个人体验。这种新的爱的自由观必然极大地提高与爱的功能的重要性相对立的爱的对象的重要性。

与这个因素紧密相关的是当代文化的另一个典型特征。我们的整个文化是以购买欲为基础的,是以一种互利交换的观念为基础的。现代人的幸福体现在眼看着商店橱窗时的那一阵心醉神迷状态之中,也体现在买下他以现金或分期付款方式能够买下一切东西之时。他(她)以一种同样的方式来看待人们。对一个男子来说一个有吸引力的姑娘——或对一个女子来说,一个有吸引力的男人——就是她(他)所值的价钱。"有吸引力的"通常意味着一整套在人格市场上为人喜爱、为人追求的适宜的品质。使人成为特别有吸引力的东西(不管是物质上的还是精神上的)则依赖于时代的风尚。在20年代,一个抽烟喝酒、流里流气、色情十足的姑娘,是有吸引力的;而今日时尚则更多地要求善操家务、羞羞答答的女性。在19世纪末和20世纪一个男人必须富于进取、雄心勃勃才能具有一副有吸引力的"卖相",而今日他却必须和蔼可亲、宽容大度。总而言之,通常情况下,只有在考虑到这类人性商品处于自己的交换可能性所允许的范围内时,堕入情网的感觉才会发展起来。我尽力满足成交条件;对象也应当从社会价值的立场认为我称其心意,同时必须是在考虑了我的公开的或潜在的财产与前途后会要我的。这样,当两人在考虑了各自的交换价值的限度后,感到他们已经找到了在市场上所能得到的最佳对象时,他们便恋爱上了。如同购买不动产一样,那些可以发展的潜在可能性在这种交易中常常起着不可忽视的作用。在一种买卖成风的文化中,在一种物质利益的成功具有突出价值的文化中,人类的爱情关系也遵循着那种统治着商品和劳动力市场的同样的交换模式,这自然是丝毫不必惊讶的。

导致关于爱没有什么可以学习之看法的第三种错误在于,人们常常把"堕入"爱网的最初体验和存在于爱之中(或更确切地说,"置身"于爱之中)的持久状态混淆起来。如果两个像我们大家现在这样素不相识的人,突然打破了把他们分隔开的那堵墙,感到亲近起来,合为一体了,这种合为一体的时刻乃是人生中最令人激动、最令人兴奋的体验之一。这对于那些一直处于封闭、孤立、没有爱之状态中的人来说,尤其是妙不可言、惊喜莫名的。这种突如其来的亲近的奇迹如果又是与性的吸引和结合相联系或是由它所引起的话,就更加容易发生,然而就其本性而言,这类爱是好景不长的。两个人之间愈是熟悉,他们之间的亲密愈是失去其神秘,直至他们的对立、失望和彼此厌倦终于扼杀了残存在心中的那一点最初的兴奋,然而他们开始并不知道这一切。他们并不懂得,所产生的那种强烈的迷恋,那种证明他们相爱之深的彼此"发痴"的状态,实际上可能只是证明了他们先前的孤独程度。

这种态度——认为爱是再容易不过了的态度——历来是对于爱的流行看法,尽管事实处处都证明与之恰恰相反。几乎没有任何一种活动、一项事业会像爱那样,以如此巨大的希望和期待开始而又如此有规律地以失败告终。如果其他任何活动也都遇到类似情况的话,人们就会急于知道失败的原因,渴望学会如何才能做得更好——或者干脆放弃这种活动。然而爱是不可能放弃的,因此似乎只有一种方式可以令人满意地克服爱的失败——那就是考察这种失败的原因,进而着手研究爱的意义。

首先应当意识到爱是一门艺术,正如生活是一门艺术一样;如果我们想学会如何爱,就必须像我们想学习任何其他艺术——例如音乐、绘画、雕刻、医学或工程技术——一样地着手。

学习一门艺术需要哪些步骤呢?

学习一门艺术的过程可以简便地分为两个部分:一是精通理论;一是善于实践。倘若我想要学习医术的话,那么,我就必须首先了解关于人体以及各种疾病的事实。但是,具有了所有这些理论知识,决非意味着我已经掌握了医术。只有在经过大量的实践以后,理论认识的结果与实践的结果完全融合为我的直觉(这是精通艺术的内核)时,才能说我已成为任何一门艺术的大师所必不可少的第三要素,这就是精通这门艺术必须是最高的旨趣所在,必须认为世界上没有其他任何东西能比这门艺术更为重要。这一点适用于音乐、适用于医学、适用于木匠活——也同样适用于爱。而且,如果要问为什么人们在爱上遭到明显的失败,却几乎从不试图去学习这门艺术?那么答案或许恰恰就在这一点上:尽管对于爱的渴望根深蒂固,但几乎其他的一切东西——成功、威望、金钱、权力——总是被置得比爱更为重要,我们的精力几乎全都被用来学习如何达到这些目标,因此,再没有什么精力来学习爱的艺术了。

是不是只有那些我们认为能赢得金钱和名誉的东西才应被看成是值得学习的,而爱——在现代意义上它"仅仅"有益于灵魂,但却无利可图——则是一种我们没有权利对之费神过多的奢侈品呢?不管是不是这样,下面我们将按照上述那种划分来讨论爱的艺术的实践——但是正如在任何其他领域中一样,关于实践几乎没有什么可说的。

生命的意义

Shengming de Yigi

这是一个古老而永恒的话题,也是生命伦理中无法逾越的一个命题:活着为什么?

　　罗素说,活着就是对知识的追求,对爱的执着,对人类苦难不可遏止的同情。罗家伦则告诉我们,活着就是责任,这种责任源自罗家伦的生命伦理思想。罗家伦告诉我们生命是无数的,生命是变动的,生命是容易过去的,但是罗氏没有在这样的生命面前退缩,而是直面生命的偶然、无助和脆弱,把真善美的价值引入生命伦理之中,进而提出自己的人格思想理论,从而使生命实践得到了人格品质的支撑。这样的人,"他应当是根据我们对于宇宙系统的研究与反省所得到的精确认识,而向着完满的意境前进,向着真善美的世界发展的。他须努力使生命格外美满和谐,使个人的生命与整个宇宙的生命相协调。他更须佐以渊博的知识,培以丰富纯正的感情,从事于促成生命系统的完善。"我们需要有长命的企图,同时要有短命的打算。长命,是为了创造生命的奇迹;短命,是为了不偷生、不枉生。噢,生命原本可以如此绚丽,我们便当学会以今日之我向昨日之我宣战,更当以一切物质引为生命的燃料。如此,生命虽暂,而以生命换来的事业,则不会磨灭。

　　生命之易消逝,不足为忧;所忧者当在这有限的生命,能否换来无限光荣的事业。这便是罗家伦生命伦理教会我们的那个一贯的自我。

生 命 的 意 义

罗家伦①

我们人类的生命很多,宇宙间万物的生命更多。生之现象,非常普遍。但是我们为什么生在世上? 这个问题,数千年来经过多少哲学家科学家的研讨和追求。如果做了人而对于人生的意义不明了,浑浑噩噩,糊涂一世,那他真是白活了。因为对于本身的生命还不明白,我们的行为,就没有标准;我们的态度,也无从确定。有许多人觉得生活很是痛苦,恨不得立刻把自己的生命毁灭掉。他觉得活在世上,乃是尝着无穷尽的痛苦;在生命的背后,似乎有一种黑暗的魔力,时刻逼着他向苦难的路上推动,使他欲生不能,欲死不得;因此他常想设法解除这生命的痛苦。佛教所谓"涅槃",也就是谋解除生命痛苦的一个方法。不过是否真能解除,乃是另一问题。又有些人认为生命是快乐的,以为世界上一切事物,宇宙间一切创作,都是供我们享受的,遂成为一种绝对的享乐主义。其他对于生命所抱的态度很多,要皆各有其见解。我们若是不知道生命真正的意义,就会彷徨歧路,感觉生命的空虚,于是一切行动,茫无所措。所以我们对于这个问题,至少应该有一种初步的,也就是基本的反省。

第一,在无量数生命中,人的生命何以有特别意义?

如果就"生命"二字来讲,他的意义非常广泛。谈到宇宙的生命,其含义更深。这个纯粹的哲学问题,此处暂且不讲。生命既然很多,人类的生命,不过为宇宙无穷生命之一部分。庄子说:"朝菌不知晦朔,蟪蛄不知春秋",朝菌蟪蛄,何尝没有生命? 大之如"天山龙",固曾有其生命,小之如微生物,也有生命。但

---

① 罗家伦(1897—1969),教育家、思想家、社会活动家。

是在这无量数的生命中,为什么人的生命,才有特殊的意义?为什么人的生命,才有特殊的价值?为什么只有人才对他的生命发生意义和价值的问题?

第二,生命是变动的,物我之间,究有什么关系?

生命是变动的。我们身上的细胞,每天有多少新的生出来,多少陈旧的逐渐死去。这种新陈代谢的变动,可说无一刻停止。我们采取动植矿物的滋养成分为食料,以增加我们的新细胞,维持我们的生长;但一旦人死了,身体的有机组织,又渐腐败分离,为其他动植矿物所吸收。生命之循环,变化无已。我们若分析人类的生命,与其他动植物的生命,可以发生许多哲学上的推论。如近代柏格森、杜里舒等哲学系统,都是由此而来的。即梁启超的今日之我非昨日之我,故不惜今日之我与昨日之我宣战的一段话,也是由于观察生命不断变动的现象而来的,不过他得到的是不正确的推论罢了。可见我们总是想到在生命不断的变动当中,物我之间究有什么关系这个问题。

第三,生命随着时间容易过去。

生命随着真实的时空不断地过去。人生上寿,不过百年,转瞬消逝,于是便有"生为尧舜死亦枯骨,生为桀纣死亦枯骨"之感。在悠悠无穷的时间中,人的一生不过一刹那。印度人认宇宙曾经多少劫;每劫若干亿万年。人的生命,在这无数劫中,还不是一刹那吗?若仅就生命现在的一刹那看来,时光实在过于短促;生命的价值,如果仅以一刹那之长短来估定,那么人生实在没有多大意义。尧舜苦心经营创制,不过是一刹那的过去;桀纣醉生梦死,作恶殃民,也不过是一刹那的过去。若是把他们的生命价值认为相等,岂非笑话!故以生命之久暂来估定他的意义与价值,当然是不妥。一个人只要有高尚的思想,伟大的人格,虽不生为百岁老人,亦有何伤?否则上寿百岁与三十四十岁而死者,从无穷尽的时间过程看来,都不过是一刹那。欲从这时间久暂上来求得生命的意义,真是微乎其微。故生命的意义,当然别有所在。这就是我们对于生命初步的反省。我们从此得到了三个认识,就是:生命是无数的,生命是变动的,生命是容易过去的。

人生的意义在能认识和创造生命的价值。宇宙间的生命,既是如此的多,何以只是人类的生命,才有特别的意义?想解答这个问题,是属于价值哲学的研究。人的生命之所以有意义,乃是因为人能认识和创造人生的价值。因为人类能够反省,所以他能对于宇宙整个的系统,求得认识;更能从宇宙的整个系统之中,认识其本身价值之所在。人类的生命,虽然限制在一定的空时系统之中,但是他能够扩大经验的范围,不受环境的束缚;能够离开现实的环境而创造理想的意境。其他动物则不能如此。例如蛙在井中,则以井为其唯一的天地;离开了井,他便一无认识。人类则不然,其意境所托,可以另辟天地。只有人才能把世上的事事物物,分析观察,整理成一个系统,探讨彼此间的关系,以求得存在于这个系统内的原理,并且能综合各种原理,以推寻生命的究竟。说到人类能创造价值一层,对于生命的意义,尤关重要。一方面他固须接受前人对于人生已定了的价值表,一方面更须自己重新定出价值表来,不断地根据这种新的启示,鼓励自己和领导大家从事于创造事业和完成使命。如此,不但个人的生命,不致等闲消失,并且把整个人类生命的意义提高。古圣先哲,终生的努力,就在于此。这是旁的生命所不能做,而为人类生命所能独到的。所以说宇宙间的生命虽是无量数,唯有人类的生命才有特殊的意义。

人格的统一性与一贯性生命不断地变,但必须求得当中不变的真理。我们人类虽每天吸收动植矿物的滋养成分,以促进身体上新陈代谢的变化,但是生命当中所包含的真理,决不因生理上的变化而稍移易。这种生命的一贯性和统一性,就是人格。人因为有人格,所以不致因为今日食猪肉,就发猪脾气;明天食牛肉,就发牛脾气。只是以一切的物质,为我们生命的燃料罢了!至于"今日之我与昨日之我宣战"的见解,正是因为缺乏了整个的人格观念,所以陷入于可笑的矛盾。世界上人与人相处,彼此之间全赖有人格的认识。大家所共认为是善人的,应该今日如此,明日也必定如此;今年如此,明年也必定如此。若是人类无此维系,便无人类的社会可言。所谓人格,就是一贯的自我。他应当是根据我们对于宇宙系统的研究与反省所得到的精确认识,而向着完满的意境前进,向着真善美的世界发展的。他须努力使生命格外美满和谐,使个人的生命与整个宇宙的生命相协调。他更须佐以渊博的知识,培以丰富纯正的感情,从事于促成生命系统的完善。这种好的人格才真是一贯的;因为是一贯的,所以是经得起困苦艰难,决不会随着变幻的外界现象而转移的。有了这种人格,然后在整个宇宙的生命系统当中,人的生命才可立定一个适当的地位。倘若今日如此,明日如彼;苟且偷安,随波逐流,便认为是自我的满足;那不但是无修养,而且是无人格。人与其他生物的分际,就在人格上。人虽吸收了若干外来的食物成分,变其血轮,变其细胞,变其生理上的一切,但他的人格,理想上的人格,永久不变,这就是人格的统一性与一贯性。可见生命虽不断地变,尚有不变者在。这也是人类生命的特殊性。

要保持生力,从力行中以生命来换取伟大的事业。生命随着时间容易过去。《庄子》上所说的朝菌蟪蛄,固然生命很短;楚南冥灵,以五百岁为春,五百岁为秋,上古大椿,以八千岁为春,八千岁为秋,这种生命可以说是很长了,然而在整个时间系统之中,又何尝不是一刹那的过去?故生命的长短,不足以决定生命之价值。生命之价值,要看生命存在的意义如何,乃能决定。吾人之生,决定要有一种作为。生命虽易过去,但有一点不灭,那就是以生命所换来永不磨灭的事业。古今来已死过了的生命不知有多少,若以四万万人每人能活到六十岁来计算,那么,每六十年要死去四万万,一百二十年就死去八万万,照此推算下去,有史以来,过去了的生命,不知若干万万。但是古今来立德立功立言的人,名垂青史,虽在千百年以后,也还是为人所景仰崇拜;那些追随流俗,一事无成的人,他的姓名,及身就不为人所知,到了后代,更如飘忽的云烟,一些痕迹也不曾留着。所以唯有事业,才是人生的成绩,人类的遗产。孔子虽死,他的伦理教训,仍然存在;秦始皇虽死,他为中国立下的大一统规模,依然存在;拿破仑已死,他的法典,仍然存在。生命虽暂,而以生命换来的事业,是不会磨灭的;其事业的精神,也永远会由后人继承了去发扬光大。诸葛亮在隆中,自比管乐;管乐生在数百年前,其遗留的事业精神,诸葛亮继承着去发扬光大。左宗棠平新疆,以"新亮"自居,也就是隐然以诸葛亮自承。所以生命之易消逝,不足为忧;所忧者当在这有限的生命,能否换来无限光荣的事业。若是苟且偷生,闲居待死,就是活到九十或百岁,仍与人类社会无关。生命千万不可浪费,浪费生命是最可惜的事。萧伯纳曾叹人生活到可以创造事业的年龄,即行死去,觉得太不经济。他想如果人能和基督教《创世记》所载的眉寿是拉一样,活到九百六十九岁,则文明的进步岂不更有可观。但这是文学家的理想,是做不到的事。然而西洋人利用生命的时间,比中国人却经济多了。西洋人从四十岁到七十岁为从事贡献于政治、文艺、哲学、科学以及工商社会事业的有效时期,而中国人四十岁以后即呈衰老,到六十岁就打算就木。两相比较,中国人生命的短促和浪费,真可惊人!我们既然不能希望活到九百六十九岁的高龄,那我们就得把这七八十年的一段生命,好好利用。我们要有长命的企图,我们同时要有短命的打算。长命的企图是我们不要把生命消耗在无意义的方面。短命的打算是我们要活一天做两天的事,活一年做两年的事。不问何时死去,事业先已成就。我们生在世上一天,就得充分地保持和发挥自己的生力一天。无生力的生命,是不会成就事业的,无永久价值的事业的生命,是无声无息度过的。

所以人生在世,不要因生命之数量过多及其容易消逝而轻视生命,不要因生命之时常变动而随波逐流,终至侮辱生命。我们须得对人生的价值有认识,对人格能维持其一贯性;以鞠躬尽瘁,死而后已的精神,加紧的去把自己的生命,换成有永久价值的事业。这样,才不是偷生,才不是枉生!

一只特立独行的猪[①]

王小波

插队的时候,我喂过猪,也放过牛。假如没有人来管,这两种动物也完全知道该怎样生活。它们会自由自在地闲逛,饥则食渴则饮,春天来临时还要谈谈爱情;这样一来,它们的生活层次很低,完全乏善可陈。人来了以后,给它们的生活做出了安排:每一头牛和每一口猪的生活都有了主题。就它们中的大多数而言,这种生活主题是很悲惨的:前者的主题是干活,后者的主题是长肉。我不认为这有什么可抱怨的,因为我当时的生活也不见得丰富了多少,除了八个样板戏,也没有什么消遣。有极少数的猪和牛,它们的生活另有安排。以猪为例,种猪和母猪除了吃,还有别的事可干。就我所见,它们对这些安排也不大喜欢。种猪的任务是交配,换言之,我们的政策准许它当个花花公子。但是疲惫的种猪往往摆出一种肉猪(肉猪是阉过的)才有的正人君子架势,死活不肯跳到母猪背上去。母猪的任务是生崽儿,但有些母猪却要把猪崽儿吃掉。总的来说,人的安排使猪痛苦不堪。但它们还是接受了:猪总是猪啊。

对生活做种种设置是人特有的品性。不光是设置动物,也设置自己。我们知道,在古希腊有个斯巴达,那里的生活被设置得了无生趣,其目的就是要使男人成为亡命战士,使女人成为生育机器,前者有些像斗鸡,后者有些像母猪。这两类动物是很特别的,但我以为,它们肯定不喜欢自己的生活。但不喜欢又能怎么样?人也好,动物也罢,都很难改变自己的命运。

以下谈到的一只猪有些与众不同。我喂猪时,它已经有四五岁了,从名分上

[①] 王小波(1952—1997),自由撰稿人、诗人、思想家。

说,它是肉猪,但长得又黑又瘦,两眼炯炯有光。这家伙像山羊一样敏捷,一米高的猪栏一跳就过;它还能跳上猪圈的房顶,这一点又像是猫——所以它总是到处游逛,根本就不在圈里呆着。所有喂过猪的知青都把它当宠儿来对待,它也是我的宠儿——因为它只对知青好,容许他们走到三米之内,要是别的人,它早就跑了。它是公的,原本该劁掉。不过你去试试看,哪怕你把劁猪刀藏在身后,它也能嗅出来,朝你瞪大眼睛,噢噢地吼起来。我总是用细米糠熬的粥喂它,等它吃够了以后,才把糠兑到野草里喂别的猪。其他猪看了嫉妒,一起嚷起来。这时候整个猪场一片鬼哭狼嚎,但我和它都不在乎。吃饱了以后,它就跳上房顶去晒太阳,或者模仿各种声音。它会学汽车响、拖拉机响,学得都很像;有时整天不见踪影,我估计它到附近的村寨里找母猪去了。我们这里也有母猪,都关在圈里,被过度的生育搞得走了形,又脏又臭,它对它们不感兴趣;村寨里的母猪好看一些。它有很多精彩的事迹,但我喂猪的时间短,知道得有限,索性就不写了。总而言之,所有喂过猪的知青都喜欢它,喜欢它特立独行的派头儿,还说它活得潇洒。但老乡们就不这么浪漫,他们说,这猪不正经。领导则痛恨它,这一点以后还要谈到。我对它则不止是喜欢——我尊敬它,常常不顾自己虚长十几岁这一现实,把它叫做"猪兄"。如前所述,这位猪兄会模仿各种声音。我想它也学过人说话,但没有学会——假如学会了,我们就可以做倾心之谈。但这不能怪它。人和猪的音色差得太远了。

后来,猪兄学会了汽笛叫,这个本领给它招来了麻烦。我们那里有座糖厂,中午要鸣一次汽笛,让工人换班。我们队下地干活时,听见这次汽笛响就收工回来。我的猪兄每天上午十点钟总要跳到房上学汽笛,地里的人听见它叫就回来——这可比糖厂鸣笛早了一个半小时。坦白地说,这不能全怪猪兄,它毕竟不是锅炉,叫起来和汽笛还有些区别,但老乡们却硬说听不出来。领导上因此开了一个会,把它定成了破坏春耕的坏分子,要对它采取专政手段——会议的精神我已经知道了,但我不为它担忧——因为假如专政是指绳索和杀猪刀的话,那是一点门都没有的。以前的领导也不是没试过,一百人也逮不住它。狗也没用:猪兄跑起来像颗鱼雷,能把狗撞出一丈开外。谁知这回是动了真格的,指导员带了二十几个人,手拿五四式手枪;副指导员带了十几人,手持看青的火枪,分两路在猪场外的空地上兜捕它。这就使我陷入了内心的矛盾:按我和它的交情,我该舞起两把杀猪刀冲出去,和它并肩战斗,但我又觉得这样做太过惊世骇俗——它毕竟是只猪啊;还有一个理由,我不敢对抗领导,我怀疑这才是问题之所在。总之,我在一边看着。猪兄的镇定使我佩服之极:它很冷静地躲在手枪和火枪的连线之内,任凭人喊狗咬,不离那条线。这样,拿手枪的人开火就会把拿火枪的打死,反之亦然;两头同时开火,两头都会被打死。至于它,因为目标小,多半没事。就这样连兜了几个圈子,它找到了一个空子,一头撞出去了;跑得潇洒之极。以后我在甘蔗地里还见过它一次,它长出了獠牙,还认识我,但已不容我走近了。这种冷淡使我痛心,但我也赞成它对心怀叵测的人保持距离。

我已经40岁了,除了这只猪,还没见过谁敢于如此无视对生活的设置。相反,我倒见过很多想要设置别人生活的人,还有对被设置的生活安之若素的人。因为这个缘故,我一直怀念这只特立独行的猪。

病隙碎笔(节选)

史铁生[1]

1. 我是史铁生——很小的时候我就觉得这话有点怪,好像我除了是我还可以是别的什么。这感觉一直不能消灭,独处时尤为挥之不去,终于想懂史铁生是别人眼中的我,我并非全是史铁生。

多数情况下,我被史铁生简化和美化着。简化在所难免。美化或出于他人的善意,或出于我的伪装,还可能出于某种文体的积习——中国人喜爱赞歌。因而史铁生以外,还有着更为丰富、更为浑沌的我。这样的我,连我也常看他是个谜团。我肯定他在,但要把他全部捉拿归案却非易事。总之,他远非坐在轮椅上、边缘清晰齐整的那一个中年男人。白昼有一种魔力,常使人为了一个姓名的牵挂而拘谨、犹豫,甚至于慌不择路。一俟白昼的魔法遁去,夜的自由到来,姓名脱落为一张扁平的画皮,剩下的东西才渐渐与我重合,虽似朦胧缥缈了,却真实起来。这无论对于独处,还是对于写作,都是必要的心理环境。

2. 五行缺铁,所以史家这一辈男性的名中都跟着有了一个铁字。堂兄弟们现在都活得健康,惟我七病八歪终于还是缺铁,每日口服针注,勉强保持住铁的入耗平衡。好在"铁"之后父母为我选择了"生"字,当初一定也未经意,现在看看倒像是我屡病不死的保佑。

此名俗极,全中国的"铁生"怕没有几十万? 笔墨谋生之后,有了再取个雅名的机会,但想想,单一副雅皮倒怕不伦不类,内里是什么终归还是什么,多一事不如少一事。有个老同学对我说过:初闻此名未见此人时,料"铁生"者必赤膊

秃头。我问他可曾认得一个这样的铁生？不，他说这想象毫无根据煞是离奇。我却明白：赤膊秃头是粗鲁和愚顽常有的形象。我当时心就一惊：至少让他说对一半！粗鲁若嫌不足，愚顽是一定不折不扣的。一惊之时尚在年少，不敢说已有自知之明，但潜意识不受束缚，一针见血什么都看得清楚。

3. 铁，一种浑然未炼之物。隔了48年回头看去，这铁生真是把人性中可能的愚顽都备齐了来的，贪、嗔、痴一样不少，骨子里的蛮横并怯懦，好虚荣，要面子，以及不懂装懂，因而有时就难免狡猾，如是之类随便点上几样不怕他会没有。

不过这一个铁生，最根本的性质我看是两条，一为自卑（怕），二为欲念横生（要）。谁先谁后似不分明，细想，还是要在前面，要而惟恐不得，怕便深重。譬如，想得到某女之青睐，却担心没有相应的本事，自卑即从中来。当然，此一铁生并不早熟到一落生就专注了异性，但确乎一睁眼就看见了异己。他想要一棵树的影子，要不到手。他想要母亲永不离开，却遭到断喝。他希望众人都对他喝彩，但众人视他为一粒尘埃。我看着史铁生幼时的照片，常于心底酿出一股冷笑：将来有他的罪受。

4. 说真的，他不能算笨，有着上等的理解力和下等的记忆力（评价电脑的优劣通常也是看这两项指标），这样综合起来，他的智商正是中等——我保证没有低估，也不想夸大。

记忆力低下可能与他是喝豆浆而非喝牛奶长大的有关。我小时候不仅喝不起很多牛奶，而且不爱喝牛奶，牛奶好不容易买来了可我偏要喝豆浆。卖豆浆的是个麻子老头，他表示过喜欢我。倘所有的孩子都像我一样爱喝豆浆，我想那老头一定更要喜欢。

说不定记忆力不好的孩子长大了适合写一点小说和散文之类。倒不是说他一定就写得好，而是说，干别的大半更糟。记忆力不好的孩子偏要学数学，学化学，学外语，肯定是自找没趣，这跟偏要喝豆浆不一样。幸好，写小说写散文并不严格地要求记忆，记忆模糊着倒赢得印象、气氛、直觉、梦想和寻觅，于是乎利于虚构，利于神游，缺点是也利于胡说八道。

5. 散文是什么？我的意见是：没法说它是什么，只可能说它不是什么。因此它存在于一切有定论的事物之外，准确说，是存在于一切事物的定论之外。在白昼筹谋已定的种种规则笼罩不到的地方，若仍漂泊着一些无家可归的思绪，那大半就是散文了——写出来是,不写出来也是。但它不是收容所,它一旦被收容成某种规范,它便是什么了。可它的本色在于不是什么,就是说它从不停留,惟行走是其家园。它终于走到哪儿去谁也说不清。我甚至有个近乎促狭的意见:一篇文章,如果你认不出它是什么(文体),它就是散文。譬如你有些文思,不知该把它弄成史诗还是做成广告,你就把它写成散文。可是,倘有一天,人们夸奖你写的是纯正的散文,那你可要小心,它恐怕是又走进某种定论之内了。

小说呢?依我看小说走到今天,只比散文更多着虚构。

6. 我其实未必合适当作家,只不过命运把我弄到这一条(近似的)路上来了。左右苍茫时,总也得有条路走,这路又不能再用腿去趟,便用笔去找。而这样的找,后来发现利于此一铁生,利于世间一颗最为躁动的心走向宁静。我的写作因此与文学关系疏浅,或者竟是无关也可能。我只是走得不明不白,不由得唠叨;走得孤单寂寞,四下里张望;走得怵目惊心,便向着不知所终的方向祈祷。

我仅仅算一个写作者吧,与任何"学"都不沾边儿。学,是挺讲究的东西,尤其需要公认。数学、哲学、美学,还有文学,都不是打打闹闹的事。写作不然,没那么多规矩,痴人说梦也可,捕风捉影也行,满腹狐疑终无所归都能算数。当然,文责自负。

7. 写作救了史铁生和我,要不这辈子干什么去呢?当然也可以干点别的,比如画彩蛋,我画过,实在是不喜欢。我喜欢体育,喜欢足球、篮球、田径、爬山,喜欢到荒野里去看看野兽,但这对于史铁生都已不可能。写作为生是一件被逼无奈的事。开始时我这样劝他:你死也就死了,你写也就写了,你就走一步说一步吧。这样,居然挣到了一些钱,还有了一点名声。这个愚顽的铁生,从未纯洁到不喜欢这两样东西,况且钱可以供养"沉重的肉身",名则用以支持住孱弱的虚荣。待他孱弱的心渐渐强壮了些的时候,我确实看见了名的荒唐一面,不过也别过河拆桥,我记得在我们最绝望的时候它伸出过善良的手。

我的写作说到底是为谋生。但分出几个层面,先为衣食住行,然后不够了,看见价值和虚荣,然后又不够了,却看见荒唐。荒唐就够了么?所以被送上这不见终点的路。

8. 史铁生和我,最大的缺点是有时候不由得撒谎。好在我们还有一个最大的优点:诚实。这不矛盾。我们从不同时撒谎。我撒谎的时候他会悄悄地在我心上拧一把,他撒谎的时候我也以相似的方式通知他。我们都不是不撒谎的人。我们都不是没有撒过谎的人。我们都不是能够保证不再撒谎的人。但我们都会因为对方的撒谎而恼怒,因为对方的指责而羞愧。恼怒和羞愧,有时弄得我们寝食难安,半夜起来互相埋怨。

公开的诚实当然最好,但这对于我们,眼下还难做到。那就退而求其次——保持私下的诚实,这样至少可以把自己看得清楚。把自己看看清楚也许是首要的。但是,真能把自己看清楚吗? 至少我们有此强烈的愿望。我是谁? 以及史铁生到底何物? 一直是我们所关注的。

公开的诚实为什么困难? 史铁生和我之间的诚实何以要容易些? 我们一致相信,这里面肯定有着曲折并有趣的逻辑。

9. 一个欲望横生如史铁生者,适合由命运给他些打击,比如截瘫,比如尿毒症,还有失学、失业、失恋等等,这么多年我渐渐看清了这个人,若非如此,料他也是白活。若非如此他会去干什么呢? 我倒也说不准,不过我料他难免去些火爆的场合跟着起哄。他那颗不甘寂寞的心我是了解的。他会东一头西一头撞得找不着北,他会患得患失总也不能如意,然后,以"生不逢时"一类的大话来开脱自己和折磨自己。不是说火爆就一定不好,我是说那样的地方不适合他,那样的地方或要凭真才实学,或要有强大的意志,天生的潇洒,我知道他没有,我知道他其实不行可心里又不见得会服气,所以我终于看清:此人最好由命运提前给他一点颜色看看,以防不可救药。不过呢,有一弊也有一利,欲望横生也自有其好处,否则各样打击一来,没了活气也是麻烦。抱屈多年,一朝醒悟:上帝对史铁生和我并没有做错什么。

10. 我想,上帝为人性写下的最本质的两条密码是:残疾与爱情。残疾即残缺、限制、阻障……是属物的,是现实。爱情属灵,是梦想,是对美满的祈盼,是无边无限的,尤其是冲破边与限的可能,是残缺的补救。每一个人,每一代人,人间所有的故事,千差万别,千变万化,但究其底蕴终会露出这两种消息。现实与梦想,理性与激情,肉身与精神,以及战争与和平,科学与艺术,命运与信仰,怨恨与宽容,困苦与欢乐……大凡前项,终难免暴露残缺,或说局限,因而补以后项,后项则一律指向爱的前途。

就说史铁生和我吧,这么多年了,他以其残疾的现实可是没少连累我。我本来是想百米跑上个九秒七、跳高跳它个二米五，然后也去登一回珠穆朗玛峰的，可这一个铁生拖了我的后腿，先天不足后天也不足，这倒好，别人还以为我是个好吹牛的。事情到此为止也就罢了，可他竟忽然不走，继而不尿，弄得我总得跟他一起去医院"透析"——把浑身的血都弄出来洗，洗干净了再装回去，过不了三天又得重来一回。可不是麻烦吗！但又有什么办法？末了儿还得我来说服他，这个吧那个吧，白天黑夜的我可真没少费话，这么着他才算答应活下来，并于某年某月某日忽然对我说他要写作。好哇，写呗。什么文学呀，挨不上！写了半天，其实就是我没日没夜跟他说的那些个话。当然他也对我说些话，这几十年我们就是这么你一言我一语地说过来的，要不然这日子可真没法过。说着说着，也闹不清是从哪天起他终于信了：地狱和天堂都在人间，即残疾与爱情，即原罪与拯救。

11. 人可以走向天堂，不可以走到天堂。走向，意味着彼岸的成立。走到，岂非彼岸的消失？彼岸的消失即信仰的终结、拯救的放弃。因而天堂不是一处空间，不是一种物质性存在，而是道路，是精神的恒途。

物质性（譬如肉身）永远是一种限制。走到（无论哪儿）之到，必仍是一种限制，否则何以言到？限制不能拯救限制，好比"瞎子不能指引瞎子"。天堂是什么？正是与这物质性限制的对峙，是有限的此岸对彼岸的无限眺望。谁若能够证明另一种时空，证明某一处无论多么美好的物质性"天堂"可以到达，谁就应该也能够证明另一种限制。另一种限制于是呼唤着另一种彼岸。因而，在限制与眺望、此岸与彼岸之间，拯救依然是精神的恒途。

这是不是说天堂不能成立？是不是说"走向天堂"是一种欺骗？我想，物质性天堂注定难为，而精神的天堂恰于走向中成立，永远的限制是其永远成立的依据。形象地说：设若你果真到了天堂，然后呢？然后，无所眺望或另有眺望都证明到达之地并非圆满，而你若永远地走向它，你便随时都在它的光照之中。

12. 残疾与爱情，这两种消息，在史铁生的命运里特别地得到强调。对于此一生性愚顽的人，我说过，这样强调是恰当的。我只是没想到，史铁生在40岁以后也慢慢看懂了这件事。这两种消息几乎同时到来，都在他21岁那年。

一个满心准备迎接爱情的人，好没影儿的先迎来了残疾——无论怎么说，这一招是够损的。我不信有谁能不惊慌，不哭泣。况且那并不是一次光荣行为的后果,那是一个极为普通的事件,普通得就好像一觉醒来,看看天,天还是蓝的,看看地,地也并未塌陷,可是一举步,形势不大对头——您与地球的关系发生了一点儿变化。是的,您不能再以脚掌而是要以屁股,要不就以全身,与它摩擦。不错,第一是坐着,第二是躺着,第三是死。好了,就这么定了,不再需要什么理由。我庆幸他很快就发现了问题的要点:没有理由! 你没犯什么错误,谁也没犯什么错误,你用不着悔改,也用不上怨恨。让风给你说一声"对不起"吗? 而且将来你还会知道:上帝也没有错误,从来没有。

13. 残疾,就这么来了,从此不走。其实哪里是刚刚来呀,你一出生它跟着就到了,你之不能(不止是不能走)全是它的业绩呀,这一次不过是强调一下罢了。对某一铁生而言是这样,对所有的人来说也是这样,人所不能者,即是限制、即是残疾,它从来就没有离开过。

它如影随形地一直跟着我们,徘徊千古而不去,它是不是有话要说?

它首先想说的大约是:残疾之最根本的困苦到底在哪儿?

还以史铁生所遭遇的强调为例:不,它不疼,也不痒,并没有很重的生理痛苦,它只是给行动带来些不方便,但只要你接受了轮椅(或者拐杖和假肢、盲杖和盲文、手语和唇读),你一样可以活着,可以找点事做,可以到平坦的路面上去逛逛。但是,这只证明了活着,活成了什么还不一定。像一头勤勤恳恳的老黄牛,像风摧不死沙打不枯的一棵什么草,几十年如一日地运转就像一块表……我怀疑,这类形容肯定是对人的恭维吗? 人,不是比牛、树和机器都要高级很多吗? "栗子味儿的白薯"算得夸奖,"白薯味儿的栗子"难道不是昏话?

人,不能光是活着,不能光是以其高明的生产力和非凡的忍受力为荣。比如说,活着,却没有爱情,你以为如何? 当爱情被诗之歌之,被看得比生命还重要的时候(生命诚可贵,爱情价更高),却有一些人活在爱情之外,这怎么说? 而且,这样的"之外"竟常常被看作正当,被默认,了不起是在叹息之后把问题推给命运。所以,这样的"之外",指的就不是尚未进入,而是不能进入,或者不宜进入。"不能"和"不宜"并不写在纸上,有时写在脸上,更多的是写在心里。常常是写在别人心里,不过有时也可悲到写进了自己的心里。

14. 我记得,当爱情到来之时,此一铁生双腿已残,他是多么地渴望爱情呵,可我却亲手把"不能进入"写进了他心里。事实上史铁生和我又开始了互相埋怨,睡不安寝食不甘味,他说能,我说不能,我说能,他又说不能。糟心的是,说不能的一方常似凛然大义,说能的一对难兄难弟却像心怀鬼胎。不过,大凡这样的争执,终归是鬼胎战胜大义,稍以时日,结果应该是很明白的。风能不战胜云吗?山能堵死河吗?现在结果不是出来了?——史铁生娶妻无子活得也算惬意。但那时候不行,那时候真他娘见鬼了,总觉着自己的一片真情是对他人的坑害,坑害一个倒也罢了,但那光景就像女士们的长袜跳丝,经经纬纬互相牵连,一坑就是一大片,这是关键:"不能"写满了四周!这便是残疾最根本的困苦。

15. 这不见得是应该忍耐的、狭隘又渺小的困苦。失去爱情权利的人,其他的权利难免遭受全面的损害,正如爱情被贬抑的年代,人的权利普遍受到了威胁。

说残疾人首要的问题是就业,这话大可推敲。就业,若仅仅是为活命,就看不出为什么一定比救济好;所以比救济好,在于它表明着残疾人一样有工作的权利。既是权利,就没有哪样是次要的。一种权利若被忽视,其他权利为什么肯定有保障?倘其权利止于工作,那又未必是人的特征,牛和马呢?设若认为残疾人可以(或应该、或不得不)在爱情之外活着,为什么不可能退一步再退一步认为他们也可以在教室之外、体育场之外、电影院之外、各种公共领域之外……而终于在全面的人的权利和尊严之外活着呢?

是的是的,有时候是不得不这样,身体健全者有时候也一样是不得不呀,一生未得美满爱情者并不只是残疾人呵!好了,这是又一个关键:一个未得奖牌的人,和一个无权参赛的人,有什么不一样吗?

16. 可是且慢。说了半天,到底谁说了残疾人没有爱情的权利呢?无论哪个铁生,也不能用一个虚假的前提支持他的论点吧!当然。不过,歧视,肯定公开地宣布吗?在公开宣布不容歧视的领域,肯定已经没有歧视了吗?还是相反,不容歧视的声音正是由于歧视的确在?

好吧,就算这样,可爱情的权利真值得这样突出地强调吗?

是的,那是因为,同样,这人间,也突出地强调着残疾。

残疾,并非残疾人所独有。残疾即残缺、限制、阻障。名为人者,已经是一种限制。肉身生来就是心灵的阻障,否则理想何由产生?残疾,并不仅仅限于肢体或器官,更由于心灵的压迫和损伤,譬如歧视。歧视也并不限于对残疾人,歧视到处都有。歧视的原因,在于人偏离了上帝之爱的价值,而一味地以人的社会功能去衡量。于是善恶树上的果实使人与人的差别醒目起来。荣耀与羞辱之下,心灵始而防范,继而疏离,终至孤单。心灵于是呻吟,同时也在呼唤。呼唤什么?比如,残疾人奥运会在呼唤什么?马丁·路德·金的梦想在呼唤什么?都是要为残疾的肉身续上一个健全的心途,为隔离的灵魂开放一条爱的通路。残疾与爱情的消息总就是这样萦萦绕绕,不离不弃,无处不在。真正的进步,终归难以用生产率衡量,而非要以爱对残疾的救赎来评价不可。

但对残疾人爱情权利的歧视,却常常被默认,甚至被视为正当。这一心灵压迫的极例,或许是一种象征,一种警告,以被排除在爱情之外的苦痛和投奔爱情的不熄梦想,时时处处解释着上帝的寓言。也许,上帝正是要以残疾的人来强调人的残疾,强调人的迷途和危境,强调爱的必须与神圣。

17. 残疾人的爱情所以遭受世俗的冷面,最沉重的一个原因,是性功能障碍。这是一个最公开的怀疑——所有人都在心里问:他们行吗?同时又是最隐秘的判决——无需任何听证与申辩,结论已经有了:他们不行。这公开和隐秘,不约而同都表现为无言,或苦笑与哀怜,而这正是最坚固的壁垒、最绝望的囚禁!残疾人于是乎很像卡夫卡笔下的一种人物,又很像陀思妥耶夫斯基地下室里的哭魂。

难言之隐未必都可一洗了之。史铁生和我,我们都有些固执,以为无言的坚壁终归不还得靠言语来击破。依敝人愚见,世人所以相信残疾人一定性无能,原因有二。一是以为爱情仅仅是繁殖的附庸,你可以子孙满堂而不识爱为何物,却不可以比翼双飞终不下蛋。这对于适者生存的物种竞争,或属正当思路,可人类早已无此忧患,危险的倒是,无爱的同类会否相互欺压、仇视,不小心哪天玩响一颗原子弹,辛辛苦苦的进化在某一个傍晚突然倒退回零。二是缺乏想象力,认定了性爱仅仅是原始遗留的习俗,除了照本宣科地模仿繁殖,好歹再想不出还能有什么更美丽的作为,偶有创意又自非自责,生怕混同于淫乱。看似威赫逼人的那一团阴云,其实就这么点儿事。难言之隐一经说破,性爱从繁殖的束缚中解放出来,残疾人有什么性障碍可言?完全可能,在四面威逼之下,一颗孤苦的心更能听出性爱的箫音,于是奇思如涌、妙想纷呈把事情做得更加精彩。

18. 福柯在《疯癫与文明》一书中说:"疯癫不是一种自然现象,而是一种文明产物。没有把这种现象说成疯癫并加以迫害的各种文化的历史,就不会有疯癫的历史。"这一关于疯癫的论说,依我看也适用于残疾,尤其适用于所谓残疾人的性障碍。肢体或器官的残损是一个生理问题,而残疾人(以及所有人)的性爱问题,根本都在文化。你一定可以从古今中外的种种性爱方式中,看出某种文化的胜迹和某种文化的囚笼。比如说,玛·杜拉斯对性爱的描写,无论多么露骨,也不似西门庆那样脏。

性,何以会障碍? 真让人想不通。你死了吗?

性在摆脱了繁殖的垄断之后,已经成长为一种语言,已经化身为心灵最重要的表达与祈告了。当然是表达爱愿。当然是祈告失散的心灵可以团圆。这样的欲望会因为生理的残疾而障碍吗? 笑话! 渴望着爱情的人你千万别信那一套! 你要爱就要像一个痴情的恋人那样去爱,像一个忘死的梦者那样去爱,视他人之疑目如盏盏鬼火,大胆去走你的夜路。你一定能找到你的方式,一定能以你残损的身体表达你美丽的心愿,一定可以为爱的祈告创造出丰富多彩的乃至独领风流的性语言。史铁生和我,我们看不出为什么不能这样。也许,这样的能力,惟那无言的坚壁可以扼杀它,可以残废它。但也未必,其实只有残疾人自己的无言忍受、违心屈从才是其天敌。

残疾人以及所有的人,固然应该对艰难的生途说"是",但要对那无言的坚壁说"不",那无言的坚壁才是人性的残疾。福柯在同一部书中,开宗明义地引用了陀思妥耶夫斯基的一句话:"人们不能用禁闭自己的邻人来确认自己神志健全。"而能够打破这禁闭的,能够揭穿这无形共谋的,是爱的祈告,是唤起生命的艺术灵感,是人之"诗意的栖居"。

19. 有人说过:性,从繁殖走向娱乐,是一种进步。但那大约只是动物的进步,说明此一门类族群兴旺已不愁绝种。若其再从娱乐走向艺术,那才能算是人的进步吧。

是艺术就要说话,不能摸摸索索地寻个乐子就完事。性的艺术,更是以一种非凡的语言在倾诉,在表达,在祈祷心灵深处的美景。或者,其实是这美景之非凡,使凡俗的肉身禀领了神采。当然,那美景如果仍然是物质的,你不妨就浑身珠光宝气地去行你的事吧。但那美景若是心灵的团聚,一切饰物就都多余,一切物界的标牌就仍是丑陋的遮蔽,是心灵隔离的后遗症。心灵团聚的时刻,你只要上帝给你的那份财富就够了:你有限的身形和你破形而出的爱愿。你颤抖着、试着用你赤裸的身形去表达吧,那是一个雕塑家最纯正的材料,是诗人最本质的语言,是哲学最终的真理,是神的期待。不要害怕羞耻,也别相信淫荡,爱的领域里压根儿就没它们的汤喝。任何奇诡的性的言词,一旦成为爱的表达,那便是魔鬼归顺了上帝的时刻……谴责者是因为自己尘缘未断。

什么是纯洁?我们不因肉身而不洁。我们不因有情而不洁。我不相信无情者可以爱。我倒常因为看见一些虚伪的标牌、媚态的包装和放大的凛然,而看见淫荡。淫荡不是别的,是把上帝寄存于人的财富挪作他用。

20. 但是,喂!这一位铁生,你不是在把爱和爱情混为一谈吧?你不是在把它们混淆之后,着意地夸大男女私情吧?

问我吗?我看不是。

而且谁也别吓唬人,别想再用人类之爱、民族之爱或祖国之爱一类的大词汇去湮灭通常所说的爱情。那样的时代,史铁生和我都经历过。是那样的时代把爱情贬为"男女私情"的。是那样的时代,使爱情一词沾染了贬义,使她无辜地背上了狭隘、猥琐一类的坏名声。套用一下陀思妥耶夫斯基的那句话吧:不能用贬低个人的爱愿来确认人类之爱的崇高。

完全没有不敬仰人类之爱(或曰:博爱)的意思,个人的爱情正在其中,也用不着混为一谈。如果个人的爱情可以被一个什么东西所贬低、所禁闭,那个东西就太可能无限地发育起来,终于有一天它什么事都敢干。此一铁生果然愚顽,他竟敢对一首旷古大作心存疑问——"生命诚可贵,爱情价更高,若为自由故,二者皆可抛。"疑问在于这后一抛。这一抛之后,自由到底还剩下什么?但愿所抛之物不是指爱情的权利或心中的爱愿,只是指一位具体的恋人,一桩预期的婚姻。但就算这样,我想也最好能有一种悲绝的心情,而不单是豪迈。不要抛得太流畅。应该有时间去想想那个被抛者的心情,当然,如果他(她)也同样豪迈,那算我多事。其实我对豪迈从来心存敬意,也相信个人有时候是要做出牺牲的。不过,这应该是当事人自己的选择,如果他宁愿不那么豪迈,他应该有理由怯懦。可是,"怯懦"一词已经又是圈套,它和"男女私情"一样,已经预设了贬抑或否定,而这贬抑和否定之下,自由已经丢失了理由(这大约就是话语霸权吧)。于是乎,自由岂不就成了一场魔术——放进去的是鸽子,飞出来的是老鹰?

21. 这一个愚顽的人,常在暮色将临时独坐呆问:爱情既是这般美好,何以倒要赞誉它的止步于 1 对 1? 为什么它不能推广为 1 对 2、对 3、对 4……以至 n 对 n,所有的人对所有的人? 这时候我就围绕他,像四周的黑暗一样提醒他:对了,这就是理想,但别忘了现实。

现实是:心灵的隔离。

现实是人吃了善恶树上的果实,因而偏离了上帝之爱的角度,只去看重人的社会价值,肉身功能(力量、智商、漂亮、潇洒),以及物质的拥有。若非这样的现实,爱情本不必特别地受到赞美。倘博爱像空气一样均匀深厚,为什么要独独地赞美它的一部分呢? 但这样的现实并未如愿消散,所以爱情脱颖而出,担负起爱的理想。它奋力地拓开一片晴空,一方净土,无论成败它相信它是一种必要的存在,一种象征,一路先锋。它以其在,表明了亘古的期愿不容废弃。

博爱是理想,而爱情,是这理想可期实现的部分。因此,爱情便有了超出其本身的意义,它就像上帝为广博之爱保留的火种,像在现实的强大包围下一个谛听神谕的时机,上帝以此危险性最小的 1 对 1 在引导着心灵的敞开,暗示人们:如果这仍不能使你们卸去心灵的铠甲,你们就只配永恒的惩罚。

那个愚顽的人甚至告诉我,他听出其中肯定这样的意思:这般美好的爱愿,没理由永远止步于 1 对 1。——我不得不对他,以及对愚顽,刮目相看。

22. 所以,残疾人(以及所有的残缺的人),怎能听任爱情权利的丢失? 怎能让爱愿躲进荒漠? 怎能用囚禁来解救囚禁,用无言来应答无言?

诚实的人你说话吧。用不着多么高深的理论来证明,让诚实直接说话就够了,在坦诚的言说之中爱自会呈现,被剥夺的权利就会回来。爱情,并不在伸手可得或不可得的地方,是期盼使它诞生,是言说使它存在,是信心使它不死,它完全可能是现实但它根本是理想呵,它在前面,它是未来。所以,说吧,并且重视这个说吧,如果白昼的语言已经枯朽,就用黑夜的梦语,用诗的性灵。

这很不现实,是吗? 但无爱的现实你以为怎么样?

23. 最近我看到过一篇文章,标题竟是:"生命的惟一要求是活着。"这话让我想了好久,怎么也不能同意。死着的东西不可以谓之生命,生命当然活着,活着而要求活着,等于是说活着就够了,不必有什么要求。倘有要求,"生命"就必大于"活着",活着也就不是生命的惟一。

如果"活着"是指"活下去"的意思,那可是要特别地加以说明。"活着"和"活下去"不见得是一码事。"活着"而要发"活下去"的决心,料必是有什么使人难于活着的事情发生了。什么呢?显然不只是空气、水和营养之类的问题,因为在这儿"生命"显然也不是指老鼠等等。比如说爱情和自由,没有,肯定还能活下去吗?当然,老鼠能,所以它只是"活着",并不发"活下去"的决心,并不以为活着还有什么再需要强调的事。当生命二字指示为人的时候,要求就多了,岂止活着就够?说理想、追求都是身外之物——这个身,必只是生理之身,但生理之身是不写作的,没有理想和追求,也看不出何为身外之物。一旦看出身外与身内,生命就不单单是活着了。

而爱,作为理想,本来就不止于现实,甚至具有反抗现实的意味,正如诗,有诗人说过:"诗是对生活的匡正。"

(我想,那篇文章的作者必是疏忽了"惟一"和"第一"的不同。若说生命的第一要求是活着,这话我看就没有疑问。)

24.但是反抗,并不简单,不是靠一份情绪和勇敢就够。弄不好,反抗是很强劲而且坚定了,但怨愤不仅咬伤自己,还吓跑了别人。

比如常听见这样的话:我们残疾人如何如何,他们健全人是不可能理解的。要是说"他们不曾理解",这话虽不周全,但明确是在呼唤理解。真要是"不可能理解",你说它干吗?说给谁听?说给"不可能理解"的人听,你傻啦?那么就是说给自己听。依史铁生和我的经验看,不断地这样说给自己听,用自我委屈酿制自我感动,那不会有别的结果,那只能是自我囚禁、自我戕害,并且让"不可能理解"的人眼睁睁地看着一个自虐者自虐而束手无策。

再比如,还经常会碰见这样的句式:我们残疾人是最( )的,因为我们残疾人其实是最( )的。第一个括号里,多半可以填上"艰难"和"坚强",第二个括号里通常是"优秀"或与之相近的词。我的意思是,就算这是实情,话也最好让别人说。这不是狡猾。别人说更可能是尊重与理解,自己一说就变味——"最"都是你的,别人只有"次"。况且,你又对别人的艰难与优秀了解多少呢?

最令人不安的是,这样的话出自残疾人之口,竟会赢得掌声。这掌声值得仔细地听,那里面一定没有"看在残疾的份上"这句潜台词吗?要是一个健全人这样说,你觉得怎样?你会不会说这是自闭、自恋?可我们并不是要反抗别人呀,恰恰是反抗心灵的禁闭与隔离。

25. 那掌声表达了提前的宽宥,提前到你以残疾的身份准备发言但还未发言的时候。甚至是提前的防御,生怕你脆弱的心以没有掌声为由继续繁衍"他们不可能理解"式的怨恨。但这其实是提前的轻蔑——你真能超越残疾,和大家平等地对话吗? 糟糕的是,你不仅没能让这偏见遭受挫折,反给它提供了证据,没能动摇它反倒坚定着它。当人们对残疾愈发小心翼翼之时,你的反抗早已自投罗网。

这样的反抗使残疾扩散,从生理扩散到心理,从物界扩散进精神。这类病症的机理相当复杂,但可以给它一个简单的名称:残疾情结。这情结不单残疾人可以有,别的地方,人间的其他领域也有。马丁·路德·金说:"切莫用仇恨的苦酒来缓解热望自由的干渴。"我想他也是指的这类情结。以往的压迫、歧视、屈辱,所造成的最大遗害就是怨恨的蔓延,就是这"残疾情结"的蓄积,蓄积到湮灭理性,看异己者全是敌人,以致左突右冲反使那罗网越收越紧。被压迫者,被歧视或被忽视的人,以及一切领域中弱势的一方,都不妨警惕一下这"残疾情结"的暗算,放弃自卑,同时放弃怨恨;其实这两点必然是同时放弃的,因为曾经,它们也是一齐出生的。

谈　交　友

朱光潜①

　　人生的快乐有一大半要建筑在人与人的关系上面。只要人与人的关系调处得好，生活没有不快乐的。许多人感觉生活苦恼，原因大半在没有把人与人的关系调处适宜。这人与人的关系在我国向称为"人伦"。在人伦中先儒指出五个最重要的，就是君臣、父子、夫妇、兄弟、朋友。这五伦之中，父子、夫妇、兄弟起于家庭，君臣和朋友起于国家社会。先儒谈伦理修养，大半在五伦上做工夫，以为五伦上面如果无亏缺，个人修养固然到了极境，家庭和国家社会也就自然稳固了。五伦之中，朋友一伦的地位很特别，它不像其他四伦都有法律的基础，它起于自由的结合，没有法律的力量维系它或是限定它，它的唯一的基础是友爱与信义。但是它的重要性并不因此减少。如果我们把人与人中间的好感称为友谊，则无论是君臣、父子、夫妇或是兄弟之中，都绝对不能没有友谊。就字源说，在中西文里"友"字都含有"爱"的意义。无爱不成友，无爱也不成君臣、父子、夫妇或兄弟。换句话说，无论哪一伦，都非有朋友的要素不可，朋友是一切人伦的基础，懂得处友，就懂得处人；懂得处人，就懂得做人。一个人在处友方面如果有亏缺，他的生活不但不能是快乐的，而且也决不能是善的。

　　谁都知道，有真正的好朋友是人生一件乐事。人是社会的动物，生来就有同情心，生来也就需要同情心。读一篇好诗文，看一片好风景，没有一个人在身旁可以告诉他说："这真好呀！"心里就觉得美中有不足。遇到一件大喜事，没有人和你同喜，你的欢喜就要减少七八分；遇到一件大灾难，没有人和你同悲，你的悲

---

① 朱光潜（1897—1986），美学家、文艺理论家、翻译家。

痛就增加七八分。孤零零的一个人不能唱歌,不能说笑话,不能打球,不能跳舞,不能闹架拌嘴,总之,什么开心的事也不能做。世界最酷毒的刑罚要算幽禁和充军,逼得你和你所常接近的人们分开,让你尝无亲无友那种孤寂的风味。人必须接近人,你如果不信,请你闭关独居十天半个月,再走到十字街头在人丛中挤一挤,你心里会感到说不出来的快慰,仿佛过了一次大瘾,虽然街上那些行人在平时没有一个让你瞧得上眼。人是一种怪物,自己是一个人,却要显得瞧不起人,要孤高自赏,要闭门谢客,要把心里所想的看成神妙不可言说,"不可与俗人道",其实隐意识里面唯恐人不注意自己,不知道自己,不赞赏自己。世间最欢喜守秘密的人往往也是最不能守秘密的人。他们对你说:"我告诉你,你却不要告诉人。"他不能不告诉你,却忘记你也不能不告诉人。这所谓"不能"实在出于天性中一种极大的压迫力。人需要朋友,如同人需要泄露秘密,都由于天性中一种压迫力在驱遣。它是一种精神上的饥渴,不满足就可以威胁到生命的健全。

谁也都知道,朋友对于性格形成的影响非常重大。一个人的好坏,朋友熏染的力量要居大半。既看重一个人把他当作真心朋友,他就变成一种受崇拜的英雄,他的一言一笑,一举一动都在有意无意之间变成自己的模范,他的性格就逐渐有几分变成自己的性格。同时,他也变成自己的裁判者,自己的一言一笑,一举一动,都要顾到他的赞许或非难。一个人可以蔑视一切人的毁誉,却不能不求见谅于知己。每个人身旁有一个"圈子",这圈子就是他所常亲近的人围成的,他跳来跳去,常跳不出这圈子。在某一种圈子就成为某一种人。圣贤有道,盗亦有道。隔着圈子相视,尧可非桀,桀亦可非尧。究竟谁是谁非,责任往往不在个人而在他所在的圈子。古人说:"与善人交,如入芝兰之室,久而不闻其香;与恶人交,如入鲍鱼之肆,久而不闻其臭。"久闻之后,香可以变成寻常,臭也可以变成寻常,习而安之,就不觉其为香为臭。一个人应该谨慎择友,择他所在的圈子,道理就在此。人是善于模仿的,模仿品的好坏,全看模型的好坏。有如素丝,染于青则青,染于黄则黄。"告诉我谁是你的朋友,我就知道你是怎样的一种人。"这句西谚确是经验之谈。《学记》论教育,一则曰:"七年视论学取友",再则曰:"相观而善之谓摩。"从孔孟以来,中国士林向奉尊师敬友为立身治学的要道。这都是深有见于朋友的影响重大。师弟向不列于五伦,实包括于朋友一伦里面,师与友是不能分开的。

许叔重说文解字谓"同志为友"。就大体说,交友的原则是"同声相应,同气相求"。但是绝对相同在理论与事实都是不可能。"人心不同,各如其面。"这不同亦正有它的作用。朋友的乐趣在相同中容易见出;朋友的益处却往往在相异处才能得到。古人尝拿"如切如磋,如琢如磨"来譬喻朋友的交互影响。这譬喻实在是很恰当。玉石有瑕疵棱角,用一种器具来切磋琢磨它,它才能圆融光润,才能"成器"。人的性格也难免有瑕疵棱角,如私心、成见、骄矜、暴躁、愚昧、顽恶之类,要多受切磋琢磨,才能洗刷净尽,达到玉润珠圆的境界。朋友便是切磋琢磨的利器,与自己愈不同,摩擦愈多,切磋琢磨的影响也就愈大。这影响在学问思想方面最容易见出。一个人多和异己的朋友讨论,会逐渐发见自己的学说不圆满处,对方的学说有可取处,逼得不得不作进一层的思考,这样地对于学问才能鞭辟入里。在朋友互相切磋中,一方面被"磨",一方面也在受滋养。一个人被"磨"的方面愈多,吸收外来的滋养也就愈丰富。孔子论益友,所以特重直谅多闻。一个不能有诤友的人永远是愚而好自用,在道德学问上都不会有很大的成就。

　　好朋友在我国语文里向来叫做"知心"或"知己"。"知交"也是一个习惯的名词。这个语言的习惯颇含有深长的意味。从心理观点看,求见知于人是一种社会本能,有这本能,人与人才可以免除隔阂,打成一片,社会才能成立。它是社会生命所藉以维持的,犹如食色本能是个人与种族生命所藉以维持的,所以它与食色本能同样强烈。古人尝以一死报知己,钟子期死后,伯牙不复鼓琴。这种行为在一般人看似近于过激,其实是由于极强烈的社会本能在驱遣。其次,从伦理哲学观点看,知人是处人的基础,而知人却极不易,因为深刻的了解必基于深刻的同情。深刻的同情只在真挚的朋友中才常发见。对于一个人有深交,你才能真正知道他。了解与同情是互为因果的。你对于一个人愈同情,就愈能了解他;你愈了解他,也就愈同情他。法国人有一句成语说:"了解一切,就是宽容一切。"(Tout comprendre,c'est tout pardonner.)这句话说来像很容易,却是人生的最高智慧,需要极伟大的胸襟才能做到。古今有这种胸襟的只有几个大宗教家,像释迦牟尼和耶稣,有这种胸襟才能谈到大慈大悲,没有它,任何宗教都没有灵魂。修养这种胸怀的捷径是多与人做真正的好朋友,多与人推心置腹,从对于一部分人得到深刻的了解,做到对于一般人类起深厚的同情。从这方面看,交友的范围宜稍宽泛,各种人都有最好,不必限于自己同行同趣味的。蒙田在他的论文里提出一个很奇怪的主张,以为一个人只能有一个真正的朋友,我对这主张很怀疑。

交友是一件寻常事,人人都有朋友;交友却也不是一件易事,很少人有真正的朋友。势力之交固容易破裂,就是道义之交也有时不免闹意气之争。王安石与司马光、苏轼、程颢诸人在政治和学术上的倾轧便是好例。他们个个都是好人,彼此互有相当的友谊,而结果闹成和世俗人一般的翻云覆雨。交友之难,从此可见。从前人谈交友的话说得很多。例如"朋友有信""久而敬之""君子之交淡如水",视朋友须如自己,要急难相助,须知护友之短,像孔子不假盖于悭吝的朋友;要劝着规过,但"不可则止,无自辱焉"。这些话都是说起来颇容易,做起来颇难。许多人都懂得这些道理,但是很少人真正会和人做朋友。

孔子尝劝人"无友不知己者",这话使我很徬徨不安。你不如我,我不和你做朋友,要我和你做朋友,就要你胜似我,这样我才能得益。但是这算盘我会打你也就会打,如果你也这么说,你我之间不就没有做朋友的可能么?柏拉图写过一篇谈友谊的对话,另有一番奇妙议论。依他看,善人无须有朋友,恶人不能有朋友,善恶混杂的人才或许需要善人为友来消除他的恶,恶去了,友的需要也就随之消灭。这话显然与孔子的话有些牴牾。谁是谁非,我至今不能断定,但是我因此想到朋友之中,人我的比较是一个重要问题,而这问题又与善恶问题密切相关。我从前研究美学上的欣赏与创造问题,得到一个和常识不相同的结论,就是:欣赏与创造根本难分,每人所欣赏的世界就是每人所创造的世界,就是他自己的情趣和性格的返照;你在世界中能"取"多少,就看你在你的性灵中能提出多少"与"它,物我之中有一种生命的交流,深入所见于物者深,浅入所见于物者浅。现在我思索这比较实际的交友问题,觉得它与欣赏艺术自然的道理颇可暗合默契。你自己是什么样的人,就会得到什么样的朋友。人类心灵常交感回流。你拿一分真心待人,人也就会拿一分真心待你,你所"取"如何,就看你所"与"如何。"爱人者人恒爱之,敬人者人恒敬之。"人不爱你敬你,就显得你自己有亏缺。你不必责人,必须反求诸己。不但在情感方面如此,在性格方面也都是如此。友必同心,所谓"同心"是指性灵同在一个水准上。如果你我在性灵上有高低,我高就须感化你,把你提高到同样水准;你高也是如此,否则友谊就难成立。

朋友往往是测量自己的一种最精确的尺度,你自己如果不是一个好朋友,就决不能希望得到一个好朋友。要是好朋友,自己须先是一个好人。我很相信柏拉图的"恶人不能有朋友"的那一句话。恶人可以做好朋友时,他在他方面尽管是坏,在能为好朋友一点上就可证明他还有人性,还不是一个绝对的恶人。说来说去,"同声相应,同气相求"那句老话还是真的,何以交友的道理在此,如何交友的方法也在此。交友和一般行为一样,我们应该常牢记在心的是"责己宜严,责人宜宽"。

人，诗意地安居

海德格尔①

我为什么住在乡下？

南黑森林一个开阔山谷的陡峭斜坡上，有一间滑雪小屋，海拔一千一百五十米。小屋仅六米宽，七米长。低矮的屋顶覆盖着三个房间：厨房兼起居室、卧室和书房。整个狭长的谷底和对面同样陡峭的山坡上，疏疏落落地点缀着农舍，再往上是草地和牧场，一直延伸到林子，那里古老的杉树茂密参天。这一切之上，是夏日明净的天空。两只苍鹰在这片灿烂的晴空里盘旋，舒缓、自在。

这便是我"工作的世界"——由观察者（访客和夏季度假者）的眼光所见的情况。严格说来，我自己从来不"观察"这里的风景。我只是在季节变换之际，日夜地体验它每一刻的幻化。群山无言的庄重，岩石原始的坚硬，杉树缓慢精心的生长，花朵怒放的草地，绚丽又朴素的光彩，漫长的秋夜里山溪的奔涌，积雪的平坡肃穆的单一——所有这些风物变幻，都穿透日常存在，在这里凸显出来，不是在"审美的"沉浸或人为勉强的移情发生的时候，而仅仅是在人自身的存在整个儿融入其中之际……

严冬的深夜里，暴风雪在小屋外肆虐，白雪覆盖了一切，还有什么时刻比此时此景更适合哲学思考呢？这样的时候，所有的追问必然会变得更加单纯而富有实质性。这样的思想产生的成果只能是原始而犀利的。那种把思想诉诸语言的努力，则像高耸的杉树对抗猛烈的风暴一样。

这种哲学思索可不是隐士对尘世的逃遁，它属于类似农夫劳作的自然过程。

---

① 海德格尔（1889—1976），德国哲学家，20世纪存在主义哲学的创始人和主要代表之一。

当农家少年将沉重的雪橇拖上山坡,扶稳橇把,堆上高高的山毛榉,沿危险的斜坡运回坡下的家里,当牧人恍无所思,漫步缓行赶着他的牛群上山,当农夫在自己的棚屋里将数不清的盖屋顶用的木板整理就绪:这类情景和我的工作是一样的。思想深深扎根于农场的生活,两者亲密无间。

城市里的人认为屈尊纡贵和农民作一番长谈就已经很不简单了。夜间工作之余,我和农民们一起烤火,或坐在"主人的角落"的桌边时,通常很少说话。大家在寂静中吸着烟斗。偶尔有人说起伐木工作快结束了,昨夜有只貂钻进了鸡棚,有头母牛可能早晨会产下牛犊,某人的叔伯害着中风,或者天气很快要"转"了。我的工作就是这样扎根于黑森林,扎根于这里的人民几百年来未曾变化的生活的那种不可替代的大地的根基。

生活在城里的人一般只是从所谓的"逗留乡间"获得一点"刺激",我的工作却是整个儿被这群山和人民组成的世界所支持和引导。后来,我在小屋里的工作一次次被各种各样的研讨会、演讲邀请、会议和弗莱堡的教职所打断。然而,只要我一回到那里,甚至是在那小屋里"存在"的最初几个小时里,以前追问思索的整个世界就会以我离去时的原样重新向我涌来。我只是进入工作自身的节奏,从根本意义上讲,我自己并不能操纵它的隐蔽的命令。城里人总担心,在山里和农民待那么长时间,生活一无变化,人会不会觉得寂寞?其实,在这里体会到的不是寂寞,而是孤独。大都市中,人们像在其他地方一样,并不难感到寂寞,但绝对想象不出这份孤独。孤独有某种特别的原始的魔力,不是孤立我们,而是将我们整个存在抛入所有到场事物本质而确凿的近处。

在公众社会里,人可以靠报纸记者的宣传,一夜间成为名人。这是造成一个人自己的意愿被曲解并很快被彻底遗忘的最确定无疑的遭际了。

相反,农民的记忆有其朴素明确永志不忘的忠实性。前些时候,那里的一位农妇快要去世了。她平日很爱同我聊天,告诉我许多村子里古老的传说。她的质朴无文的谈吐充满了丰富的想象。她还在使用村里许多年轻人不再熟悉很快就会湮没的不少古字和习语。去年,我独自在小屋里接连住过几星期。那阵子,这位农妇经常不顾八十三岁高龄,爬上高坡来看我。照她自己说,她一次次来,不过是想看看我是否还在那儿,或者,是否"有人"突然把我的小屋洗劫一空。整个弥留之夜,她都在跟家人谈话。就在生命最后一刻前一个半钟头,她还要人向那个"教授"致意,这样的记忆,胜过任何国际性报刊对据说是我的哲学的聪明的报道。

都市社会面临着坠入一种毁灭性的错误的危险。都市人想到农民的世界和存在时,常常有意把他们那种其实非常顽固的炫耀姿态暂时收敛一番,殊不知这与他们心底里的实情——和农民的生活尽量疏远,听任他们的存在一如既往,不逾旧轨,对学究们言不由衷的关于"民风""土地的根基"的长篇大论嗤之以鼻——又自相矛盾了。农民可不需要也不想要这种城市派头的好管闲事。他们所需所想的是对其存在处自主的静谧生活的维系。但是今天许多城里人(比如那些个滑雪者)在村子里,在农民的家里,行事往往就跟他们在城市的娱乐区"找乐子"一样。这种行为一夜之间破坏的东西比几百年来关于民俗风的博学炫耀所能毁坏的还要多。

让我们抛开这些屈尊俯就的熟悉和假冒的对"乡人"的关心,学会严肃地对待那里的原始单纯的生存吧!惟其如此,那种原始单纯的生存才会重新向我们言说它自己。

最近我接到赴柏林大学讲课的第二次邀请。其时我离开弗莱堡,重返山上小屋。我倾听群山、森林和农田无声的言说,还去看望了我的老友,一位75岁的农民。他已经在报上看到了邀请消息。猜猜他说了些什么?慢慢地,他那双清澈无比的眼睛不加任何掩饰地紧紧盯着我,双唇紧抿,意味深长地将他真诚的双手放在我肩上,几乎看不出来地摇摇头。这就是说:"别去!"

郜元宝　译

站住讲台的力量

心通天宇

Xintong Tianyu

艺术史家贡布里希曾经说过,没有艺术,只有艺术家。什么意思呢?艺术是人的表现,表现人性本身。雕塑艺术从西方走出来,可以说懂雕塑、会雕塑的艺术工作者甚至雕塑大家不计其数,何以人们会把米开朗基罗(旧译米格朗基罗)和罗丹放在突出的位置呢?

是的,雕刻作为一种艺术固然是表达人们心中的某种崇拜,问题是崇拜谁——神还是人?英雄还是小丑?在米开朗基罗之前的西方雕塑膜拜的是神,米开朗基罗开创了西方雕塑摹写大写的"人"的历史。从米开朗基罗到罗丹之间的365年间,雕刻大师塑造的多是英雄和完美的人,他们"都严谨地、慎重地把完整的雕像安置在神龛里、基座上"。罗丹不只继承了米开朗基罗开创的传统,并且更进一步。罗丹的作品总是以心灵飞舞的线条去捕捉美妙的形体,少了英雄,多了平凡,这在学院派看来简直就是叛逆,因为罗丹粉碎了他们心中关于英雄形象和完美造型的梦幻和虚妄。在罗丹看来,雕塑什么并不是最重要的,而是通过雕塑的对象表现对真相的追求和社会意义的把握,脱离了真实,"没有一点内在真理,也就是没有一点艺术",这样的艺术便谈不上是人的艺术。艺术所要追求的美,应该通过塑型去感受内在的、真实的生命——摹写真实的人本身,这就是"用人体写心灵"。罗丹的伟大恰在于通过对艺术的还原,给了我们生命的棒喝。这就是为什么,我们欣赏罗丹的雕塑便有阅读一部史诗的感受。

如果说在雕塑艺术领域米开朗基罗发现了"人",那么罗丹则告诉我们,这是一个会思想、真实的"人",从而使雕塑艺术完成了从圣徒到哲人的转型,引领人类的艺术从"凯旋门"来到"人间之门"。从此,雕塑走下了圣坛,不再追求英雄和完美。罗丹之后的雕塑艺术家可以从容地讴歌生命,赞美自由的灵魂。

可见,艺术的价值在于生命,那么作为培育人的教育的价值呢?答案还需要讨论吗?需要讨论的是,通过什么来塑造生命。罗丹告诉我们,"没有灵敏的手,最强烈的感情也是瘫痪的"。换言之,没有厚实的知识素养,没有机智的教学方法,再精致的教育同样也是瘫痪的。教育常常被喻作塑造生命的事业,如果说"塑"的是生命,那么"造"的就是敬畏。在"生命"和"敬畏"面前,"塑"和"造"的原则都可以被改写。

弦内之音弦外听

辛丰年①

××君：

笔谈怎样倾听音乐，不觉已到了"终曲"。好音乐，人们永远听不完，最深刻的作品也永远听不够。对于专门侍奉乐艺女神者来说，搞音乐是一种无止境的探求，更何况我们这种普通爱好者！在永无尽头的音乐之旅中，话题也是谈不完的。

但在这笔谈告一段落的时候，我倒要提醒你，不能只顾倾听音乐自身，还要倾听别的；不能只顾深入乐境之内，却又忘了乐境之外的天地。老是"身在庐山中"，不可能识其真面目。木华作《海赋》，除了大海本身的奇观，还写了它的"上下四旁"。这对我们的乐海遨游不也是一种启示？

一定要扩展我们的视野和听阈。不妨让你的眼光左顾右盼，注视那些同听赏有联系的知识。读读乐史很有好处，上一次曾提过。不过在浏览乐史之际，务必要同你已经精读、泛读过的作品的感受联系起来思索，不要满足于抽象干瘪的概念。一方面搞清那些作者和作品大致的来龙去脉，一方面学会识别不同时代的不同风格，辨得出各种风格流派之间的同、异、渊源流变，那就提高了欣赏力，也获得了更大的享受。比方，听得出海顿和莫扎特的乐风何其相似，联想他们二人的时代与相互之间的切磋熏陶，这不难；再听他们的不相似，联想莫扎特的特殊禀赋与开创新风的贡献，这就需要更多的倾听与思索了。贝多芬早期之作，一望而知有前二人的影响，细细玩味，又同中有异，有一股前人所无的劲儿。又比

---

① 辛丰年（1923—2013），音乐评论家。

如,舒伯特是显然地不像贝多芬。想想《未完成交响曲》与《合唱交响曲》,竟然是 1822—1823 年间诞生的"难兄难弟",而其面目与气质是如此的不相似,真不可思议!然而"女性贝多芬"的作品中又常常有那位巨人的身影,这又是时代影响下的异中之同了。巴罗克音乐大不像后来的音乐,几乎一听便能辨别。然而我们还应该、也不难从比较之中感受到巴赫、亨德尔同样是宏伟却一个更深沉,一个更明朗,而斯卡拉蒂、泰勒曼和维瓦尔迪又各有各的味道。同是 19 世纪浪漫派的灿灿群星,从总体上听决不会与前一时代的乐风混同,然而他们之间又是何等的互不相似。肖邦和老柴的作品,不报名字也应该猜得出的吧?再说,一位巨匠的乐风也是有他自身之史的,尤其像贝多芬这样一手接古典之传统、一手开浪漫之先河的人。听听他的第一首钢琴奏鸣曲,再听《皇帝协奏曲》,再听那两部晚期之作"101""106",我们虽然不过是浅尝辄止的普通爱乐者,也多少可以从中领略到他乐风的变动不拘,从而也体验到一种令人赞叹的"心路历程"!

这也正是我热心奉劝乐友们浏览乐史的缘故。但我们又不要满足于就乐论乐,还要着眼于它乃是一种文化,而且要从乐文化同其他文化之间的纠葛、影响来理解。如此才可以进一步打开倾听音乐的思路,激发、深化你的体验。

我爱读的乐史中有一本匈牙利人朗格写的《十九世纪西方音乐文化史》(即《西方文明中的音乐》中的一部分)。它正是从广阔的文化背景上来谈论音乐的,不论其见解是否我们都能完全领会与接受,但读读它可以了解到音乐同别的文化并且与时代之潮之间难解难分的关系,懂得音乐是如此不简单的一种历史与文化现象。这样,我们也就会更尊重它,珍爱它,不当成消遣,也不简单化地对待它了。

音乐文化史的知识是各式各样的,并不只是人与作品的问题。例如乐器这类事物,不但是音乐借以体现的手段,而且它们反转来又引起与促进乐艺的发展,这也是我们爱好者值得留心了解的。当你了解到巴赫时代小提琴的弓同后来帕格尼尼们手里的琴弓大不相同,那么你在倾听前者的《恰空》与后者的《24首随想曲》时会有更浓厚的兴趣。当你了解到钢琴这种十八十九世纪的新兴乐器如何日新月异,既适应了作曲家与演奏家的表现欲的要求,反过来又诱导了他们为它谱写新乐,施展新技巧,那么这对你品味不同时代的钢琴音乐,也是有用的。贝多芬的作品又是个好例子。他一生中前后拥有的钢琴据考在五架以上。

牌子不同,性能有高下。乐器生产的迅猛发展也反映到他这位乐艺革新者的创作中了。从作品 2 到 31 号,他只好将就着用五组六十一键的瓦尔特牌琴。待到有了五组半的埃拉尔牌琴,《黎明》与《热情》相继诞生。这两部杰作的新乐想,在音域不够、音响贫乏的琴上,是不能让他畅所欲言的。有人以为,听《热情》末章中那反复敲打的小字 4 组的 C 音,可以想见作者的心情,那是彼时钢琴上前所未闻的一个高音啊!其后他又收到一架英国造的布鲁德伍德琴,六个八度的音域,这又催生出那首钢琴文献中最为艰深的"作品 106 号"。

有利于读乐的音乐文化资料真是读之不尽的。甚至像柏辽兹的《配器法》、魏因加特纳的《关于贝多芬交响乐的演出》这类专业书籍,也不妨看看。那里面不仅有对我辈有用的知识,还可以感受到作者们对乐艺的极大热忱。

如果想进一步扩展眼界,大可注意一下通感这种微妙而并不玄妙的现象,有意识地用之于听乐。"视觉、听觉、触觉、嗅觉、味觉往往可以彼此打通或交通,眼、耳、舌、身各个官能的领域可以不分界限。"(钱钟书《通感》)我想我们对欣赏标题音乐有体验的人,对通感这种审美现象也许比较容易理解些。也就因为感可相通,所以艺也可沟通,于是诗中有画,音可赋"诗"。前几次笔谈曾强调听乐不要拘泥于标题,也不要一味依赖文学语言刻画描摹乐中意象,又谈过纯乐有其独特之美;然而这并非要你去堵死那条通感的渠道。

门德尔松的文学修养高,且喜作画,想来他在捕捉音乐灵感的同时必也运用着他的诗心画眼。李斯特写得一手好文章,美术鉴赏也见多识广,所以古人的诗行与壁画也成了他标题乐的灵感源泉。另一方面,文人画师也从音乐中取得滋养。巴尔扎克激赏贝多芬,德拉克洛瓦爱好莫扎特,凡·高学弹钢琴……而许多读诗观画、欣赏建筑艺术的人,也常常听到了其中的"旋律""节奏""音色""复调"与"和声"。

中国古人的通感神经似乎是异常发达的,非但早就会"听声类形",从歌声中"心想其""上如抗,下如坠……累累乎端如贯珠",还有更奇妙的"感觉的交错"。像古诗"哀响馥若兰""犹吹花片作铜声",那感觉之敏锐,简直令今日的我们自惭迟钝!

让你的通感再大胆一些,那就可以从非乐、无声的情境中"听"到"音乐"了。

最容易激发内心听觉的,首先是大自然了。在眺望美好景色时,正好把你喜爱的音乐在心里播放一段,常可从天、人、乐三者的契合之中,于刹那间领略到音乐之美,这比单纯倾听演奏所得的感受是更鲜活更有生气的。当然不是去为自然景观硬找配乐,如庸劣电视节目那样;是从气氛、韵味中去感受。

即便是暴风雨中,我们听到的也还是牧歌、田园诗,真正复杂的"音乐"蕴含在社会与人生之中,那才是最宏大深沉的复调音乐。我们可以从历史、现实与音乐的联系中对音乐求更深刻的感受,但又不要肤浅地去对待这问题。要用某个时代之史来图解贝多芬之乐,或用这音乐去伴奏那时代之史,都不免牵强附会。但你可以相信,一个大时代的心搏、气氛、时代感,仅仅靠文字绘画甚至摄影去记录,仍然是无力的,贫乏的。最能记录历史巨人的情感的,是音乐。贝多芬的代表作就是这种时代心声,历史的"录音"。那么假如你对那个时代的种种一无所知,或无所感受,对他那音乐也就不会有强烈的共鸣。《1812序曲》算不上深刻之作,然而其中抒写的俄人忠君爱国之情是有力的,也符合历史的真实。《战争与和平》也写了这场战争,托尔斯泰把保尔康斯基亲王等人对沙皇的崇拜,死而无怨地奔赴疆场,写得极其动人。然而,正是老柴的音乐,才更真切地传达了那种感情。房龙告诉我们,要知拿破仑的部下对他何以那么崇拜,听听舒曼《两个掷弹兵》,不难体验那种感情。我想,读《悲惨世界》,看同名电影,滑铁卢之战中老卫队投入决死战的镜头惊心动魄!这也反过来有助于我们理解舒曼的乐曲了。

我们既可以从音乐中去感受历史,也不妨有意识地从历史与现实中倾听音乐,尽管我们的想象力和内心听觉同作曲家有天壤之别,尽管我们听到的绝不都是以谐和为主的美妙音乐,而是像先锋派的作品。

正像基音上的泛音所起的作用,丰富了音响也形成了不同的音色,你对人与史了解愈多,体验愈深,你倾听大自然中的天籁、人世间的"人籁"而有所得,那么你所能感受的弦外之音也就愈丰富,许多伟大深刻之作,你也就会愈听愈有味,常听常新了。

真诚质朴与庄严的悲哀

凡·高[①]

在我的作品中有某种真诚和质朴的东西

画家在漫长的一生当中,难免会干出一些出人预料甚至荒唐透顶的事情。我不否认我也制造过一些足以让人津津乐道的谈资,但那些都已经成为过去,让我略感欣慰的是,走过那个时期的我在不断地进步着。现在,我的作品中可喜地出现了某种真诚的质朴的东西,随之产生的是一种宏伟的构想与生动的情趣。这不是自我吹嘘,温克巴赫便出于色彩和技术的考虑而喜欢上了我的古塔,他称这幅画有一种独创的风格。

在色彩方面我是颇费心思的,但在画三棵截去树梢的椰树时,我还是遇到了意外。成簇的树叶让我感到了为难。通过形状、色彩和调子的深浅来表现树叶,并使之焕发生气并非易事,我已经不是第一第二而是第四次为此感到苦恼了。我并不认为自己是一个可以创作出好作品的画家,并不期望自己能够成功设色并达到良好的效果。在这幅画中,我大胆地使用了直接从颜料管中挤出的哈瓦那棕色、万绿,甚至纯白颜料。

傍晚,我将这幅画拿给我恩德霍温的一个朋友,并将之挂上了他一间相当时髦的客厅。令我不敢相信却异常高兴的是,这幅画并没有过分地辱没了这位朋友的客厅,相反的,我们发现画中各种颜色组合成的柔和的、忧郁的、和谐的气氛恰到好处地点缀了这间客厅,以至于这位朋友非常喜欢这幅画。尽管我并不愿意把画卖掉,尽管这个有钱人愿意买下它,但我还是在他的一片称赞中,忍痛将

---

① 凡·高(1853—1890),荷兰画家。

画送给了他。不过,正如我预料的一样,他除了一再声称"这幅画好极了"之外,并没有其他更贴切的评价。其实,一个人要想比别人更有独创性地评价别人的画,他并不需要投入太多精力以使自己成为一个艺术评论家或者画家,只需花顶多一年的时间认真画静物和坚持外出写生便足够了。

树叶经常进入我的视野并走上我的画布。我还画了一幅铺满枯黄树叶的风景。衬着或白或蓝天空的黑色带子便是地平线,在远处这条黑带中,分布的是红、蓝、绿和棕色小点所表示的屋顶与果园轮廓;田野当然是绿色的;至于画面上方的天空则是灰色的,在灰色的背景下是黑色的小树与枯黄的树叶,大片黄色的树叶构成前景的主体,还有两个穿黑衣服和一个穿蓝衣服的人点缀其间。画面的右边则是两棵树身,一棵是黑白相间的桦树,另一棵树身是绿色的,长着红棕色树叶。

我还画了两幅素描,一幅是只有人体的《悲哀》,比上一幅《悲哀》画得大一些,模特的姿势略有变化,垂落肩上的头发,其中部分绞成了辫子,在这幅没有任何背景的画中,人物当然画得相当仔细。还有一幅名为《沙丘上的树根》的铅笔画,我用铅笔擦了一层底子然后抹掉,使它看上去很有些油画的味道。这是沙地上一些已经被风暴从地里拔出一半的树根,它们痉挛而愤怒地支棱在地上。与黑色的多病的树根一样的是一个瘦弱得脸无血色的女人,在她身上,我想表现一种与那幅人物画一样的感情,一种为生活而进行的不屈的斗争。或者可以这样说,在不使其哲理化的前提下,我按我自己的观察和理解,忠实地画下的两种情况下,不自觉地显示出了某种伟大的斗争。

我认为,将我的这些素描挂出来并没有什么不好,不可否认,也许这将成为卖出这些作品的开端。毫无疑问,在同一个地方摆放着同一个人的许多不同的作品,是很容易让这些作品相得益彰的。因为每一幅画对其他的都是一种解释与补充。

关于那幅倾注了我大量心血的大《悲哀》,魏森勃鲁赫似乎有点不屑。从表面上看,我的画法的确有点与众不同,但这有什么奇怪的呢?这并不应该成为他们批评我的理由和我的作品依旧卖不动的原因。现在,如同我敢画这些画一样,我也敢于发表自己不同的意见。他们批评画法,但他们并没有意识到自己的理论已经陈旧过时。对于一些我并不了解的东西,我正在不厌其烦地试图熟悉它们。别人的"指点和教导"都无从谈起,我一直在做着自己的老师。

我面前放着的是一幅穿黑色麦利奴服的素描。尽管它的画法也离经叛道，但我很清楚，如果你认真地将这幅画看上几天，那么一定会习惯这种画法，并认同这种合适的几乎是不可替换的画法。我始终认为大幅的《悲哀》是我最好的素描，我坚信，《悲哀》等一批作品，总有一天会有一个理想的归宿。我将继续不断地画人物，尽管我也很喜欢风景，但相较而言，我更偏爱前者。

对事物轮廓敏感而强烈的感觉，是记录对象与小幅速写所必需的。罗埃洛夫的风景习作，那种单纯轮廓下的丰富表现力与含义是我无法用语言表达的。米勒的大幅木刻《靠背椅子》则是一个更为生动的例子，它让我强烈地感受到了轮廓在表现物体时的重要性。但一个人如果不经过努力与训练，这种对于轮廓的感觉便只能流于形式和空谈。这种感觉的产生，与认真的观察是分不开的，当然，最重要的还是坚持不懈地实践与探索，在作画中积累经验。此外，进行解剖学和透视法的学习也不无必要。

在《悲哀》这幅画中，我进行了艰难的尝试，为了要在这方面有所突破，就像我创作那些成簇的树叶一样，遇到了许多麻烦。但值得庆幸的是，这些努力都没有白费，在这幅我自己非常满意的作品中，可以很清楚地发现，除了在追求轮廓之外，也如同别人一样，如同在我其他作品中一样，我把追求色彩的表现力放在了一个很显要的位置。

我想要表达的不是伤感，而是庄严的悲哀

我曾经和雷巴德在布鲁塞尔附近一个人称约撒发山谷的地方漫步，印象中那里有一个很大的沙坑，许多人在那里忙忙碌碌，一些人挖着沙土，女人们寻找着野菜，还有一个播种的农民在挥汗如雨。当时，我近于绝望地问身边的雷巴德："我可以在画我最喜爱的人们方面取得成就吗？"几年后的今天，我已经不再担心这个问题，因为如果需要的话，我可以很顺利地当场画下这些农民和妇女，并且画得很传神。

这种表现人物的功夫让我得到了一些荣誉。并不是所有的人都对我的作品持批判态度，凡·德·威尔便对我那幅用双手蒙着自己脸的小个子老人的画，表示了相当的兴趣并赞赏有加。我在这幅油画当中，主要想表现一种"天上的某种东西"存在的有力证据，当然，这种证据是我所认为的。尽管我非常投入，但事实上我

无法像真实的情况那样，把这种东西表现得更好、更生动和更彻底。这幅画给我的感觉就像是肮脏的镜子上一个模糊的影子而已。包括米勒在内的许多人都是相信这种"天上的某种东西"的，也就是说，他们都相信上帝，相信来世。这个安静地坐在火炉角落里，将手蒙在脸上的小个子老人，他脸上那种真诚的无限动人的表情中隐隐透着某种纯粹的高尚的东西，尽管他自己可能意识不到。

还有两幅新的类似的素描，都是以他们所谓的老式格调画的。一幅表现的是一个读《圣经》的男人，另一幅也是画的一个男人，一个在做饭前祷告的人。两幅画各有所长，但《饭前祈祷》应该要好一些。在这两幅画中，我想表现圣诞节和除夕不同的情趣。这是两个在荷兰和英国，或者在布列塔尼和亚尔萨斯都带着一些宗教色彩的节日。尽管现在的人们不需要赞同那种宗教感情的形式，但作为一种真挚的感情，难道不应该得到大家的尊重吗？赞同信仰上帝的我是完全赞同这种形式的，虽然这种形式可能改变——这是一种类似春天树叶换新的不可避免的自然的变化。如果说这两幅画中还有一些思想与诗意，有一些真情流露的话，那得益于我用心的感受和领悟。

上帝让我心中充满了一种圣诞节的情结，这种情结让我近来作画如痴如醉。我希冀通过反复地作画，让我对于那种感受更加充分和细腻，并淋漓尽致地在作品之中表现出来。一个来自工场的老人进入了我的作品，我为他画了两幅大张的头像。这个胡子乱糟糟的老人，戴着旧式的大礼帽，他皱纹累累的脸上充满着智慧。圣诞之夜，人们当然希望有这样一位慈善的老人陪着他们坐在温暖舒适的炉火旁。

我认为有必要对头骨的构造和面部的描绘进行更加细致的推敲与研究，画大张的头像是这种研究的具体行动。在这个有趣更有意义的工作中，我意外地收获了一点长期以来我不断探索却未曾得到的东西。

我要画能够感动别人的画。一次不显山露水的开端是创作《悲哀》，应该说，像《米尔德沃特大道》，像《雷斯维克牧场》，或者像《晾鱼的仓库》等等一些小幅风景画也是一个容易让人忽视的开端。通过一些包含着我某些发自肺腑的东西的人物或者风景，我想表达一种情感，它不是伤感，而是庄严的悲哀。换言之，我要努力引导人们在看完我的作品之后觉得，这是他最深的、最真切的感受，尽管它也许粗糙，但却完全真实。

从米开朗基罗到罗丹

熊秉明①

　　一般西洋美术史论到雕刻的时候,往往把罗丹作为米开朗基罗②(1475—1564)的继承者,把三百年间的雕刻家都忽略过去,忘却掉。其实在这期间,欧洲的雕刻艺术相当繁荣。十六十七世纪,在意大利文艺复兴的影响下,欧洲各国的宫廷和教堂都有雕刻家留下大量代表时代精神和民族特色的作品。更近,在法国大革命时代,法国乌东(1741—1828)塑造了伏尔泰、狄德罗、卢梭、米拉波的像,还有华盛顿、富兰克林的像。罗丹在"对话录"里盛赞这些肖像是写出了时代、种族、职业和个性的生动的传记。罗丹还赞美过鲁德(1784—1855)在凯旋门上雕的"马赛曲"群像,卡尔波(1827—1875)在巴黎歌剧院门旁的"环舞"群像。卡尔波是罗丹的老师,著名的动物雕刻家巴力(1796—1875)也曾指导过他。罗丹是这个传统所培养出来的,为什么他的出现,大有"一洗万古凡马空"的气势呢?我想有一点,值得特别提出来作一些说明。

　　雕刻的发生源自一种人类的崇拜心理,无论是对神秘力的崇拜,对神的崇拜,或者对英雄的崇拜。把神像放在神龛里,把英雄像放在广场的高伟基座上,都表示这一种瞻仰或膜拜的情操。雕刻家把神与英雄的形象具体化。他的创作是社会交给他的任务。所以雕刻家在工作中,虽然有相当的自由,可以发挥个人才华,但是无论在内容上,在形式上,还要首先服从一个社会群体意识长期约定俗成的要求。有时,我们在庙宇装饰、纪念碑细部也看到日常生活的描写,有趣

---

① 熊秉明(1922—2002),法籍华人艺术家、哲学家。

② 米开朗基罗,曾译米格朗基罗。

而抒情,然而那是附带的配曲。

罗丹的出现,把雕刻作了根本性的变革,把雕刻受到的外在约束打破。他不从传统的规格、观众的期待去考虑构思,他以雕刻家个人的认识和深切感受作为创造的出发点。雕刻首先是一座艺术品,有其丰富的内容,有它的自足性,然后取得它的社会意义。所以他的作品呈现的时候,一般观众,乃至保守的雕刻家,都不免惊骇,继之以愤怒、嘲讽,而终于接受、欣赏。他一生的作品,从最早期的"塌鼻的人""青铜时代",一直到他最晚年的"克列蒙梭""教皇伯诺亚第十五"都受到这样的遭遇,只不过引起的波澜大小不同而已。

再举一个例子,如"加莱的市民"。加莱是法国北海岸的一个城市,1347年,英王爱德华三世围城,下令城中选出六名士绅领袖,露顶赤足,穿上麻衫,颈系绳索,持城门钥匙,出城投降就刑,否则将屠城报复。士绅中有六人自愿牺牲自己以救城中百姓。据记载,怀孕的英后在场,恳求英王放赦了六人。罗丹要描写的是这短短的行列走向殉难的情景,六人中,或迈出毅然从容就义的步履,或痛苦踌躇不前,有人回盼,有人苦思。这和英雄纪念碑的体例是大相径庭的。罗丹要在这历史事件中,刻画到个人的内心斗争。他甚至主张取消基座,让悲剧中的人物就走在观众的近侧,使观众能感受到他们的手的颤动,听到他们心脏的悸跳。开初,加莱市的审查组看到初稿,提出批评说,这些人物损坏了他们心目中的爱国英雄的形象。但是最后,他们知道错了,他们期待一座公式化的英雄偶像,罗丹给他们的是更真实的史诗。

罗丹曾经多次参加纪念像的设计竞赛,而往往落选。这也难怪当时评选者的眼光窄狭,因为罗丹的作品是心理的,内向的,个人的,和一般纪念碑的雕刻风格相抵触。他的雨果,与其说表现对雨果的崇敬,不如说对雨果这个人物的解剖、分析,在这一个灵魂中冒险探索的所得。他的巴尔扎克也一样。最后的定稿,雨果是裸体的,巴尔扎克披着及地的睡袍,在学院派看来,可以说"荒诞""失体",但是罗丹说:"在我们公共广场上的雕刻,所能辨识的只是些衣服、桌子、椅子、机器、氢气球、电报机,没有一点内在真理,也就是没有一点艺术。"

罗丹最关心的问题是,如何以雕刻的语言说出他认为的真理,这真理是写在人的血肉躯体上的生命历史。

罗丹所要表现的也并不是单纯的"人体美"。

他说过,一般人认为丑的面貌,往往因为更具有个性,更包含丰富的内在真实,而成为艺术更喜爱的题材。又说,在艺术中,有个性的作品才是美的。当然,年轻的、轻盈活泼的肢体会激发他塑造的欲望。只要翻一翻他的素描,就可以看出他带着怎样激动的心,以灵动飞舞的线条去捕捉美妙的形体。他并且说过,女人的一生,青春含花的季节十分短暂,只是几个月的事。但是他也塑造了中年的女人,粗实而沉重的身体;他也塑过老年的女人,两乳平瘪地垂着,腹部积着皮的皱褶。他为巴尔扎克像制作了许多泥稿,都是赤裸的,身体的肌肉强壮结实,用他的话说,"像一头公牛",鼓着圆肥的肚子,显出暴躁而带世俗气的性格,那是每天深夜披衣起来,啜着浓烈的咖啡,写"人间喜剧"的作者。为了雨果纪念像,他也做了许多裸体的泥稿。那是八十岁老人的躯体,皮下沉积了厚的脂肪,松弛的肌肉在关节处形成纽结。只有如此庞然浑重的体魄才能负载得起一个巨大的创造者的灵魂吧。

欣赏罗丹毕生的作品,我们也就鸟瞰了人的生命的全景。从婴孩到青春,从成熟到衰老,人间的悲欢离合,生老病死,爱和欲,哭和笑,奋起和疲惫,信念的苏醒,绝望的呼诉……都写在肉体上。

罗丹的人体不但留下岁月与苦难的痕迹,而且往往是残缺的。在他之前,哪一个雕刻家曾展出过孤零零的一只手?而他雕塑的一只手,如一株茂盛的树,已经圆足,充满表现力,成为"神的手"。两只手合拢来,十指如柱,指尖相接,成为"大教堂"。"行走的人"只有断躯和迈开的两腿,连手臂也删去,面部的表现也成多余。走向前路,是带着振奋?是带着爱护?是乐观?是惶恐?都有吧。那是人的步伐,是全人类的步伐,是全宇宙的步伐。"天行健!"一个中国人心里会跳出这古老的易经里的句子。不纪念任何特定的人物的巨像,而它走在宽阔浩瀚的地平线上,带着无比的动量,带着历历的斑驳,并无所欠缺的残缺,在我们记忆底层烙下棒喝的印记。

在罗丹之前,雕刻家都严谨地、慎重地把完整的雕像安置在神龛里、基座上,留给后世。有一个例外,那是米开朗基罗。

……因为这一个文艺复兴的巨匠,工作到八十九岁,日以继夜制作的,也是心灵的雕刻,肉体的史诗。在早期,他的确也为神龛和基座设计了神与英雄。这时期,他的两件杰作刻出了一人一神:大卫和摩西。大卫是圣经旧约里的人物,年轻时是一个牧羊人,赖他的英勇把非利士军中的巨人哥利亚用石子击杀,为以色列人除了外患。在他和哥利亚决战之前,扫罗王赐给他盔甲,但他穿不惯,脱去了,所以这里的大卫像是全裸的。他立得很直,骄傲又泰然。身体的重量放在右脚上,头转向左侧,通体弥漫着少年的精力和无畏。这石像高高屹立在佛罗伦萨城中的基座上,象征文艺复兴时代都市公民美德,也就是勇武(Fortezza)和爱国主义激起的义愤(Ira)。在西方艺术史上,这该是最能代表"英雄"这个观念的雕像了。摩西是率领以色列人走出埃及的民族英雄。他并非神,但是耶和华不断指引他,在他之后,再没有谁与神直接对话过。他接受神谕,把戒律碣给他的子民,为这个流亡途中的民族制定了道德律、法典、礼仪、生息的节奏、文化的间架。他的像有如一座坐着的风景:卷发如跃动的焰苗,而长须在胸,卷腾如急湍。两眼若炬,显出惩奖分明的至上权威。他镇坐在神龛中,巨伟而威猛,是呵护并鞭策一个民族站起来的神灵。米开朗基罗在他的额头上加了一双短角,以别于人间的英雄。这两座雕像充满激情,而又是完美的。后世的浪漫主义者醉心于这里的热情奔放;而古典主义者释服于造形的精粹。

到了米开朗基罗晚年,这两种倾向的平衡不再能维持,宗教热忱终决破了古典形式,如罗曼·罗兰所说:"他的所以继续雕塑,已不是为了艺术上的信心,而是为了基督的信仰。"为了达到尽情表现的目的,作品的完整与否,完工与否已不是他所考虑的。就在四十岁左右,他雕的五座"奴隶"都未完成。似乎他有意不去完成,使这些埋在大理石中的男躯成为心灵在物质中挣扎的象征。

八十岁以后,他的两座"圣母哀子"像却不曾完成。有的部分已经加了精细的打磨,而有的部分还在毛坯状态。我们很难说这粗糙模糊的石面是有意保留的呢? 还是无意留下的? 在对比之下,粗糙与模糊产生一种"不可说"的悲剧效果。圣母的面庞只作了初步的刻画,似乎凿刀到了这里,忽然畏怯,谦卑,迟钝,咽哑。圣母的悲戚埋在石的深处,在我们所不可及的那边。这两件作品不但没有完成,而且已经残损。一座,耶稣缺着左腿,据说是作者在不满意的愤恨中击坏的;另一座,耶稣的右臂在肩部被打断,和躯体脱离开来。这孤立的臂已经琢磨光滑,本已完成,现在像一段被雷击的树桩怪异地兀立着。据说作者准备作大幅度的修改,以致造成基本布局的解体。这是米开朗基罗最后的两件作品,他一直工作到死前一周,如今作品仍以残损而且未完成的状态留下来。

米开朗基罗已经忘却雕像的社会功能、外在形式,忘却要放置在什么地方;他沉浸在人之子的受难与圣母的哀痛中。他的创作已与此受难和哀痛合一,他的铁锤在虔诚中操作,不敢打得太深,唯恐惊动受难者与母亲的沉睡。雕刻本身暴露着被损害的痕迹,一如被钉过、被鞭过的肉躯,而磨光的部分颤栗着悲悯抚慰的清光。

米开朗基罗也在用人体写心灵。他说:"皮肤比衣着更高贵,赤裸的脚比鞋更真实。"

当神从神龛上走下来,英雄从基座上走下来,我们于是看到他们额头上的阴郁,颊边的泪痕,胸前的伤口,脚底的肿泡。我们会像一个母亲抱住他们,抚摸受难的肉躯,而这肉躯即是他们痛苦的灵魂。

米开朗基罗是一个雕刻家,更是一个打凿石头的圣徒;罗丹是一个雕刻家,更是一个雕刻的哲人。他们在大理石里凿出哲学,以青铜锻炼诗句。

从传统雕刻的观点看,从职业雕刻家的眼光看,罗丹把雕刻引入了歧途,引入了绝境。他说"忠于自然",而在他的手中,人体已经开始扭曲、破裂,他说"尊重传统",然而他已经把雕刻从纪念碑功能中游离出来。他所做的不是凯旋门,而是"地狱之门"。这是一大转变。凯旋门歌颂历史人物的丰功伟绩,而"地狱之门"上没有英雄。"地狱之门"其实也可以称作"人间之门",而罗丹所描述的人间固然有鲜美和酣醉,但也弥漫阴影和苦难、烦忧和悲痛、奋起和陨落。罗丹用雕刻自由抒情,捕捉他想象世界中的诸影、诸相。雕刻是他恣意歌唱的语言。在罗丹手中,塑泥变成听话的工具,从此,在他之后的雕刻家可以更大胆地改造人体,更自由地探索尝试,更痛快地设计想象世界中诡奇的形象。现代雕刻从此可能。

艺术史家写现代雕刻史必把他作为第一章。但是大声疾呼"烧掉卢浮宫"的激进派前卫者大概会主张把罗丹的作品归为传统,一并烧掉的。他是一个起点呢? 还是一个终点呢? 这是一个使艺术史家棘手的问题,但是对于普通的艺术爱好者可能并无关紧要。说他的雕刻是最雕刻的雕刻是可以的,因为雕刻本身取得意义;说他的雕刻破坏雕刻的定义,已经不是雕刻,也是可以的,因为雕刻不仅具有坚实的三度实体的造形美,而且侵入诗,侵入哲学。说在他的作品里,我们看见雕刻的源起是可以的;说在他的作品里,我们看到雕刻的消亡也是可以的。因为他的雕刻在生命的波澜中浮现凝定。生命啄破雕刻的外壳又一次诞生。

　　无疑,罗丹是一个拥有精湛技艺的艺术家,他说过:"没有灵敏的手,最强烈的感情也是瘫痪的。"同时他又是一个大智慧的人,并不认为有了一双灵敏的手就算艺术家。他说:"真的艺术家是蔑视艺术的。"又说:"在做艺术家之前,先要做一个人。"每天有那么多年轻人、中年人、老年人从世界的各个角落来到巴黎罗丹美术馆,在他的雕像之间徘徊、沉思,因为那些青铜和大理石不只是雕刻,那是,用他自己的话:"开向生命的窗子。"

艺术是普遍的

　　论艺术家的本性,论判断什么是艺术,什么不是艺术的困难,兼论其他永远找不到解答的问题。

　　"艺术有普遍性。"

　　关于这一点,大家恐怕意见一致,不必再去争论。但是,一谈起"艺术有普遍性",就会有一种危险,会被人误认为,艺术(音乐、绘画、雕塑、舞蹈),是一种普遍性的语言,通行于世界,为各地人所理解。

　　当然完全不是那么一回事。我在楼上写字台前听巴赫[2]的 G 小调赋格,宛如音乐中的绝响,而可怜的内子,在楼下听之,有如噪音,让人心烦。待一会,她将誊清我正在写的这本书,因此,她要避之唯恐不远。

　　弗朗士·哈尔斯[3]或伦勃朗[4]的一幅肖像画,可以让我惊叹不已(想不到平凡血肉之躯,单凭几种颜色、一些油料、一张帆布、一支破笔,竟能表现出那么多东西)。可是,同一幅画,在另一个人的眼中,不过是一片灰茫茫的颜料堆砌。

　　我年轻的时候,我的一个叔叔买了一幅凡·高[5]所作的小张速写。因为凡·高曾经不幸是一个被当时社会遗弃的人,这件事竟在左邻右舍引起轩然大波。去年冬天[6],凡·高的几件作品向美国公众展出,群众一下子冲进博物馆,

---

① 房龙(1882—1944),美国作家和历史学家。

② 巴赫 Johann Sebastian Bach(1685—1750),德国作曲家、管风琴师。

③ 哈尔斯 Frans Hals(1581—1666),荷兰画家。

④ 伦勃朗 Rembrandt van Rijn(1606—1669),荷兰画家。

⑤ 凡·高 Vincent van Gogh(1853—1890),荷兰画家。

⑥ 指 1936 年。

纽约市不得不叫来警察维持秩序。

西方花费了好几百年的时间才懂得,原来中国绘画同西方绘画一样好,一样趣味隽永,如果不是远远超过西洋画的话。

约翰·塞巴斯蒂安·巴赫的音乐,常使他的莱比锡的主人摇头。奥地利皇帝约瑟夫二世埋怨莫扎特①先生的音乐中音符太多。理查德·瓦格纳②的名曲曾经被轰下舞台。阿拉伯或中国音乐,阿拉伯人和中国听众,听得心花怒放,而在我听来,好像猫在邻居花园拼命撕咬。

因此,所说艺术有普通性,是指艺术没有国界,不受时间的限制。自从有了人类,就有了艺术,就像人生来就有眼,有耳,就知道饥渴,在澳大利亚最荒凉的地方,最原始的人不知道盖房子住,做衣服穿,其智力有如和他的孤独作伴的动物,但他们也有他们的艺术。我们碰到过不知宗教为何物的土著部落,但据我所知,却从来没有发现,一个民族(不论他们离文明中心有多远),完全没有自己的艺术表现形式。

人类即使在他们最了不起的时刻,比起自然界,也是弱小的,能力有限的。自然界与人类接触是通过万物。人类则以对万物作出反映表白自己。这种反映——表白——就是所谓的艺术。

为了阐明我的观点,可以换个说法。你进入深山,这时阳光灿烂,天空蔚蓝,朵朵白云如絮,枞树丛中,清风习习,唱出不平常的小调,周围的一切,生机勃勃。在这种不可言喻的大自然美景中,你会感到渺小,微不足道。

但是,如果你是约瑟夫·海顿③,你懂得用音乐表达你内心的感受,你回家后,就创造出以"上天有灵"开始的圣乐。乐曲一作完,如果你是和这位伟大的奥地利人一样淳朴的人,你会双膝跪下,感谢上苍,使你有这种激动的机会。

在你的赞美诗唱遍了全世界,你成了全世界公认的伟大的艺术家之后,你可以退到你屋子里的一个角落说:"亲爱的主啊,您看,这可能不像那天我在野外所见的一切,但这是我受您的感召而做出的反应。因此,亲爱的主啊,我也不是绝对不行的。我做的虽然不太有把握,不太完善,然而我毕竟也是个造物主! 当然,我不能和您相比,您可以创造万物。但是,我是尽了我的绵薄之力的——不

---

① 莫扎特 Wolfgang Amadeus Mozart(1756—1791),奥地利作曲家。

② 瓦格纳 Richard Wagner(1813—1883),德国作曲家。

③ 海顿 Joseph Haydn(1732—1809),奥地利作曲家。

管怎样,我的作品搞出来了,您要问的话,我告诉您,它相当好!"

我不会由于我的职业上的偏见,就硬说这对一切人都适用,甚至对那些根本不会用任何艺术来表达自己的情绪的人也不例外。中世纪的人,他们的知识没有我们的多,但他们懂得许多我们不懂的东西——他们的一个寓言,表明他们深明此理。那是讲两个悔罪的人的故事。这两个人走到圣母像前求她保佑,但他们又都知道,他们对她的各种祝福,无以报答。

二人中有一个是音乐家,他除了一把小提琴,再也没有什么东西。他奏了一支他最喜欢的曲子。看哪,他要求的祝福得到了满足。轮到鞋匠向圣母要求祝福,他觉得他恐怕不会得到祝福,因为他只能为圣母,做一双小巧玲珑的便鞋,让她跳舞。据说,天使们什么时候高兴,就要在天上跳舞,圣母有时也参加这种活动。"但是",鞋匠明白:"一双新鞋怎能比得上刚刚听到的音乐?"

虽然如此,他还是为她做了一双最漂亮的鞋子。看啊!他也得到了圣母的祝福。因为他做的那双金色的鞋子,正是他表示他的感情的一种方式。所以,问题不在于他做得好不好,而在于他的一片苦心。

提起这个中世纪的小故事,有件事我总感到奇怪——这是我一直纳闷的事情之一。我不明白,为什么当今世界,一定坚持严格划分艺术与工艺的界线。当初,艺术是人们日常生活的一部分时,这种界线并不存在。谁也说不清,艺术家和手艺人,到底有什么区别。事实上,艺术家(如果人们是这样称呼他的话)不过是个手艺特别高超的手艺人,一个石匠行会里的会雕刻大理石石像的石匠罢了。而如今可不然,艺术家住在马路这一边,手艺人又住在马路那一边,两者之间,鸡犬之声相闻,老死不相往来。

我本人对这一点深有体会。当年我年轻时,一些自认为深明事理的人还在推崇荒谬的"为艺术而艺术"这个口号。这是三十年前①的事了,从那时以后,我很高兴,人们懂的事多了些。今天,人们明白,设计老布鲁克林桥的人,以其个人所长,与画沙特尔大教堂②设计图的那位佚名石匠都是同样伟大的艺术家。而我们当中大多数的人,从阿斯泰尔③完美的舞蹈中得到的真正乐趣,与从《名歌

---

① 指19世纪末20世纪初。

② 沙特尔,法国巴黎西南小镇,其哥特式教堂(1194—1240)内的石雕和染色玻璃窗,光彩夺目。

③ 阿斯泰尔 Fred Astaire(1899—1987),美国舞台和电影舞蹈家,以跳优雅、多样的踢踏舞著名。

手》①的最后一幕的五重奏中,得到的真正的乐趣,毫无二致。

我这种说法,可以引起种种毫无意义的讨论,因此我必须讲清,我不是向大家建议,我们只要有了阿斯泰尔先生的舞蹈,今后就可以不要"名歌手"五重奏了,绝无此意。我知道,踢踏舞与歌唱或绘画,有很大的不同。对于哪个好,哪个劣,我有个极其简单的分辨的办法。我问我自己:"这个人,是想告诉我他的什么内心感受呢?"还有,"他是否在争取我了解他想告诉我的一切方面做到了家呢?"我以要求完善,作为衡量一切我要考察的事物的标准,我对此已训练有素,我的理解力很强,欣赏能力也很强。

许多年前,我想了解宇宙到底有多大,但苦于没有望远镜。一架望远镜,价格约在百镑。我不愿意,在一件个人爱好上,花那么多钱。因此,在我视力所及的范围之外的宇宙,我从来是不清楚的。但是,有一天,我忽然碰上了一架,不论走到什么地方,都可以随身带在口袋里的小显微镜,这使我熟悉了我们周围的微生物世界,对这些肉眼看不到的微小生物,平时我们是注意不到的。

当然,我不是说,牧夫座和银河比不上刚刚从这张纸上爬过去的蜘蛛和屋外古老的石墙上长的青苔重要。但是两者重要性的差别在于大小而不在于程度。善于描写昆虫的法布尔②老先生,同善于玩弄星球和光年,把一百万年、一亿年不当成一回事的金斯③,都是同等伟大的艺术家。他们写的书给好奇而聪明的读者以同样的喜悦。

为了让你们充分了解我的观点,我给大家再举一例。我访问过一些城市,那里的人谈起本地博物馆和管弦乐团,可以喋喋不休,他们的博物馆珍藏着意大利和18世纪英国的绘画。他们的乐团,海菲茨④曾担任过独奏家。但是,我发现,这些人的居住条件,很糟糕,通往办公地点的道路,也丑陋不堪。除了每天开放一会儿的博物馆和每周演奏一次,一次仅仅几小时的乐团,他们在日常生活中,眼里看不到悦目的东西,耳里听不到悦耳的东西。

---

① 瓦格纳所作三幕歌剧,全名《纽伦堡名歌手》,一译《歌唱大师》,或《工匠歌手》。
② 法布尔 Jean Henri Fabre(1823—1915),法国昆虫学家。
③ 金斯 James Hopwood Jeans(1877—1946),英国物理学家、天文学家,在天文理论上有创新。
④ 海菲茨 Jascha Heifetz(1901—1987),生于俄国的美国小提琴家。公认为尼果洛·帕格尼尼以后的最伟大的小提琴演奏家。

我那时本不应该和这些朋友争论,逼他们承认错误。但是,由于我年轻,涉世未深,我想说服这些要求不高的老实市民,在自己家里客厅和餐厅的墙上,挂上两三张精美绘画的复制品,比起藏在博物馆一个角落里十几张柯勒乔①和雷诺兹②的原作还能拯救他们的艺术灵魂。同样,对一般人的未来来说(至少音乐是如此),每周每天都让自己的孩子听优雅的音乐唱片,比起把孩子拖出去听一次管弦乐演奏强得多,因为那样做,对孩子起不了什么作用,只能是去过个极其无聊的晚上,是硬逼着人不听无线电广播。庸俗和多愁善感的电台广播反而令人快活。

　　我和人家的争论是没有结果的。有五六个人心悦诚服地表示赞同,这些人与我看法从来一致,所以用不着表扬。至于另外的人,都认为我是个好管闲事的人,刚得到点新教育思想(可能是从莫斯科进口的吧),就加以宣传,以示独具只眼,并借以炫耀自己。

---

①　柯勒乔 Antonio Allegri da Correggio(1494—1534),意大利画家。
②　雷诺兹 Joshua Reynolds(1723—1792),英国画家。

心通天宇的艺术与科学

刘巨德①

"科学家与艺术家经常生活在不可捉摸的境地。这两种人必须经常把新的和已经知道的东西协调起来，并且为在混乱当中建立新的秩序而奋斗。在工作和生活中他们应互相帮助一切人。他们能铺平沟通艺术与科学的道路，并且用多种多样、变化多端、极为宝贵的全世界共同的纽带把艺术和科学同整个广阔的世界联系起来。""争取做到这些，不是轻而易举的。我们面临的时刻是严峻的，但我们应该保持我们美好的感情和创造美好感情的才能，并在那遥远的不可理解的陌生地方找到这个美好的感情。"

奥本海默震撼人心的话语，表达了科学家和艺术家最为崇高庄严的理想、情感和智慧；也体现了人类对真、善、美最伟大的追求和信仰。

在小小的蓝色地球上，当人类面对自己文明的历程思考时，不安地发现辉煌中有一片又一片人类理想与热情的废墟并列。特别是大工业时代机器历史留下的缺陷，给人类的心灵留下了层层凄凉和忧患。

人总想神有所归，心有所寄，虚有所定。"我生本无乡，心安是归处。""这是为什么"和"为什么想知道为什么"已成为科学与艺术永无终结的追问。消除忧患，净化人性，建造人类精神家园已历史地交给"艺术与科学"来承担。不同的是科学家以博大的人性情怀拥抱自然之理，把认识抽象为自然定律，艺术家则以宇宙之理倾述人性之情，把生命精神的思考谱写为人性和宇宙和谐的自律。正如李政道先生说："科学的目标是准确的回答和求解。但是，科学家不可能找到

---

① 刘巨德（1946—　），画家、清华大学教授。

所有答案,也没有最终答案,只能增加答案,而增加答案和了解客观世界的动力是美好的情感,没有情感就没有创造力。什么是生命的意义,什么是社会的意义,最重要的是美好的情感,这和创造艺术的动力完全相同。"所以石鲁先生说:"艺术家就是科学家,艺术的规律都是科学的。"

与科学相比,艺术是通向宇宙的另一条路。大凡有所贡献的艺术家,其心灵无不上通天宇,下达人性;为高扬自然生命精神和人性生命精神的和谐而努力;为建造人类真、善、美的精神家园而献身。他们共同以崇高的人性精神爱抚自然,又以博大的宇宙精神爱抚人性,他们在造化的恩宠中,与天同乐于动,与地同悲于失。

天,在科学家和艺术家的心目中,大概是孕育智慧的最终本源。人的心灵一旦融入浩渺无垠的宇宙时空中,一切理性的美,情感的美,力量的美,即会荡起无限的波澜。人类在冥思中静悟,在直觉的非逻辑的感悟中发现,在诚实的实验中证实,在生命过程中感受善恶和美丑。天意与人意相连,催人至理,引人幻想,若将渺小融于宏大必给人意志;将人情化为天地之情,必给人大美和壮美,大可腾至天宇,小则入乎精微。艺术与天合气、与地合理,与人合情,艺术乐仁乐静自在心通天宇。故贝多芬讲:"打进心坎的艺术来自天。"《乐记》云:"圣人作乐以应天。"石涛说:"天能授人以画","大知而大授,小知而小授也。"艺术的真谛在自然,"师法自然"注定是艺术与科学的永恒课题。

自然内在的秩序严密神奇,大无外,小无内。人类已知越多,未知越大,激起人们探索的欲望也就愈强烈。这正如科学家兼艺术家和哲学家的爱因斯坦所说:"人们总想以最适当的方式画一幅简化易领悟的世界图像。""这就是画家、诗人、哲学家和自然科学家所做的,他们都按自己的方式去做。"于是,这个世界由方程、函数、形、色、观念、文字、音符等组成。"这个世界可以由音乐的音符组成,也可以由数学公式组成,我们试图创造合理的图像,使我们在那里就像感到在家里一样,并且可以获得我们日常生活中不能达到的安定。"爱因斯坦令人深思的话语不仅告诉世人科学、哲学、艺术的共同基础和目标,也说明惟科学、哲学、艺术的人造世界是人类安身立命的精神家园。

美术教育应重在美术文化的教育,不同哲学美学的继承和创新教育,真、善、美的理想和境界的教育,生命学的教育。美通于真,善达于美。人类在真、善、美的追求中,美不仅是原点,同时永远是终点。美如同人类心灵的情感种子,将永远为人类文明默默生根、开花和结果。

爱因斯坦认为,如果一个方程看上去不美的话,那理论一定有问题。终极设计者都会用美的方程来设计这个宇宙,美已成为探求理论物理学中最重要结果的一个指导原则。

走进生命研究中心,在电子显微镜下,观察视网膜神经水平细胞时,你会发现光的信号变为电和液体信号的过程中,细胞点线的对应与渐变是多么精密和美妙,几个层次的传递转换是多么有序和完美。万物从大到小,从活到死,都是那样美得令人惊叹、惊喜,并充满不解之谜。

包括一个水稻叶面的微观世界,几百倍、几千倍、上万倍地放大后,感觉一层又一层的微观世界在推进,每一层都有自己的完美结构和特征。它们是抽象的,但又是具体而真实的。从中我们发现科学和艺术不仅都关注生命的意义和价值,而且也都探索生命的结构和秩序。美位于真、善、美之首,美居于生命精神最深处。

人不可能超越自然,人只有深入大自然的心灵深处,倾听大自然的声音,体验大自然的律动,方能领悟美的真谛和精神。今天科学宏观和微观的无限视野已经为艺术打开了观照自然的心灵通道,使抽象艺术离开自然表面而接近自然原理的表现,在超越肉眼的电子显微镜下得到印证。可以说,西方现代抽象艺术将近一个世纪的探索,正处在微观世界中,中国绘画精神的奥秘也在生命结构秩序的自律中。

美没有标准,没有意志,没有终点,艺术与科学只有在拨开世俗物化的迷雾中,拜访那无人涉足的寂静与虚空,让人性与自然在爱与美的相互对话中,相互幻化,才可能有所发现和创造。

艺术和科学之道,均为寂寞之道,一般荆棘颇多,鲜花甚少。它需要宗教般的情感和精神,狂迷的心态和智慧,半出世半入世的超物我境界和力量,独立自由的直觉和想象。它既不迷途于功利,也不沉醉于自我,而是在自然与人性和谐的共性中,以共性创造个性。生命是整一的,又是独一无二的,强调自我边界是不可能的。无我之我,实属真正自我。当心灵虚静空明,"离形""去知",在超越肉体感官,摒弃理性逻辑已知的情况下,人性精神与天地精神畅游往来时,庄子恍兮惚兮之大美即会到来。这种状态下生命有序地膨胀歌唱时,聋人之心也可以听见;生命悄悄走来时,盲人之觉也能明察,这种超越现象界的特殊内觉,使艺术家与科学家通过直觉和非逻辑的穿透力,可以直入客观本体,使主体精神与客观对象对应飞升到无限与永恒的境界中。可以说,20世纪格式塔心理美学对有关艺术表现源于物质结构的力和情感活动呈出来的力的统一论述,从科学的角度做出了近似的剖析。

中国传统文化和西方现代文化的交流与碰撞,已引起国内外许多专家学者关注,它们之间惊人的亲和性和互补性,对世界新文化的诞生有着非常深远的意义。与西方文化相比,李政道先生认为,炎黄文化源于农业文明,重时节,好观天,有成熟的宇宙观和生命观,艺术、科学、哲学从开始就是一个统一体。这种统一无疑对21世纪的人类文明有着不可估量的现实意义。

现代工业文明给人类带来的"技术至上"和"以自我为中心"的危险处境,已引起西方大批学者对东方哲学精神的重新思考和关注。东西方文化的交融,自然科学和人文科学的平衡,科学、哲学、艺术的统一,已成为时代呼唤。21世纪的艺术教育与艺术前景,必然取决于世界文化的这种精神趋向。

人类不仅共同为地球的生存环境危机所制约,而且对生命的本质、社会的意义、生存质量的探索,在信息社会中,也必将难分彼此。艺术家、科学家、哲学家的传统角色,科学研究、艺术创造、设计功能的传统意义都将发生深刻的异变。科学家、艺术家、哲学家必将共同联手为净化人性,实现人类真、善、美的理想而奋斗,为超越和摆脱工业文明留下的忧患而努力。

伟大的艺术家、设计家、科学家、哲学家,实际都是伟大的思想家,他们都是超功利、超时空、超生死的追求生命真、善、美的实践者和体验者,他们都富有最美好的情感和创造美好情感的才能,他们是人类精神最优秀的儿女。

艺术之大美,尚以人生之善,通于宇宙之真。宇宙与人性生命精神的和谐,必给人美好的情感、理想和才能。

天地之镜,宇宙之鉴,科学、哲学、艺术如真、善、美的三女神,她们心通天宇,手盛无边,共利四海为悦,共给五洲为安。倘若没有她们的存在,人类会永远处于没有精神家园的流浪中;倘若没有她们的联手,人类可能永远会活在爱与恐惧的矛盾中。

自 然 的 奥 秘

汤因比[1]

　　人在受孕于母腹并呱呱坠地之后,婴儿可能会在他获得自觉意识之前便夭折。直到20世纪之前,婴儿在产生意识之前这个阶段的死亡率一直是很高的。甚至在那些较为安全和较为富裕的社会,在那些医学普及、设施完善的社会,婴儿死亡率也同样是很高的。进入近代以前,婴儿死亡的比率与兔子不相上下,而且,一个孩子即使存活到产生思维之后,仍然可能夭折于生命的任何阶段,或许是死于蓄意杀害,或许是死于某种事故,也可能死于某种疾病,以及死于某种伤害,以至于在那种特定的时空之中,医疗技术和设施无计可施,无法起死回生,也是情理之中的事。

　　尽管如此,在医学和社会各方面都较为成熟的社会中,人类的预期寿命已经有了很大的提高,众多相对落后的地方在这方面也已开始有明显的提高。今天,一个人可以在他生命的七八十年中一直处于有意识的状态。直到死亡,这种意识之光才会熄灭,或者是在肉体死亡之前,由于精神衰老而使意识之光趋于暗淡。在这意识之光闪耀的七八十年中,人可以意识到周围存在的各种自然现象。这些现象向他提出许多难解之谜。尽管现代科学知识和科学判断能力获得了迅速而广泛的进步,一些基本的难解之谜仍然没有找到明确的答案。

　　最近,科学家正在探索某些物质的化学成分和构造,它们是赋予物质以生命和赋予生物体以意识的物质条件。科学的进步带给宗教信徒的似乎可能是一些否定宗教的发现,由于它与根深蒂固的传统信仰相对立,因而遇到了强烈的抵

---

[1]　汤因比(1889—1975),英国历史学家。

抗,尽管传统信仰是尚未证实也无法得到证实的。现在几乎再也无法使人相信,人类所意识到的自然现象,是由一个与人形似的造物之神的指令而存在的。这种传统的对自然现象的解释仅是出自对人类活动的牵强类比。人们将现存的无生命的"原料"加工成型,制成工具、机器、衣服、房屋和其他制品,并赋予这些制品某种该原料所不具备的功能和类型。功能和类型是非物质的,从物质属性方面而言,它们是从无到有被人创造出来的。既然与人形似的造物之神的存在是一个无法证明的假设,那么用与人类一样的创造活动来解释自然现象的存在,就不再能令人信服了。然而,迄今为止,还没有任何令人信服的说法足以取代这种早已站不住脚的传统假设。

我们对生命及人类意识与意志得以产生的物质条件的了解虽然有了进步,但这并未能使我们理解生命和意识本身所具有的本质及目的(假如存在目的的话)。它们彼此间的存在形式不尽相同。并且,正如我们所知,与那些与之相关的有机结构物质的存在形式也不相同。人们所知道的每一个活着的人,包括他自己在内,都具有一个有意识、有目的的精神世界,而这个精神世界则实实在在地存在于物质的躯体之中。每一个活着的人,精神和肉体都不能彼此分离。它们总是彼此契合,然而它们之间的相互关系却又总是让人难以理解。

为什么有些物质现象一度会与生命结合(如其之于所有生物物种),或一度会与意识结合(如其之于人类),而另一些(显然在宇宙物质总量中占多数)却永远是无生命和无意识的? 在时空的溪流中,在某一特定的时刻,也就是说,在暂时包裹着我们这个来去匆匆的行星的脆弱的"生物圈"中,生命和意识是怎样与物质发生联系的? 为什么寄寓于有机物中的生命总是设法使自己永远生存下去,寄寓于有性别的和终有一死的生物体中的生命,总是使自己得到繁衍? 所有物种的保持,显然都要付出巨大的努力。这种努力难道是物种或其中每一个体所固有的本质吗? 如果答案是肯定的,那么为什么某些有机物成分,在获得有机物特性前,或失去有机物特性后,又不具备这种固有的努力呢? 须知这些有机构成,只是它们自身历史中一个短暂的插曲。如果这种努力不是固有的,而是从外部引入的,那么,如果排除了神灵造物之功的假设,引入这种努力的媒介又是什么呢?

现在,假定我们接受有机物在结构和功能上产生变异的事实;假定我们也接受达尔文的有关假设——他认为,自然选择在足够的时间里充分利用了变异,这种变异足以说明为什么生命会分化为各种各样的物种,为什么有些物种得以成功地生存下来,而另一些则失败了——即使我们承认了所有这些说法,变异本身仍未得到解释。变异是偶然发生的,还是注定要发生的? 或者是违背了一种注定的事情? 或许如果我们向被认为不具有意识、不具备制订计划能力的自然现象提出这些问题,根本就是不恰当的? 假如允许我们用这些拟人语汇讨论非人类的物种问题,我们将会遇到更多的难题。物种的变异倾向与物种保持自身生存或进行自我繁衍的努力是背道而驰的,物种的目的真的是保持自身的种属吗?那么,变异是否是这一目的的失败? 或者,物种是注定要发生变化的,而保持原种属的做法只是惯性对这种变化的阻碍?

生命分化为不同的物种,造成一些物种之间的竞争和另一些物种之间的合作。这两种相互对立的关系,哪一种是自然的最高法则? 在无意识的物种之间,合作和竞争都不是出自有意的选择。但对于人来说,选择是有意的,人能够意识到是非善恶之间的区别与对立,人类的选择与此紧密相关。这种道德判断显然是人所固有的自然本质,其他非人类物种则不具备。那么,这种道德判断又来自何方呢?

人类是有意识、有目的的生物。他富于是非观念,道德的力量促使他择善而行,即使他抗拒这种力量,也不得不这样去做。那么,人类在宇宙中的地位如何?意义何在? 人总认为自己是宇宙的中心,因为自己的意识对于本人来说,是观察宇宙中精神和物质景象的出发点。人还有这样的自我中心意识,即认为他的自然冲动是力图使宇宙的其他部分为自己的目的服务。与此同时,他也意识到自己并不是宇宙的真正中心。来去匆匆,转瞬即逝,他的良知也告诉他,就把自己看作宇宙中心这一点而言,他在道德上和理智上都正在铸下大错。

上述这些,就是人类意识到的自然现象向人们提出的难解之谜。科学也许会继续发展,也许不会。科学将取得进步还是陷于停顿,这不是人们的能力能够解决的问题。在增进科学知识,并把它们运用于进一步发展技术方面,人的智力似乎没有任何限制。科学技术的未来,在某种程度上取决于社会是否仍然一如近世以来所做的那样,高度估价并慷慨酬劳人们的科学活动。在某种程度上,它还取决于具有最高智力水平的人们是否仍然关注科学和技术。这并非是想当然的事情。在人类活动的一切领域,风尚都在发生变化。可以想象,宗教或艺术在最有才干的人们心中或许会再次变得至高无上,正如过去在许多时期和地方曾经出现过的那样。但是,即使科学仍以现在的速度继续发展,它的进步可能也不会超过过去和现在所企及的范围。关于我们感官认识的宇宙运转方式的知识也许会有所增加,但在宇宙为何这样运转,或是宇宙为什么存在的这些问题上,未来的科学恐怕不会使我们比过去了解得更多。

尽管如此,人类一息尚存就只能在生物圈中生存和活动,因此,即使他不能从科学中得到答案,即使他相信只有科学知识才是惟一正确的知识,生存和活动的需要仍会迫使他为这些自然现象之谜找出暂时的答案。对科学的这种信念并不是坚不可摧的。不过,在科学的范围之外寻找到的答案的确只是无法验证的宗教信仰所为。它们不是理智的论证,而是宗教的直觉。所以,将来也许会像过去一样,生活将迫使人们用直觉的和无法验证的宗教词语来回答那些基本问题。从表面上看,宗教在产生科学之前和产生科学之后的表达方式像是彼此分开的两极。过去,每一种宗教表达方式都始终与这种特殊的表达方式所赖以产生的其时其地的理智观念相协调。但宗教的本质无疑与人性自身的本质一样是永恒的。实际上,宗教正是人性所固有的独特品质。由于人类独一无二的意识本能,使他际遇了种种神秘的自然现象提出的挑战,而宗教正是人类对这些挑战作出的必然反应。

徐　波等　译

思维的乐趣

Siwei de Lequ

苹果公司的创始人乔布斯在得知自己身患绝症之后，曾说过一句名言："死亡是生命最好的发明。"生命的乐趣也许正在于它的时间是有限的，长不过百年，对每个人完全公平。在这百年中却给不同的个体提供了不尽相同的生命舞台，其中的差异就在于每个人都有自己的思想，思想不同生命品质便不同，生命品质不同则呈现在我们面前的世界就变化万千——或绚丽多彩，或苟且猥琐。毫无疑问，思想是人类在这个星球上所有生命当中特有的财富，可惜的是这样一个明显的道理并不是每个人都清楚明白。所以，臧克家才会说，有的人死了他还活着，有的人活着他却死了。对于智能生命而言，死与活的标志不只是心脏的律动、气息的喘动，而是思想。正是思想的存在，思维的运动，才使生命绽放出动人的色彩。人要使自己免于生存期的彷徨和苦痛，便只有学会思维，向我们之前无数的大智者学习，摆脱个人思维的偏执与狭隘、专断与陋习。

　　需要引起警惕的是，在人类的历史中，总有一些人为了个人或小集团的利益，试图钳制别人的思维。历史的事实告诉我们，不管你披着什么花哨的外衣，那些荒诞的企图终将以失败告终。而对于我们来说更重要的是，要学会争取个人独立思维的权利。《独立宣言》的起草者之一帕特里克·亨利曾经说过，不自由，毋宁死。这里的自由，首先是思想的自由，所以"五四"先贤胡适才会向大众发出宁鸣而死、不默而生的诤谏。对于立志要成为道德教师的人来说，这样的自由尤为重要。

对我的智力的自我评估

达尔文[1]

在这里,我已经列举出了我所有的已出版的书,它们就是我一生的里程碑,所以我再要讲的话也就不多了。除了现在要来讲的一点以外,我还没有发觉自己的思想在 30 年内有什么变化。只要是精力一般不降低,那当然也就未必会期望到有任何的变化。可是,我的父亲享寿 83 岁,他的思想却依旧同往常一般的敏锐,而且他所有的官能都没有显著的衰退,我希望最好是我在自己的思想还没有显著枯竭时就与世长辞。我认为,我在探寻正确解释和想出一些实验核对的方法方面,已经比过去略为熟练些;可是,这大概只是单纯的实践和大量知识积累的结果罢了。我在清楚而扼要地表达自己的想法方面,仍旧像往常一样,很感困难,这种困难使我耗去了极多时间。可是,在这方面也有一种补偿的好处,就是:它使我不得不对每一句文字作长久而且专心的思考,因而就会使我在推断方面和在自己和别人的观察结果方面,看出错误和失察之处。我的思想中似乎有一种命定的特征,它差使我在最初叙述自己的说法和主张时,总是采取错误或拙劣的表达方式。从前,我在写作时,时常要推敲自己的文字以后,方才下笔写出它们来,可是后来过了几年,我得出了结论,为了节省时间,尽可能迅速地用极其拙劣的笔迹,潦草地写满全页,接着就把它们缩减一半,然后才去仔细考虑、改正它们。这样记写的词句,反而时常要比我事先深思熟虑后可能写出的词句更加优美些。

上面已经讲了很多关于我的写作方法,我打算再补充讲一下,我在自己著写

---

[1]　查理·罗伯特·达尔文(1809—1882),英国生物学家、进化论的奠基人。

的几部书中，曾经把大量时间耗用在一般的材料整理方面。起先，我在两三页稿纸上写出最粗略的提纲，接着把它扩充成几页较长的纲要，用不多的词句，甚至用单词，去充当整个论断或一批事实。我开始以扩展形式（in extenso）写作以前，先把其中每个小标题再扩大一些，而且时常把它们更换成新词。因为在我的几部著作中，大量引用了其他科学家的观察资料，又因为我经常同时在亲自研究几个完全不同的专题，所以可以来讲一下，我准备好三四十个大纸夹，把它们放置在书橱中贴有标签的搁板上，因而我就可以立刻把各种个别的参考资料或便条存放进有关的书夹中去。我购买了很多图书，在它们的末页上，记了书中所有与我的研究工作有关的事项索引。有时，如果这本书不属于我自己的，那么，我就写成一篇单独的摘要，在我的一只大抽屉中，就装满了这些摘要。在开始从事某个论题的研究工作以前，我先去查看所有简短的索引，编写出一个分类的总索引，以后再选取一个或几个适当的纸夹，因此就可以获得我过去一生中收集到的所有备用的资料了。

正如我曾经讲过的，在过去二三十年内，我的思想方式在一个方面发生了变化。我过去一直到30岁，或在超过30岁的时候，曾经对很多种类的诗歌发生很浓厚的乐趣，其中有密尔敦、格雷、拜伦、沃滋华斯、柯勒律支和雪莱的诗篇；甚至是在中学少年时代，我对莎士比亚的作品，尤其是他的历史剧，已经有了热烈的爱好。我还讲到过，从前我对绘画也有相当的爱好，而且也对音乐非常热爱。可是到现在，很多年来，我竟不能容忍去阅读一行诗句；最近，我尝试去阅读莎士比亚的作品，却发现它枯燥乏味，使我难以容忍，以致厌恶万分。我几乎也丧失了对绘画和音乐的兴味。音乐已经不再使我感到快乐，通常反而只会使我过分紧张地去思考自己当时要去干的工作。我对绮丽的风景还有一点兴致，但是它已经不再像往年那样，引起我极度的狂喜之情了。另一方面，有些长篇小说，它们是幻想的作品，虽然其幻想并不属于很高级的，却在很多年来，使我获得了异常的安慰和快乐，为此我时常赞美着所有的长篇小说作家。家中人曾经把很多长篇小说朗诵给我听，只要它们的内容情节一般是良好的，或者它们的结局不是悲惨的，我都会感到高兴。应当批准通过一条法律，禁止出版那些结局悲惨的长篇小说。依照我的趣味说来，如果长篇小说中的主人公全都不能使人发生真正的热爱，那么，它就不能够称作是第一流的作品，而且如果主人公是一位姣美的女郎，那就更加好了。

我对这种高尚的审美的兴趣,丧失得实在奇怪而且可悲。这种丧失也是最令人惊奇的,因为我对于历史、传记、游记(不论其内容是否有任何的科学性事实)和种种专题的论文,仍旧同往常一样有着浓厚的兴趣。我的头脑,好像已经变成了某种机器,专门把大量收集来的事实加工研磨,制成一般的法则。但是我还不能理解,为什么这必然会引起我头脑中专门激发高尚审美兴趣的那些区域衰退呢?我认为,如果一个人具有比我更加高级组织的或者更加良好构造的头脑,那么,他就不会遭受到这种损失了。如果我今后还要活下去的话,那么,我一定要制订一条守则:至少在每个星期内,要阅读某几首诗和倾听某几曲音乐。大概采取这种使用脑筋的办法,会因此把我现在已经衰退的那些脑区恢复经常的灵敏度。这些兴趣的丧失,也就等于幸福的丧失,可能会对智力发生损害,而且很可能也对品德有害,因为这种情形会削弱我们天性中的情感部分。

我的著作已经在英国销售得很广大,被译成多种外文译本,而且在国外也再版过几次。我曾经听说,一部著作能够在国外获得成功,也就是证实它具有永久价值的最良好的检验标准。我怀疑,这种说法是否完全正确,可是,如果用这种准则来作判断,那么,我的姓名大概将会再留传下去几年。因此,我觉得,一个人要对那些使他获得成功的智力性质和条件来作分析,虽然很难获得正确的结论,但是也不妨来试它一试,可能是值得这样干的。

我既没有极其敏捷的理解力,也没有机智;有几位聪明的人士,例如赫胥黎,就怀有这些优良的品质。因此,我只是一个很差的评论家:我在初次阅读任何一篇论文或者一本图书时,通常总是对它发生赞美,但是在继续作了一番思考以后,马上就会看出它的缺点来。要我遵循一条冗长的抽象思想路线——这种本领,对我是有限度的。因此,我在形而上学和数学方面,从来没有获得什么成就。我的记忆力,范围广博,但是模糊不清:如果有人不明确地向我指出,我已经观察到或阅读到某种事实,它与我所作出的结论是发生矛盾的,或者相反的是符合于我的结论的,那么,这就足够引起我的注意,而且过了一段时间,我通常能够回想到,应该从哪里去找出自己的根据来。我的记忆力在某一方面极差:任何一个日期,或者一行诗句,过不了几天,就会被我忘记个干净。

有几位评论家曾经批评我说:"哦,他是一位出色的观察者,但是他却没有推理能力!"我认为,这种评语是不正确的,因为《物种起源》一书从开头一直到结尾,就是一长篇论证,而且它已经使不少有见识的专家信服了。任何一个人,如果没有推理能力,绝不会写出这部著作来。我有一点发明本领和合理见解,就是推理能力,正好像每一位颇有盛名的律师和医师所具有的这些本领一样;不过我自信,我在这方面的本领并不太高强。

另一方面,我以为对我有利的一种情况,就在于:我具有比一般水平的人更高的本领,能够看出那些容易被人忽略的事物,并且对它们作细致的观察。我在观察和收集事实方面,勤奋努力,真是无以复加的了。尤其重要的是:我热爱自然科学,始终坚定不移,旺盛不衰。可是,我却怀有一种虚荣心,想要博得我的同道自然科学家们的尊敬。这种虚荣心,也就强烈地促进了我对自然科学单纯的热爱。我从少年初期开始,就抱有极其强烈的愿望,想去了解或说明自己观察到的事物,也就是说,想把一切事物去分门别类,归纳到某些一般的法则中去。所有这些错综复杂的因果关系,曾经培养出我的一种耐心,使我能够在任何悠长的岁月中,对任何一个悬而未决的问题,进行顽强的思考或深思。根据我所能作出的判断,我对于别人的指示,并不轻易听信,盲目遵从。我始终不变地努力保持自己思想的自由,其范围可使我在一见到事实明显的相反于我深爱的任何假说时,马上就放弃这个假说(而且我对于每个专题,总是忍不住想要建立一个假说)。的确,我只能照此办法去行动,别无其他途径可以选择,因为我记得,凡是我初次建立的假说,在经过了一段时间以后,总是使我不得不放弃,或者作了重大的修正,只有《珊瑚礁》一书中的假说是个例外。这种情形,自然而然地引起了我对混合性科学中的演绎推理方法极不信任。另一方面,我并不抱有很大的怀疑态度:我认为,我这种思想方式,对于科学的进步有害。富于怀疑态度,这对科学家是有利的,因为这可以使他们不致损失大量时间。然而,我曾经遇见不少人,我相信,他们正是由于这种(缺乏怀疑态度),不敢去设立试验和进行观察工作,不管这些工作具有直接或间接的益处。

毕 黎 译

思想形成人的伟大

帕斯卡①

思想形成人的伟大。

人只不过是一根苇草,是自然界最脆弱的东西;但他是一根能思想的苇草。用不着整个宇宙都拿起武器来才能毁灭,一口气、一滴水就足以致他死命了。然而,纵使宇宙毁灭了他,人却仍然要比致他于死命的东西更高贵得多;因为他知道自己要死亡,以及宇宙对他所具有的优势,而宇宙对此却是一无所知。

因而,我们全部的尊严就在于思想。正是由于它而不是由于我们所无法填充的空间和时间我们才必须提高自己。因此,我们要努力好好地思想,这就是道德的原则。

能思想的苇草——我应该追求自己的尊严,绝不是求之于空间,而是求之于自己的思想的规定。我占有多少土地都不会有用;由于空间,宇宙便囊括了我并吞没了我,有如一个质点;由于思想,我却囊括了宇宙。

人既不是天使,又不是禽兽;但不幸就在于想表现为天使的人却表现为禽兽。

思想——人的全部的尊严就在于思想。

因此,思想由于它的本性,就是一种可惊叹的、无与伦比的东西。它一定得具有出奇的缺点才能为人所蔑视;然而它又确实具有,所以再没有比这更加荒唐可笑的事了。思想由于它的本性是何等的伟大啊!思想又由于它的缺点是何等的卑贱啊!

---

① 帕斯卡(1623—1662),法国科学家、思想家。

然而,这种思想又是什么呢? 它是何等的愚蠢啊!

人的伟大之所以为伟大,就在于他认识自己可悲。一棵树并不认识自己可悲。

因此,认识(自己)可悲乃是可悲的;然而认识我们之所以为可悲,却是伟大的。

这一切的可悲其本身就证明了人的伟大。它是一位伟大君主的可悲,是一个失了位的国王的可悲。

我们没有感觉就不会可悲。一栋破房子就不会可悲。只有人才会可悲。

人的伟大——我们对于人的灵魂具有一种如此伟大的观念,以至于我们不能忍受它受人蔑视,或不受别的灵魂尊敬;而人的全部的幸福就在于这种尊敬。

人的伟大——人的伟大是那样的显而易见,甚至于从他的可悲里也可以得出这一点来。因为在动物是天性的东西,我们于人则称之为可悲;由此我们便可以认识到,人的天性现在既然有似于动物的天性,那么他就是从一种为他自己一度所固有的更美好的天性里面堕落下来的。

因为,若不是一个被废黜的国王,有谁会由于自己不是国王就觉得自己不幸呢? 人们会觉得保罗·哀米利乌斯①不再任执政官就不幸了吗? 正相反,所有的人都觉得他已经担任过了执政官乃是幸福的,因为他的情况就是不得永远担任执政官。然而人们觉得柏修斯②不再做国王却是如此之不幸——因为他的情况就是永远要做国王——以致人们对于他居然能活下去感到惊异。谁会由于自己只有一张嘴而觉得自己不幸呢? 谁又会由于自己只有一只眼睛而不觉得自己不幸呢? 我们也许从不曾听说过由于没有三只眼睛便感到难过的,可是若连一只眼睛都没有,那就怎么也无法慰藉了。

对立性。在已经证明了人的卑贱和伟大之后——现在就让人尊重自己的价值吧。让他热爱自己吧,因为在他身上有一种足以美好的天性;可是让他不要因此也爱自己身上的卑贱吧。让他鄙视自己吧,因为这种能力是空虚的;可是让他

---

① 保罗·哀米利乌斯(Paul Emile,即 Paul Emilius)曾于公元前 182 年与公元前 168 年两度任罗马执政官,第二次任执政官时击败马其顿王柏修斯。

② 柏修斯(Persée,即 Perseus)为马其顿末代国王,公元前 179 年—前 168 年在位,公元前 168 年为保罗·哀米利乌斯击败并被俘。

不要因此也鄙视这种天赋的能力。让他恨自己吧,让他爱自己吧:他的身上有着认识真理和可以幸福的能力;然而他却根本没有获得真理,无论是永恒的真理,还是满意的真理。

因此,我要引人渴望寻找真理并准备摆脱感情而追随真理(只要他能发现真理),既然他知道自己的知识是彻底地为感情所蒙蔽;我要让他恨自身中的欲念——欲念本身就限定了他——以便欲念不至于使他盲目做出自己的选择,并且在他做出选择之后不至于妨碍他。

何兆武　译

只有个人才能思考

爱因斯坦[1]

只要我们全面考察一下我们的生活和工作，我们就会马上看到，几乎我们全部的行动和愿望都同别人的存在密切联系在一起。我们看到我们的全部自然生活很像群居的动物。我们吃别人种的粮，穿别人缝的衣服，住别人造的房子。我们的大部分知识和信仰都是通过别人所创造的语言由别人传授给我们的。要是没有语言，我们的智力就会真的贫乏得同高等动物的智力不相上下，因此，我们应当承认，我们胜过野兽的主要优点在于我们是生活在人类社会之中。一个人如果生下来就离群独居，那么他的思想和感情中所保留的原始性和兽性会达到我们难以想象的程度，个人之所以成为个人，以及他的生存之所以有意义，与其说是靠着他个人的力量，不如说是由于他是伟大人类社会的一个成员，从生到死，社会都支配着他的物质生活和精神生活。

一个人对社会的价值首先取决于他的感情、思想和行动对增进人类利益有多大作用。我们就根据他在这方面的态度，说他是好的还是坏的。初看起来，好像我们对一个人的评价完全是以他的社会品质为根据的。

但是这样的一种态度还是会有错误。显而易见，我们从社会接受到的一切物质、精神和道德方面的有价值的成就，都是过去无数世代中许多有创造才能的个人所取得的。有人发明了用火，有人发明了栽培食用植物，并且有人发明了蒸汽机。

只有个人才能思考，从而能为社会创造新价值，不仅如此，甚至还能建立起那些为公共生活所遵守的新的道德标准。要是没有能独立思考和独立判断的有

---

① 阿尔伯特·爱因斯坦(1879—1955)，犹太裔物理学家，相对论创立者。

创造能力的个人,社会的向上发展就不可想象,正像要是没有供给养料的社会土壤,人的个性的发展也是不可想象的一样。

因此,社会的健康状态取决于组成它的个人的独立性,也完全像取决于他们密切的社会结合一样。有人这样正确地说过:希腊—欧洲—美洲文化,尤其是它在那个结束中世纪欧洲停滞状态的意大利文艺复兴时的百花盛开,真正的基础就在于个人的解放和个人的比较独立。

现在让我们来考察我们所生活的这个时代。社会情况怎么样?个人怎么样?文明国家的人口比以前稠密得多了,欧洲今天的人口大约是100年前的3倍,但是第一流人物的数目却不相称地减少了。只有很少的人,通过他们的创造性的成就,才作为个人为群众所知。组织已在某种程度上代替了第一流人物,这在技术领域里特别突出,而在科学领域里也已达到很显著的程度。

出色人物的缺少,在艺术界里特别惊人。绘画和音乐确实已经退化,并且大部分已失去了对群众的感染力。在政治方面,不仅缺乏领袖,而且公民的独立精神和正义感也已大大衰退了。建立在这种独立性上的民主议会制度,在很多地方已动摇了;由于人们对个人尊严感和个人权利感已不再是足够强烈,独裁制度已经兴起,并且被容忍了下来。任何国家的像绵羊般的群众,在两个星期内就能为报纸煽动到这样一种激昂狂怒的状态:人们准备穿上军装,为着少数牟私利的党派的肮脏目的去厮杀。义务兵役制在我看来是文明人类今天所遭受到的丧失个人尊严的最可耻的症状。怪不得有不少预言家预言,我们的文明不久就要黯然失色。我不是这样的一个悲观论者,我相信更好的时代就要到来。让我扼要地讲一讲我所以有这个信心的理由。

照我的见解,目前出现的衰落可由这样的事实来解释:经济和技术的发展大大加强了生存竞争,严重地损害了个人的自由发展;但技术的发展意味着个人为满足社会需要所必须进行的劳动愈来愈少。有计划的分工愈来愈成为迫切的需要,而这种分工会使个人的物质生活有保障。这种保障加上可供个人自由支配的空闲时间和精力,就能用来发展他的个性。这样,社会就可以恢复健康,而且我们可以希望,未来的历史学家会把目前社会不健康的症状,解释为有雄心壮志的人类的幼稚病,它完全是由于文明进步得太快所造成的。

许良英　译

横向思维的七条箴言

威廉·贝弗里奇①

　　剑桥大学的德波诺博士以近十二年来发表的一系列论著中所阐释的理论为基础,引入了横向思维这个专用名词,作为创新思想中某些精神程序的名称。他的著作主要是针对工业家和在校学生的。但是颇为奇怪,不知是什么人(既非他本人,也不是到目前为止我所知道的任何人)已经开始提倡把横向思维应用于科学研究了。我相信,这种方法在科学领域中也会大有作为。横向思维有点类似于前述的无控性思维,德波诺已经发展了一些培养这种思维方式的办法。我希望以下简要的介绍将会鼓励科学家们去应用横向思维的方法。

　　德波诺把大脑看作是一个机械系统,它以某些方式(德波诺用简单的类比作了描绘)对提供给它的信息进行加工。大脑又是一种必须形成一些固定模式的自组织系统。人的记忆可以比作一块肉冻的表面,在这块肉冻表面上浇上了热水而形成许多沟沟坑坑。这些沟沟坑坑又会影响后来浇上去的水的行为。模式一经形成,就会随着使用而越来越多的定向化,因而其后只需要一点暗示,思想机器一开动就会沿着相同的路线自动运转。这种积习是颇难克服的,但也还存在着一些技巧,有助于我们改掉这种积习。

　　纵向思维　这是德波诺给予科学活动和日常生活中一般思维方式的名称。它是直线堆积的、传统的思维方式,它一步接一步地推理,思想的每一个环节都沿着最大可能性的路线前进。在多数时间里,这是一种自然的心理活动方式,特别是受过训练的头脑更是如此,而且在大多数情况下,它也是最为有效的方式。

---

　　①　威廉·贝弗里奇(1879—1963),英国经济学家。

德波诺所定义的纵向思维并不完全相当于我的分类中的批判性思维,但在许多方面它们是类似的。

横向思维　这是一种完全不同的思维方式。它类似于我们前面描述过的无控性思维,其中每一步正确性的几率较低。德波诺已把这种方法发展为用于获取新见解的一种工具。它是一种使头脑摆脱已确立的思想模式和思想习惯的技巧。它有助于多样性,有助于寻求尽可能多的不同途径。实际上,纵向思维是选择最可能的,排斥其他的,而横向思维则并不企图使每一步都正确。人们开拓一些未必靠得住的途径,希望从中发现始所未料的新概念,然后再用纵向思维来检验它们。横向思维好有一比,它好似你认为灌木丛里有一些鸟,但你又不能看到它们,而你却干脆瞄准灌木丛开枪一样。

德波诺说,冲突是改变观念的唯一方法。因此,为了对抗和打破观察事物的现存方式,横向思维值得审慎地使用。人的记忆和传统的思维习惯对于引导他的思想路线,具有强烈的选择性影响,如果要克服各种障碍,开拓出新的线索,那就必须抑制传统的思维习惯。

对于横向思维的本质和目的就讨论到这儿。德波诺在《横向思维:关于创造性的教科书》(*Lateral Thinking: A Textbook of Creativity*)这本书中已经描述了应用这种思维方式的程序。为了简洁明了,我摘录了其中一串箴言,它们总括了横向思维方法的精髓。

第一条箴言　要养成寻求尽可能多的不同探讨问题方法的习惯,而不要死抱住显得好像最有希望解决问题的那种办法不放。人们可以给自己提出一个可供选择的方法的定额;它可以起一种刺激作用,以期使头脑不断地寻求观察问题的其他办法,寻求类比和可能的联系。只要坚持不懈地探求,几乎总能找到一些可供选择的方案。

第二条箴言　要对各种假定提出诘难。通常情况下,人们在思考某件事情时,总可作出几种假定——它们往往看来是如此明显,以致我们会无意识地把它们视若当然。但是,当抱着怀疑的态度仔细追究时,它们就可能被证明是不可靠的或不恰当的,并因此而将思想上的障碍扫清。

第三条箴言　不要急于对头脑中涌现出的想法加以判断。众所周知,许多科学发现常以假线索作为先导,因此,在没有首先探究某种想法会引导出什么之前,不要将其放弃;它也许能孕育出更进一步的种种想法。目的在于发现一种新的有意义的思想组合,而不问其是通过何种途径实现的。

第四条箴言 使问题具体化,使之在头脑中构成一幅图像。这幅图像可以通过改变各个组分,或对它们进行重排而予以重新构思。要能注意到分歧点,发现相互的关联,考虑到各组分的功能,以及怀疑的限度。粗略的图解也许会有益于用符号来表示各种不同的因素。

第五条箴言 要把问题分成独立的几部分。这不同于传统的分析法,传统的分析法是一种系统的、完全的分解法,其目的在于对问题作出解释。与此不同,这儿的目的是对各部分作出鉴别,以便将它们重新排列,重新构成问题。这种重新组合应切忌把各部分放回到它们原来的位置上,那样只会把你引回到最初的死胡同里去。应该尽量使各部分颠倒和混合。

第六条箴言 要从问题之外寻求偶然的刺激。有几种办法可做到这一点,例如,逛逛像伍尔沃兹那样的大百货商店,或者小型的玩具商店,只是随便看看,或者也可以随便从字典里查一个词。在商店里闲逛时,人们并不寻找与问题直接有关的东西,而只会强化已有的想法。一个人应该在头脑中保留有空白处,并随时等待着接受某种引起人们注意的东西。偶然碰到的对象,或来自字典中的一个词,都可能引发出一批有关的想法,而其中之一也许由于一个幸运的机遇,以致使该问题迎刃而解。

第七条箴言 要参加那种产生新观念的启发性集会。关于这一程序,后面再作阐述。

金吾伦等 译

阅读的艺术

Yuedu de Yishu

每个个体都是具体的存在。作为个体的存在都会面临体制的高墙,在这堵高墙面前,个体就是一枚鸡蛋。

　　很早开始,我们就被告知,不要拿鸡蛋碰石头。因为,结果显而易见——"壳"破"蛋"流。于是,作为鸡蛋的思维,不碰石头,这几乎成为如同自然科学一般的绝对律令。问题是,生命的出现和存在不是自然科学,永远不会有 $E=MC^2$ 这类永恒真理。毫无疑问,在日本作家村上春树看来,鸡蛋不只是因为石头的存在而存在,所以他才掷下了令人热血沸腾的这句经典名言:假如这里有坚固的高墙和撞墙破碎的鸡蛋,我总是站在鸡蛋一边。尽管这样的逻辑有点近乎神话,但是对于鸡蛋来说还有什么比这样的态度更加决绝? 还有什么比这样的温情更加充满人性?即便生命全是苦难,为着这样的温情也值得成为一个人!

　　其实,我们同村上一样,既不想看到高墙,更不想看到撞墙的鸡蛋。撞上了墙,碎了的鸡蛋也许不是全部,换言之不是每一个人都会遭遇高墙的困局,更多的时候我们可能仅仅是个见证者,你将扮演怎样的角色呢? 是闭着双眼两手插在裤兜里? 还是站出来发出自己的声音? 村上说写小说的理由只有一个,那就是为了让个人灵魂的尊严浮现出来,并将光线投射其上。无疑,村上春树的选择会引领我们站在改变历史天平的那一边,原因极其简单:不是体制创造了我们,而是我们创造了体制。

　　假如某一天我意外地成为一名以"说谎"为职业的小说家,唯一的原因只能是村上的这句话:那份工作可以让我不断试图通过写生与死的故事、写爱的故事来让人哭泣、让人惧怕、让人欢笑,以此证明每个灵魂的无可替代性。

永远站在鸡蛋的一侧

村上春树①

　　我作为一个小说家，换句话说，作为以巧妙说谎为职业的人来到这里、来到耶路撒冷市。

　　当然，说谎的不都是小说家。诸位知道，政治家屡屡说谎，外交官和军人说谎，二手车推销员和肉铺和建筑业者也说谎。但小说家说谎和他们说谎的不同之处在于：小说家说谎不受道义上的谴责。莫如说谎说得越大越高明，小说家越能得到人们的赞赏和好评。为什么呢？

　　这是因为，小说家能够通过巧妙说谎、通过栩栩如生的虚构而将真相拽到另一场所投以另一光照。以其固有的形式捕捉真相并予以准确描述在许多情况下是不可能的。唯其如此，我们才要把真相引诱出来移去虚构地带，通过将其置换为虚构形式来抓住真相的尾巴。但为此必须首先在自己心底明确真相的所在，这是巧妙说谎所需要的重要资格。

　　可是今天我不准备说谎，打算尽可能说实话。一年之中我也有几天不说谎，今天恰好是其中的一天。

　　实话实说好了。关于此次来以色列接受耶路撒冷文学奖，不少人劝我最好拒绝。甚至警告说如果前来，将开展不买我的书的运动。无须说，理由在于加沙地区的激战。迄今为止，已不止一千人在被封锁的城区丧生，据联合国报告，大多数是儿童、老人等手无寸铁的平民。

---

　　① 村上春树（1949—　　），日本小说家、美国文学翻译家。本文系村上春树获耶路撒冷文学奖获奖演讲。原题《高墙与鸡蛋》。

接到获奖通知以来,我本人也一再自问:这种时候来以色列接受文学奖果真是妥当的行为吗? 不会给人以支持作为纷争当事者一方、拥有占绝对优势的军事力量并积极行使的国家及其方针的印象吗? 那当然不是我所希望的。我不认可任何战争,不支持任何国家。同时,自不待言,我的书在书店被人拒买也不是我所希求的。

然而,经过深思熟虑,我重新坚定了来这里的决心。原因之一,就在于有那么多人劝我最好别来。或许我有一种大部分小说家都有的"犟脾气"——别人叫我"别去那里""别干那个",尤其那样警告我的时候,我就偏偏想去或想干,此乃小说家的 nature(天性)。为什么呢? 因为小说家属于这样一种人:无论刮怎样的逆风,也只能相信自己实际目睹、自己实际手摸的东西。

正因如此,我才出现在这里。较之不来,选择了来;较之什么也不看,选择了看点儿什么;较之什么也不说,选择了向诸位说点儿什么。

有一句话(message)请允许我说出来,一句个人性质的话。这句话在我写小说时总在我脑袋里挥之不去。它并非写在纸上贴在墙壁,而是刻于我的脑壁。那是这样一句话:

假如这里有坚固的高墙和撞墙破碎的鸡蛋,我总是站在鸡蛋一边。

是的,无论高墙多么正确和鸡蛋多么错误,我也还是站在鸡蛋一边。正确不正确是由别人决定的,或是由时间和历史决定的。假如小说家站在高墙一边写作——不管出于何种理由——那个作家又有多大价值呢?

那么,这一隐喻到底意味什么呢? 在某种情况下它是简单明了的。轰炸机、坦克、火箭、白磷弹、机关枪是坚硬的高墙。被其摧毁、烧毁、击穿的非武装平民是鸡蛋。这是这一隐喻的一个含义。

但不仅仅是这个,还有更深的含义。请这样设想好了:我们每一个人都或多或少分别是一个鸡蛋,是具有无可替代的灵魂和包拢它的脆弱外壳的鸡蛋。我是,你们也是。再假如我们或多或少面对之于每一个人的坚硬的高墙。高墙有个名称,叫作体制(system)。体制本应是保护我们的,而它有时候却自行其是地杀害我们和让我们杀人,冷酷地、高效地,而且系统性地(systematically)。

我写小说的理由,归根结底只有一个,那就是为了让个人灵魂的尊严浮现出来,将光线投在上面。经常投以光线,敲响警钟,以免我们的灵魂被体制纠缠和贬损。这正是故事的职责，对此我深信不疑。不断试图通过写生与死的故事、写爱的故事来让人哭泣、让人惧怕、让人欢笑，以此证明每个灵魂的无可替代性——这就是小说家的工作。我们为此而日复一日地认真编造故事。

我的父亲去年夏天去世了，活了九十岁。他是个退休教师，也是个兼职佛教僧侣。在研究生院就读期间被征召入伍，参加了中国大陆的战斗。我小的时候，他每天早上都在饭前向佛坛献上长长的深深的祈祷。一次我问父亲为什么祈祷，他回答为了在战场死去的人，为了在那里——无论友方敌方——失去性命的人。每次看见父亲祈祷的身姿，我都觉得那里似乎漂浮着死亡的阴影。

父亲去世了，其记忆——还没等我搞清是怎样的记忆——也彻底消失了。但是，那里漂浮的死亡气息仍留在我的记忆中。那是我从父亲身上继承的少数然而宝贵的事项之一。

我在这里想向诸位传达的只有一点：我们都是超越国籍、种族和宗教的一个一个的人，都是面对体制这堵高墙的一个一个的蛋。看上去我们毫无获胜的希望。墙是那么高那么硬，那么冰冷。假如我们有类似获胜希望那样的东西，那只能来自我们相信自己和他人的灵魂的无可替代性并将其温煦聚拢在一起。

请这样想想看。我们每一个人都有可以拿在手中的活的灵魂，体制则没有。不能让体制利用我们，不能让体制自行其是。不是体制创造了我们，而是我们创造了体制。

我想对诸位说的仅此一点。

荣获耶路撒冷奖，我很感谢。感谢世界很多地方都有看我书的人。我要向耶路撒冷的每一位读者致以谢意。毕竟是因了你们的力量我才出现在这里的。但愿我们能够共同拥有什么——非常有意义的什么。我很高兴得以来此向诸位讲话。

林少华　译

书 读 完 了

金克木①

有人记下一条轶事，说，历史学家陈寅恪曾对人说过，他幼年时去见历史学家夏曾佑，那位老人对他说："你能读外国书，很好；我只能读中国书，都读完了，没得读了。"他当时很惊讶，以为那位学者老糊涂了。等到自己也老了时，他才觉得那话有点道理：中国古书不过是那几十种，是读得完的。说这故事的人也是个老人，他卖了一个关子，说忘了问究竟是哪几十种。现在这些人都下世了，无从问起了。

中国古书浩如烟海，怎么能读得完呢？谁敢夸这海口？是说胡话还是打哑谜？

我有个毛病是好猜谜，好看侦探小说或推理小说。这都是不登大雅之堂的，我却并不讳言。宇宙、社会、人生都是些大谜语，其中有层出不穷的大小案件；如果没有猜谜和破案的兴趣，缺乏好奇心，那就一切索然无味了。下棋也是猜心思，打仗也是破谜语和出谜语。平地盖房子，高山挖矿井，远洋航行，登天观测，难道不都是有一股子猜谜、破案的劲头？科学技术发明创造怎么能说全是出于任务观点、雇佣观点、利害观点？人老了，动弹不得，也记不住新事，不能再猜"宇宙之谜"了，自然而然就会总结自己一生，也就是探索一下自己一生这个谜面的谜底是什么。一个读书人，比如上述的两位史学家，老了会想想自己读过的书，不由自主地会贯穿起来，也许会后悔当年不早知道怎样读，也许会高兴究竟明白了这些书是怎么回事。所以我倒相信那条轶事是真的。我很想破一破这个

谜,可惜没本领,读过的书太少。

据说20世纪的科学已不满足于发现事实和分类整理了,总要找寻规律。因为总向理论方面迈进。爱因斯坦在1905年和1915年放了第一炮,相对论。于是科学,无论其研究对象是自然还是社会,就向哲学靠拢了。哲学也在20世纪重视认识论,考察认识工具,即思维的逻辑和语言,而逻辑和数学又是拆不开的,于是哲学也向科学靠拢了。语言是思维的表达,关于语言的研究在20世纪大大发展,牵涉到许多方面,尤其是哲学。索绪尔在1906年到1911年的讲稿中放了第一炮。

于是本世纪的前八十年间,科学、哲学、语言学"搅混"到一起,无论对自然或人类社会都仿佛"条条大路通罗马",共同去探索规律,也就是破谜。大至无限的宇宙,小至基本粒子,全至整个人类社会,分至个人语言心理,越来越是对不能直接用感官觉察到的对象进行探索了。现在还有十几年便到本世纪尽头,看来越分越细和越来越综合的倾向殊途同归,微观宏观相结合,21世纪学术思想的桅尖似乎已经在望了。

人的眼界越来越小,同时也越来越大,原子核和银河系仿佛成了一回事。人类对自己的生理和心理的了解也像对生物遗传的认识一样大非昔比了。工具大发展,出现了"电子计算机侵略人文科学"这样的话。上天,入海,思索问题,无论体力脑力都由工具而大大延伸、扩展了。同时,控制论、信息论、系统论的相继出现,和前半世纪的相对论一样影响到了几乎是一切知识领域。可以说今天已经是无数、无量的信息蜂拥而来,再不能照从前那样的方式读书和求知识了。人类知识的现在和不久将来的情况同一个世纪以前的情况大不相同了。因此,我觉得怎样对付这无穷无尽的书籍是个大问题。首先是要解决本世纪以前的已有的古书如何读的问题,然后再总结本世纪,跨入下一世纪。今年进小学的学生,照目前学制算,到下一世纪开始刚好是大学毕业。他们如何求学读书的问题特别严重、紧急。

如果到19世纪末的几千年来的书还压在他们头上,要求一本一本地去大量阅读,那几乎是等于不要求他们读书了。事实正是这样。甚至于第二次世界大战前的本世纪的书也不能要求他们一本一本地读了。即使只就一门学科说也差不多是这样。尤其是中国的"五四"以前的古书,决不能要求青年到大学以后才去一本一本地读，而必须在小学和中学时期择要装进他们的记忆力尚强的头脑；只是先交代中国文化的本源，其他由他们自己以后照各人的需要和能力阅读。这样才能使青年在大学时期迅速进入当前和下一世纪的新知识（包括以中外古文献为对象的研究）的探索，而不致被动地接受老师灌输很多太老师的东西，消磨大好青春，然后到工作时期再去进业余学校补习本来应当在小学和中学就可学到的知识。

一路耽误下去就会有补不完的课。原有的文化和书籍应当是前进中脚下的车轮而不是背上的包袱。读书应当是乐事而不是苦事。求学不应当总是补课和应考。儿童和青少年的学习应当是在时代洪流的中间和前头主动前进而不应当是跟在后面追。仅仅为了得一技之长，学谋生之术，求建设本领，那只能是学习的一项任务，不能是全部目的。为此，必须想法子先"扫清射界"，对古书要有一个新读法，转苦为乐，把包袱改成垫脚石，由此前进。"学而时习之"本来是"不亦乐乎"的。

文化不是杂乱无章而是有结构、有系统的。过去的书籍也应是有条理的，可以理出一个头绪的。不是说像《七略》和"四部"那样的分类，而是找出其中内容的结构系统，还得比《四库全书提要》和《书目答问》之类大大前进一步。这样向后代传下去就方便了。本文开始说的那两位老学者为什么说中国古书不过几十种，是读得完的呢？显然他们是看出了古书间的关系，发现了其中的头绪、结构、系统，也可以说是找到了密码本。只就书籍而言，总有些书是绝大部分的书的基础，离开了这些书，其他书就无所依附，因为书籍和文化一样总是累积起来的。因此，我想，有些不依附其他而为其他所依附的书应当是少不了的必读书或者说必备的知识基础。

举例说，只读过《红楼梦》本书可以说是知道一点《红楼梦》，若只读"红学"著作，不论如何博大精深，说来头头是道，却没有读过《红楼梦》本书，那只能算是知道别人讲的《红楼梦》。读《红楼梦》也不能只读"脂批"，不看本文。所以《红楼梦》就是一切有关它的书的基础。如果这种看法还有点道理，我们就可以依此类推。举例说，想要了解西方文化，必须有《圣经》包括《旧约》《新约》的知识，这是不依傍其他而其他都依傍它的。这是西方无论欧美的小孩子和大人在不到一百年以前人人都读过的。没有《圣经》的知识几乎可以说是无法读懂西方公元以后的书,包括反宗教的和不涉及宗教的书,只有一些纯粹科学技术的书可以除外。古希腊和古罗马的书与《圣经》无关,但也只有在《圣经》的对照之下才较易明白。许多古书都是在有了《圣经》以后才整理出来的。因此,《圣经》和古希腊、古罗马的一些基础书是必读书。

对于西亚(亚洲),第一重要的是《古兰经》。没有《古兰经》的知识就无法透彻理解伊斯兰教世界的书。又例如读西方哲学书,少不了的是柏拉图、亚里士多德、笛卡尔、狄德罗、培根、贝克莱、康德、黑格尔。不是要读全集,但必须读一点。有这些知识而不知其他,还可以说是知道一点西方哲学;若看了一大堆有关的书而没有读过这些人的任何一部著作,那不能算是学了西方哲学,事实上也读不明白别人的哲学书,无非是道听途说,隔靴搔痒。又比如说西方文学茫无边际,但作为现代人,有几个西方文学家的书是不能不读一点的,那就是荷马、但丁、莎士比亚、歌德、巴尔扎克、托尔斯泰、高尔基,再加上一部《堂·吉诃德》。这些都是常识了,不学文学也不能不知道。文学作品是无可代替的,非读原书不可,译本也行,决不能满足于故事提要和评论。

若照这样来看中国古书,那就有头绪了。首先是所有写古书的人,或说古代读书人,几乎无人不读的书必须读,不然就不能读懂堆在那上面的无数古书,包括小说、戏曲。那些必读书的作者都是没有前人书可替代的,准确些说是他们读的书我们无法知道。这样的书就是:《易》《诗》《书》《春秋左传》《礼记》《论语》《孟子》《荀子》《老子》《庄子》。这是从汉代以来的小孩子上学就背诵一大半的,一直背诵到上一世纪末。这十部书若不知道,唐朝的韩愈、宋朝的朱熹、明朝的王守仁(阳明)的书都无法读。连《镜花缘》《红楼梦》《西厢记》《牡丹亭》里许多地方的词句和用意也难于体会。这不是提倡复古、读经。为了扫荡封建残余非反对读经不可,但为了理解封建文化又非读经不可。如果一点不知道"经"是什么,没有见过面,又怎么能理解透鲁迅那么反对读经呢?所谓"读经"是指"死灌""禁锢""神化";照那样,不论读什么书都会变成"读经"的。有分析批判地读书,那是可以化有害为有益的,不至于囫囵吞枣、人云亦云的。

以上是算总账,再下去,分类区别就比较容易了。举例来说,读史书,可先后齐读,最少要读《史记》《资治通鉴》,加上《续资治通鉴》(毕沅等的)、《文献通考》。

读文学书总要先读第一部总集《文选》。如不大略读读《文选》，就不知道唐以前文学从屈原《离骚》起是怎么回事，也就看不出以后的发展。

这些书，除《易》《老》和外国哲学书以外，大半是十来岁的孩子所能懂得的，其中不乏故事性和趣味性。枯燥部分可以滑过去。

我国古人并不喜欢"抽象思维"，说的道理常很切实，用语也往往有风趣，稍加注解即可阅读原文。一部书通读了，读通了，接下去越来越容易，并不那么可怕。从前的孩子们就是这样读的。主要还是要引起兴趣。孩子有他们的理解方式，不能照大人的方式去理解，特别是不能抠字句，讲道理。大人难懂的地方孩子未必不能"懂"。孩子时期稍用一点时间照这样"程序"得到"输入"以后，长大了就可腾出时间专攻"四化"，这一"存储"会作为潜在力量发挥作用。错过时机，成了大人，记忆力减弱，理解力不同，而且"百忧感其心，万事劳其形"，再想补课，读这类基础书，就难得多了。

以上举例的这些中外古书分量并不大。外国人的书不必读全集，也读不了，哪些是其主要著作是有定论的。哲学书难易不同，康德、黑格尔的书较难，主要是不懂他们论的是什么问题以及他们的数学式分析推理和表达方式。那就留在后面，选读一点原书。中国的也不必每人每书全读，例如《礼记》中有些篇，《史记》的《表》和《书》，《文献通考》中的资料，就不是供"读"的，可以"溜"览过去。这样算来，把这些书通看一遍，花不了多少时间，不用"皓首"即可"穷经"。依此类推，若想知道某一国的书本文化，例如印度、日本，也可以先读其本国人历来幼年受教育时的必读书，却不一定要用学校中为考试用的课本。

孩子们和青少年看得快，"正课"别压得太重，考试莫逼得太紧，给点"业余"时间，让他们照这样多少了解一点中外一百年前的书本文化的大意并非难事。有这些作基础，和历史、哲学史、文学史之类的"简编"配合起来，就不是"空谈无根"，心中无把握了，也可以说是学到诸葛亮的"观其大略"的"法门"了。花费比"三冬"多一点的时间，就一般人而言大约是"文史足用"了。没有史和概论是不能入门的，但光有史和概论而未见原书，那好像是见蓝图而不见房子或看照片甚至漫画去想象本人了。

本文开头说的那两位老前辈说的"书读完了"的意思大概也就是说，"本人"都认识了，其他不过是肖像画而已，多看少看无关大体了。用现在话说就是，主要的信息已有了,其他是重复再加一点,每部书的信息量不多了。若用这种看法,连《资治通鉴》除了"臣光曰"以外也是"东抄西抄"了。无怪乎说中国书不多了。全信息量的是不多。若为找资料,作研究,或为了消遣时光,增长知识,书是看不完的;若为了寻求基础文化知识,有创见能独立的旧书就不多了。单纯资料性的可以送进计算机去不必自己记忆了。不过计算机还不能消化《老子》,那就得自己读。这样的书越少越好。封建社会用"过去"进行教育,资本主义用"现在",社会主义最有前途,应当是着重用"未来"进行教育,那么就更应当设法早些在少年时结束对过去的温习了。

一个大问题是,这类浓缩维他命丸或和"太空食品"一样的书怎么消化?这些书好比宇宙中的白矮星,质量极高,又像堡垒,很难攻进去,也难得密码本。古时无论中外都是小时候背诵,背《五经》,背《圣经》,十来岁就背完了,例如《红与黑》中的于连。现在怎么能办到呢?看样子没有"二道贩子"不行。不要先单学语言,书本身就是语言课本。古人写诗文也同说话一样是让人懂的。读书要形式内容一网打起来,一把抓。这类书需要有个"一揽子"读法。要"不求甚解",又要"探骊得珠",就是要讲效率,不浪费时间。好比吃中药,有效成分不多,需要有"药引子"。参观要有"指南"。入门向导和讲解员不能代替参观者自己看,但可以告诉他们怎么看和一眼看不出来的东西。

我以为现在迫切需要的是生动活泼,篇幅不长,能让孩子和青少年看懂并发生兴趣的入门讲话,加上原书的编、选、注。原书要标点,点不断的存疑,别硬断或去考证;不要句句译成白话去代替;不要注得太多;不要求处处都懂,那是办不到的,章太炎、王国维都自己说有一部分不懂;有问题更好,能启发读者,不必忙下结论。这种入门讲解不是讲义、教科书,对考试得文凭毫无帮助,但对于文化的普及和提高,对于精神文明的建设,大概是不无小补的。这是给大学生和研究生作的前期准备,节省后来补常识的精力,也是给工人、农民、知识分子放眼观世界今日文化全局的一点补剂。

我很希望有学者继朱自清、叶圣陶先生以《经典常谈》介绍古典文学之后,不惜挥动如椽大笔,撰写万言小文,为青少年着想,讲一讲古文和古书以及外国文和外国书的读法,立个指路牌。这不是《经典常谈》的现代化,而是引导直接读原书,了解其文化意义和历史作用,打下文化知识基础。若不读原书,无直接印象,虽有"常谈",听过了,看过了,考过了,随即就会忘的。"时不我与",不要等到 21 世纪再补课了。那时只怕青年不要读这些书,读书法也不同,更来不及了。

重 归 古 典

李 零①

我们的经典,不是传统意义上的经典,不是五经,不是九经,不是四书五经,不是十三经,而是现代人眼中最能代表中国古典智慧的书。

我向读者推荐四本书:《论语》《老子》《孙子》和《周易》。

为什么我把这四本书当经典阅读的基本教材,我想讲一下我的理由。

第一,这四本书,是中国古典学术的代表作。先秦学术是诸子之学。诸子百家,影响最大,是儒、道两家。《论语》是儒家的代表作,《老子》是道家的代表作。这两本书,毫无疑问是先秦思想的代表作。另外两本也很典型。古代有两门学问,一门是治国用兵,一门是数术方技。治国无经典(有也不能讲),用兵有,《孙子》是先秦兵学的代表作;数术方技,古代有个到处应用的理论,叫阴阳五行说,阴阳五行说也没有经典,只有《易经》,影响比较大,涉及这个理论。

第二,这四本书,年代最早,篇幅最小,《论语》约有一万五千字,长一点。《老子》《孙子》《周易》,都是约五千字的小册子(今本《孙子》在六千字上下)。其他古书,如《管子》《墨子》《庄子》《韩非子》《吕氏春秋》,哪一本都比这几本大。读经典,先读年代早的小书,再读年代晚的大书,顺着读,效果最好。

第三,这四本书最富智慧。中国典籍传入欧洲,约四百年,他们挑来挑去,看中的正好是这四本书,译本最多。它们比其他古书更能代表中国文化,也更容易融入世界文化。

简单说,我的理由是这三点。

---

① 李零(1948—),学者、北京大学教授。

不过,我想把问题说得深一点、远一点。

我希望读者明白,这四本书,只是一个窗口。它们的背后,还有更宏大的背景。它们只是样品。

我想,没人怀疑,中国思想史和中国学术史最灿烂辉煌的时代,肯定是先秦时代。这个时代,人才辈出、思想活跃。它和欧洲文明最伟大的古典时代一样,同样属于雅思贝斯所谓的"枢轴时代"(或译"轴心时代"),也是一种世界性的现象。

我们都知道,先秦时代是子学时代,先秦学术是诸子之学。诸子百家平起平坐,是一种自由学术。当时,六经是装在子学的瓶子里,是子学的一部分,不像汉代,独尊儒术,只有六经最重要。汉代学术是经学时代。经学时代和子学时代不一样。儒经第一,儒子第二(《论语》《孟子》成为传记),其他流派,其他流派依托的各种技术,皆不足道,或存或亡,幸存者,只能降居儒学之附庸。这不是中国古典学术的本来面目。

欧洲的文艺复兴,是重归古典,反宗教专制,倡思想解放,不是回到中世纪。

当今侈谈文艺复兴者,正好相反,此不可不察也。〔现在的复古,都是迷宗教、政治和道德,过去叫道统和治统。不是复汉学(汉今文、汉公羊,大吹康子、廖子者流),就是复宋学(程、朱、陆、王)。〕

研究诸子之学,有六篇材料,是骨干的东西。

(一)《庄子·天下》

《天下》说,天下治"方术"者太多,皆以其学为不可加。《天下》所谓的"方术"是古代的技术(比后来说的"方术"宽),即上面说的数术方技和治国用兵之术。它要讲的不是这些,而是"道术"。所谓"道术",是思想,最初,只有"邹鲁之士、绅先生,多能明之"。百家之学,就是从其中散出,"道术将为天下裂"。

它讲"道术",主要有六个流派:

一、"邹鲁之士、绅先生",是儒家。

二、墨翟、禽滑厘,是墨家。

三、宋、尹文,是接近墨家的流派。

四、彭蒙、田骈、慎到,是法家。

五、关尹、老聃，是道家。

六、惠施、桓团、公孙龙，是名家。

它没提到阴阳家。

（二）《荀子·非十二子》

《非十二子》不是泛论学术史，他只批评十二个人，恶其"持之有故，言之成理，足以欺惑愚众"：

一、它嚣、魏牟，毛病是放纵情性。《天下》没提到。

二、陈仲、史，毛病是压抑情性。《天下》也没提到。

三、墨翟、宋，毛病是不讲差别。前者是墨家的鼻祖，后者和墨家有关。

四、惠施、邓析，毛病是喜欢诡辩。他们是名家，《天下》没提到邓析。

五、慎到、田骈，毛病是玩弄法律。他们是法家。

六、子思、孟轲，毛病是假造传统，伪托圣贤。他们是儒家。

荀子是儒家。儒家各派，他最恨子思、孟子，斥之为儒家之罪人。子张、子夏、子游的后学，他也看不上，唯一称道的是仲尼、子弓。

这篇东西，也没提到阴阳家。

（三）《韩非子·显学》

《显学》说，"世之显学，儒、墨也"，只讲儒、墨。先秦子学，早期，主要是儒、墨。儒分为八：

一、子张之儒，即子张（颛孙师）的后学。

二、子思之儒，即子思（孔子孙孔）的后学。

三、颜氏之儒，孔门八颜子，颜氏之儒，不一定是颜回的学生。

四、孟氏之儒，即孟子的后学。

五、漆雕氏之儒，可能是漆雕启的后学。

六、仲良氏之儒，即仲梁子的派别，仲梁子可能是曾子的学生。

七、孙氏之儒，孙氏是孙卿，这是荀子的后学。

八、乐正氏之儒，是曾子弟子乐正子春的派别。

孔门七十子，子夏、子游、曾子、子张最后。子思、孟子更在七十子之后。《显学》无子夏之儒，最奇怪。上博楚简，颜回的"颜"和言游的"言"写法一样，我很怀疑，颜氏之儒，或即子游的后学。这些派别，主要是战国晚期的儒家。

墨分为三,互称"别墨":

一、相里氏之墨。《天下》称为"相里勤之弟子,五侯之徒"。

二、相夫氏之墨。

三、邓陵氏之墨。《天下》提到"南方之墨者,苦获、已齿、邓陵子之属"。

(四) 刘安《淮南子·要略》

《要略》是分国叙述。它提到:

一、鲁国:"儒者之学"和"墨子"。

二、齐国:"管子之书"和"晏子之书"。

三、韩国:"申子刑名之书"。

四、秦国:"商鞅之法"。

另外,它还提到"纵横修短"之术,没说具体国家。

(五) 司马谈《六家要指》

它有三种叙述顺序:

一、阴阳、儒、墨、名、法、道德。

二、儒者、墨者、法家、名家、道家、阴阳家。

三、阴阳、儒者、墨者、法家、名家、道家。

其中第三种是主要顺序。

司马谈是史官,学天官于唐都,受易于杨何,习道论于黄子,最重阴阳家和道家。阴阳主于术,不是思想流派,放在最前。儒、墨是显学,称儒者、墨者,有别于后三家,放在其次。法、名是术,古人叫刑名法术,放在更其次。最后是归总于道家。

(六) 班固《汉书·艺文志·诸子略》

班固的分类是根据刘向、刘歆,他们把古书分为六艺、诸子、诗赋、兵书、数术、方技六门。其中子书,有所谓"九流十家"。十家,可以归为两类:

一、儒家、道家、阴阳家、法家、名家、墨家。这六家就是司马谈的六家,但顺序不一样。西汉晚期,儒家最尊,其次是道家。当时盛行阴阳灾异,阴阳家也有一定地位。这是最主要的三家。法、名二家,属于刑名法术之学,秦代盛,汉代臭,几乎成为酷吏的符号或代名词,排在后面。墨家则销声匿迹(《史记》无传),最后归宿是神仙家(东汉有墨子派的神仙家)。

二、纵横家、杂家、农家、小说家。这四家，是新增。纵横家，见《要略》，是外交游说之术。杂家，是百科全书派。战国晚期，派别融合，很多思想家，都是通人。个人全能玩不下去，还有《吕氏春秋》《淮南子》这样的集体创作。农家，是重农派和农业技术混在一起。小说家，只是稗官野史、琐语丛谈，都不是思想流派。

班固说，九流十家，都是从古代的王官之学散出，每一家对应于一种王官，这是有名的王官说。

阅读经典，我们要知道，古人的思想分类法和学术分类法是什么样。

中国哲学史是五四新文化运动的产物。这个运动，不管有什么过火之处，它的伟大成果是确立了新学的主导地位，这点不能抹杀。

五四运动，打倒孔家店，打倒的只是店，而不是孔子。孔子走下圣坛，重归诸子，意义非常大。别的不谈，光对恢复传统文化的真实面貌，就有不可估量的意义。因为，没有这一步，就没有中国哲学史，更没有中国思想史或中国学术史。

（一）说冯、胡异同

中国哲学史的开山鼻祖有两位先生，一位是胡适，一位是冯友兰。他们的哲学史都是中西合璧的新学术，不是传统的经学，不是传统的子学。

当时，中国文运，一如国运，兵败如山倒。百废待兴，一无所有，大家是在中国的子学中寻找对等于西方概念的"哲学"。子学之盛，清季已然，西学为它注入了新的活力。儒家独尊、死水一潭的局面，是被这种东西打破。

胡适，洋博士，纽约哥伦比亚大学出身。他的《中国哲学史大纲》卷上（上海：商务印书馆一九一九年版），是一九一七至一九一八年他在北京大学讲中国哲学史的讲义，讨论范围是先秦子学。后来，还有一本《中国中古思想史长编》（上海：中国公学一九三〇年油印本）。

冯友兰是北大哲学系的学生，一九一九年也负笈哥大。继胡适之后，他出版过两卷本的《中国哲学史》（上海：商务印书馆一九三〇年版）和英文本《中国哲学简史》（麦克米伦公司一九四八年版）。冯氏后来居上，无论在中国，还是在国外，都比胡适影响大。（大陆批胡后，研究中哲史的，更少想起胡。）他的《中国哲学史》第一篇《子学时代》，还有《中国哲学简史》的前十六章，都是讨论先秦子学。冯氏三史，《中国哲学史新编》最后。此书是他一九四九年后接受思想改造的成果（如吸收《孙子》，论《老子》是否兵书），这里不讨论。

冯、胡异同,值得回味。

冯、胡二人,是中国近代学术史上的竞争对手。他们都留学美国,都钻故纸堆,作同样的题目。一般印象,胡适喜欢怀疑,比冯氏更美国;冯氏趋于保守,比胡适更中国。胡适捧戴东原,冯氏吹朱晦庵。冯氏解释说,这是汉、宋之别:胡适是汉学,他是宋学。其实,他们都是不中不西,不新不旧,唯激进、保守,程度不同耳。

他们有三大分歧:

一、诸子是否出于王官,胡说不出,冯加限定而承认。

二、先秦是否有六家,胡说没有,冯加限定而承认。

三、孔子和老子谁先谁后,胡说老先孔后,冯说孔先老后。

这三大问题,中国的学术界,西方的学术界,一直有争论。

(二) 诸子出于王官吗

《汉书·艺文志》的六种书,六艺、诸子、诗赋是学,古人叫文学;兵书、数术、方技是术,古人叫兵书和方术。前者是人文学术,相当今天的文、史、哲,后者是古代意义上的科学(和各种迷信)。班固说,诸子出于王官,即古代政府的职能部门,这从一开始就是引起争论的话题。

中国哲学史,是西化的产物。开始搭架子,先要问什么叫哲学。哲学的概念,当然是从西方来,标准是形而上。胡适的哲学史,其实是子学,他从子学找哲学,主要是名学,但名学只是子学之一端,实难以此为范围。冯氏虽以弘扬民族哲学为号召,也一样以西方的哲学概念为绳墨,明确说明,他不讨论术。比如《孙子》,他就不收。他们的取材范围,都是狭义的诸子,重学不重术。

胡适的体系是基础,该讲的都已讲到,整个布局,粲然大备。儒家,孔、孟之间有七十子,孟、荀之间有儒家八派;墨家,有墨子、别墨;道家,有杨朱、老子、庄子。其他诸子穿插其间。这是基本框架。冯氏是在这个基础上往下做,从子学到经学,从经学到玄学,从玄学到理学,从理学奔近代,顺流而下,百川归海是归于儒,孔是思想教皇。他的三史,是直通六书,一切为尊孔做准备。书,越写越多,越写越大,在很多人的心目中,都是取胡适而代之。此公酷爱三段式,讲先秦儒家,讲先秦道家,都是三段。儒、墨、道,儒家是终结者。

胡适的布局,即使从今天看,也仍然有其长处。特别是儒家,从今天的出土材料看,讲完孔子,就是七十子,布局比较好,气魄也更宏大。胡适主张,中国哲学史,应改名叫思想史,把格局做大。冯氏关心的却是重张儒学。表面上,胡小冯大,其实相反。

现在,学者主张把中国哲学史扩大,改造为中国思想史或中国学术史,这个想法,来自胡适。怎么改造? 还是个值得讨论的问题。我认为,关键是要吸收术。比如《孙子》,怎么没思想,怎么没哲学? 阴阳五行说,是典型的自然哲学,离开数术、方技,怎么研究? 我研究兵法,研究方术,就是这个路。

总之,研究中国学术,我们要分清,什么是学,什么是术。即使是《诸子略》,即使是九流十家,也有这个分别。比如,诸子是否出于王官,关键就在学与术的区别。术,跟王官有对应关系,但学不同,没法对号入座。

我们不要以为,古代的诸子可以离开术。弃绝术,学就架空了。我主张以术读学,以诸子读孔子。这样才有思想史。

诸子百家,他们的技术传统是什么? 他们的知识结构是什么? 这不是题外的问题。即使今天,思想和知识也是互为表里。

(三)先秦是否有六家

先秦是否有六家,有人说有,不但有,还有更多的家,一人一家,百家都嫌少;有人说没有,不但道家没有,法、名、阴阳也没有,一无所有。这些说法,都源自冯、胡异同。胡适说,司马谈的分类,是汉代分类,不反映先秦,先秦无六家。近年,国内如任继愈(任继愈《先秦哲学无六家——读〈六家要指〉》收入任继愈主编《中国哲学史论》,上海人民出版社一九八一年版,433 页),国外如苏德恺[苏德恺《司马谈所创造的"六家"概念》,《中国文化》第七期一九九二年秋季号,三联书店一九九三年版,134—135 页;Kidder Smith, "Sima Tan and the invention of Daoism, 'Legalism,' et cetera," Journal of Asian Studies 62, no. 1 (February 2003), pp.129—156],都重张此说,西方汉学界,很多人都坚信这一点。

我的看法是,六家不是六个思想流派,而是半学半术各三家。司马谈讲六家,不是讲汉代学术,而是讲先秦学术。六家,不能说完全没有,如来源较早的儒、墨,就是最明显的两家,先秦诸子都这么讲,绝非虚构。道家晚出,边缘模糊,不管叫什么,非儒非墨,本身就是一大类。这三家是一类。另一类是跟术有关的派别,法、名是刑名法术之学,阴阳是数术方技之学,不是思想派别。道家晚出,讲实用,与刑名法术和阴阳家说分不开,是个非常复杂的派别。

六家，其实是三家，儒家是古典派或保守派，道家是现代派或激进派，墨家是过渡。

无家说，全盘抹杀，不可取。百家说，像《汉志》那样讲，一人一家，一书一家，等于没家。这是白马非马之辩，同样不可取。

（四）孔、老先后的问题

儒、墨、道，孰先孰后，是个值得讨论的问题。这个问题，价值取向最明显。

胡适把《老子》摆在孔子前，是跟尊孔拧着来（胡适晚期，尊老敬孔贬墨。他说，老子是无政府主义，最高；孔子是个人主义，其次；墨子是集体主义，最下。并把秦政之失归罪于墨家，汉政之得归功于道家，都可反映他的价值取向，他不反对儒家，但也不独尊儒术）。冯氏把《老子》摆在《论语》后，胡适不服气，说他是信仰作怪。冯氏尊孔，不假，但这个问题，还是要平心静气，摆事实，讲道理。

孔老先后，我的看法是，老子其人，也许比较早，但书是另一码事，绝不可能在儒、墨前。

学者怀疑《老子》晚出，有一个原因是，老子的故事几乎都是出自《庄子》，很有可能是庄子的虚构。其实，这还不是关键。关键是儒、墨、道对话的逻辑关系。冯氏把《老子》放在《论语》后，我同意。至于说，后到什么地步，可以讨论。近年，史华兹的书（Benjamin L. Schwartz, The World of Thought in Ancient China, Cambridge：Belknap Press, 1985.《古代中国的思想世界》，本杰明·史华兹著，程钢译，刘东校，江苏人民出版社二〇〇四年版），葛瑞汉的书（A. C. Graham, Disputers of the Tao, La Salle：Open Court Publishing Company, 1989；《论道者——中国古代哲学论辩》，葛瑞汉著，张海晏译，中国社会科学出版社二〇〇三年版），都是把《老子》往后摆。冯氏搁《孟子》后，还比较接近。葛瑞汉把它放在《庄子》后（钱穆已有这种看法），郭店楚简证明，太晚。

先秦诸子大辩论，《天下》讲得很清楚，道术最初在儒，后来才散于天下。儒是第一发言者，最寂寞。孔子没有对话者。墨是跟儒对着干。对着干，才热闹，两者具有对称性。道不同，跳出儒、墨之争，超越儒、墨之争，走得最远。百家的基础是三家，先是儒、墨，后是道，百家争鸣由此起。

冯、胡异同，三大问题，在具体结论上，我更倾向冯氏。但我的理解，与信仰无关。

思想不能无的放矢。儒家是众矢之的。在先的意义是当靶子。射箭先要有靶子。靶子的意义很伟大。

比如,胡适就是冯氏的靶子。

保守与激进,常常可以互补。上述异同,前两条,胡适激进,冯氏保守;后一条,冯氏激进,胡适保守。西方汉学界,酷爱分,酷爱疑,前两条取胡适,后一条取冯氏,正在情理之中。他们的思想史,大框架,是源自冯、胡二氏。

冯、胡二氏对创建中国哲学史,各有贡献,两者可以互补。但要说文化立场,我更赞同胡适。

胡适的贡献,是开创性的,也是开放性的。他是真正的大师。

大师的意思是倡风气之先,为后世奠格局,不是收拢包圆儿,不是颠扑不破。

胡适的《中国哲学史大纲》,蔡元培讲过四大优点,我看最重要,还是下面三点:

第一,胡适开创的中国哲学史,是以诸子为范围,把古史和古书分开来,直接从老、孔讲起,蔡元培说,这是截断众流,开风气之先,厥功甚伟。这个格局是他开创的。冯氏是站在他的肩膀上才后来居上。

第二,胡适是把诸子摆平,有容乃大。蔡元培说,胡适的体系有"平等的眼光",对儒家既不尊,也不批(见蔡元培为胡适《中国哲学史大纲》(卷上)写的序言)。此语最为知言。胡适讲诸子平等,是真正平等。冯氏讲诸子,是"众生平等,唯我独尊"。他说,儒家在中国思想史上的地位,就像君主立宪制下的君主,其他派别,则如君主立宪制下的内阁。君主是万世一系,然治国之政策,常随内阁而改变。平等是儒家之下的平等。

第三,胡适想把子学做大,做成思想史,而不是相反,像冯氏那样,子学做成经学,经学做成理学,理学做成新儒学(他张口闭口都是做圣人,应帝王)。书越写越大,路越走越窄,失去中国思想的大气魄,失去中国思想的自由精神。

中国哲学史,从一家之学,重归六家之学或百家之学,我们一定不要忘记胡适。中国的学者要感谢他,西方的学者也要感谢他。

胡适不必气短。

由于胡适的出现,中国的思想史才初具规模,开了一个很好的头。

从此,不但墨家的地位、道家的地位被重新估价,儒家本身,也面临重建。孔子和七十子,先进和后进,还有七十子之后,迈了辈儿的,都要重新理顺;被遗忘了的,都要重新找回。特别是宋儒痛恨,明代革出教门的荀子,也要恭恭敬敬请回来。

民元前后,百废待兴,胡适的出现,引发的是范式转变。

他的书,和冯氏的书,方向正好相反,一个是从一家重返百家,一个是把百家再扯回到一家。冯氏似顺而逆,胡适似逆而顺。

今天,重温这段历史,我们要特别感谢胡适先生,因为没有他,我们就不知道什么叫百家争鸣。他的方向,才代表了中国文化的新方向。

我说这么多,您明白了吗?

复兴子学,才是重归古典——我是说,真正的古典。

如 何 读 书

——做一个真正有知识的人

余英时①

中国传统的读书法,讲得最亲切有味的无过于朱熹。《朱子语类》中有《总论为学之方》一卷和《读书法》两卷,我希望读者肯花点时间去读一读,对于怎样进入中国旧学问的世界一定有很大的帮助。朱子不但现身说法,而且也总结了荀子以来的读书经验,最能为我们指点门径。

我们不要以为这是中国的旧方法,和今天西方的新方法相比早已落伍了。我曾经比较过朱子读书法和今天西方所谓"诠释学"的异同,发现彼此相通之处甚多。"诠释学"所分析的各种层次,大致都可以在朱子的《语类》和《文集》中找得到。

古今中外论读书,大致都不外专精和博览两途。

"专精"是指对古代经典之作必须下基础工夫。古代经典很多,今天已不能人人尽读。像清代戴震,不但十三经本文全能背诵,而且"注"也能背诵,只有"疏"不尽记得,这种工夫今天已不可能。因为我们的知识范围扩大了无数倍,无法集中在几部经、史上面。但是我们若有志治中国学问,还是要选几部经典,反复阅读,虽不必记诵,至少要熟。近人余嘉锡在他的《四库提要辩证》的序录中说:"董遇谓读书百遍,而义自见,固是不易之论。百遍纵或未能,三复必不可少。"至少我们必须在自己想进行专门研究的范围之内,作这样的努力。经典作品大致都已经过古人和今人的一再整理,我们早已比古人占许多便宜了。不但

---

① 余英时(1930—),历史学家、汉学家。

中国传统如此,西方现代的人文研究也还是如此。从前芝加哥大学有"伟大的典籍"(Great Books)的课程,也是要学生精熟若干经典。近来虽稍松弛,但仍有人提倡精读柏拉图的《理想国》之类的作品。

精读的书给我们建立了做学问的基地;有了基地,我们才能扩展,这就是博览了。博览也须要有重点,不是漫无目的的乱翻。现代是知识爆炸的时代,古人所谓"一物不知,儒者之耻",已不合时宜了。所以我们必须配合着自己专业去逐步扩大知识的范围。这里需要训练自己的判断能力:哪些学科和自己的专业相关? 在相关各科之中,我们又怎样建立一个循序发展的计划? 各相关学科之中又有哪些书是属于"必读"的一类? 这些问题我们可请教师友,也可以从现代人的著作中找到线索。这是现代大学制度给我们的特殊便利。博览之书虽不必"三复",但也还是要择其精者作有系统的阅读,至少要一字不遗细读一遍。稍稍熟悉之后,才能"快读""跳读"。朱子曾说过:读书先要花十分气力才能毕一书,第二本书只用花七八分工夫便可完成了,以后越来越省力,也越来越快。这是从"十目一行"到"一目十行"的过程,无论专精和博览都无例外。

读书要"虚心",这是中国自古相传的不二法门。

朱子说得好:"读书别无法,只管看,便是法。正如呆人相似,崖来崖去,自己却未先要立意见,且虚心,只管看。看来看去,自然晓得。"这似乎是最笨的方法,但其实是最聪明的方法。我劝青年朋友们暂且不要信今天从西方搬来的许多意见,说什么我们的脑子已不是一张白纸,我们必然带着许多"先入之见"来读古人的书,"客观"是不可能的等昏话。正因为我们有主观,我们读书时才必须尽最大的可能来求"客观的了解"。事实证明:不同主观的人,只要"虚心"读书,则也未尝不能彼此印证而相悦以解。如果"虚心"是不可能的,读书的结果只不过各人加强已有的"主观",那又何必读书呢?

"虚"和"谦"是分不开的。我们读经典之作,甚至一般有学术价值的今人之作,总要先存一点谦逊的心理,不能一开始便狂妄自大。这是今天许多中国读书人常犯的一种通病,尤以治中国学问的人为甚。他们往往"尊西人若帝天,视西籍如神圣"(这是邓实在 1904 年说的话),凭着平时所得的一点西方观念,对中国古籍横加"批判",他们不是读书,而是像高高在上的法官,把中国书籍当作囚犯一样来审问、逼供。如果有人认为这是"创造"的表现，我想他大可不必浪费时间去读中国书。倒不如像鲁迅所说的"中国书一本也不必读，要读便读外国书"，反而更干脆。不过读外国书也还是要谦逊，也还是不能狂妄自大。

古人当然是可以"批判"的，古书也不是没有漏洞。朱子说："看文字，且信本句，不添字，那里原有缺缝，如合子相似，自家去挟开，不是浑沦底物，硬去凿。亦不可先立说，拿古人意来凑。"读书得见书中的"缺缝"，已是有相当程度以后的事，不是初学便能达得到的境界。"硬去凿""先立说，拿古人意来凑"却恰恰是今天中国知识界最常见的病状。有志治中国学问的人应该好好记取朱子这几句话。

今天读中国古书确有一层新的困难，是古人没有的：我们从小受教育，已浸润在现代（主要是西方）的概念之中。例如原有的经、史、子、集的旧分类（可以《四库全书总目提要》为标准）早已为新的（也就是西方的）学科分类所取代。人类的文化和思想在大端上本多相通的地方（否则文化之间的互相了解便不可能了），因此有些西方概念可以很自然地引入中国学术传统之中，化旧成新。但有些则是西方文化传统中特有的概念，在中国找不到相当的东西；更有许多中国文化中的特殊的观念，在西方也完全不见踪迹。我们今天读中国书最怕的是把西方的观念来穿凿附会，其结果是非驴非马，制造笑柄。

我希望青年朋友有志于读古书的，最好是尽量先从中国旧传统中去求了解，不要急于用西方观念作新解。中西会通是成学之后，有了把握，才能尝试的事。即使你同时读《论语》和柏拉图的对话，也只能分别去了解其在原有文化系统中的相传旧义，不能马上想"合二为一"。

我可以负责地说一句：20世纪以来，中国学人有关中国学术的著作，其最有价值的都是最少以西方观念作比附的。如果治中国史者先有外国框框，则势必不能细心体会中国史籍的"本意"，而是把它当报纸一样的翻检，从字面上找自己所需要的东西（你们千万不要误信有些浅人的话，以为"本意"是找不到的，理由在此无法详说）。

"好学深思，心知其意"是每一个真正读书人所必须力求达到的最高阶段。读书的第一义是尽量求得客观的认识，不是为了炫耀自己的"创造力"，能"发前人所未发"。其实今天中文世界里的有些"新见解"，戳穿了不过是捡来一两个外国新名词在那里乱翻花样，不但在中国书中缺乏根据，而且也不合西方原文的脉络。

中国自唐代韩愈以来,便主张"读书必先识字"。中国文字表面上古今不异,但两三千年演变下来,同一名词已有各时代的不同涵义,所以没有训诂的基础知识,是看不懂古书的。西方书也是一样。不精通德文、法文而从第二手的英文著作中得来的有关欧洲大陆的思想观念,是完全不可靠的。

中国知识界似乎还没有完全摆脱殖民地的心态,一切以西方的观念为最后依据。甚至"反西方"的思想也还是来自西方,如"依赖理论",如"批判学说",如"解构"之类。所以特别是这十几年来,只要西方思想界稍有风吹草动(主要还是从美国转贩的),便有一批中国知识分子兴风作浪一番,而且立即用之于中国书的解读上面,这不是中西会通,而是随着外国调子起舞,像被人牵着线的傀儡一样,青年朋友们如果不幸而入此魔道,则从此便断送了自己的学问前途。

美国是一个市场取向的社会,不变点新花样、新产品,便没有销路。学术界受此影响,因此也往往在旧东西上动点手脚,当作新创造品来推销,尤以人文社会科学为然。不过大体而言,美国学术界还能维持一种实学的传统,不为新推销术所动。今年5月底,我到哈佛大学参加了一次审查中国现代史长期聘任的专案会议。其中有一位候选者首先被历史系除名,不加考虑。因为据听过演讲的教授报告,这位候选者在一小时之内用了一百二十次以上"discourse"这个流行名词。哈佛历史系的人断定这位学人太过浅薄,是不能指导研究生作切实的文献研究的。我听了这番话,感触很深,觉得西方史学界毕竟还有严格的水准。他们还是要求研究生平平实实地去读书的。

这其实也是中国自古相传的读书传统,一直到20世纪30年代都保持未变。据我所知,日本汉学界大致也还维持着这一朴实的作风。我在美国三十多年中,曾看见了无数次所谓"新思潮"的兴起和衰亡,真是"眼看他起高楼,眼看他楼塌了"。我希望中国知识界至少有少数"读书种子",能维持着认真读中国书的传统,彻底克服殖民地的心理。至于大多数人将为时代风气席卷而去,大概已是无可奈何的事。

但是我决不是要提倡任何狭隘的"中国本土"的观点,盲目排外和盲目崇外都是不正常的心态。只有温故才能知新,只有推陈才能出新,旧书不厌百回读,熟读深思子自知,这是颠扑不破的关于读书的道理。

与书本的交往

蒙　田[①]

　　与书本的交往伴随着我的一生,并处处给我以帮助。它是我的老境和孤独中的安慰。它解除我的闲愁和烦闷,并随时帮我摆脱令人生厌的伙伴。它能磨钝疼痛的芒刺,如果这疼痛不是达到极点和压倒一切的话。为了排遣一个挥之不去的念头,惟一的办法是求助于书籍,书很快将我吸引过去,帮我躲开了那个念头。然而书籍毫不因为我只在得不到其他更实在、更鲜活、更自然的享受时才去找它们而气恼,它们总是以始终如一的可亲面容接待我。

　　俗话说:牵着马的人也可步行,只要他愿意;那不勒斯和西西里国王雅克是个年轻、英俊、健壮的人,他常让人将他抬在担架上巡游四方,头下垫只蹩脚的羽枕,身穿灰不溜秋的粗布袍,戴顶同样质料的睡帽,后面却跟着豪华威武的王室随从队,各色驮轿和骏马,众多侍从和卫士,表现出一种还相当稚嫩且尚未稳固的威严。痊愈之券在握的病人无需同情。这一警句很对。我从书籍中得到的收获全在于对这一警句的体会和运用。事实上,我使用书本几乎并不比那些不知书为何物的人更多。我享受书,犹如守财奴享受他的财宝,因为我知道什么时候我乐意,随时可以享受;这种拥有权使我的心感到惬意满足。不管在太平时期还是在战乱年代,我每次出游从不曾不带书。然而我可能数天,甚至数月不用它们。我对自己说:"待会儿再读,或者明天,或者等我想读的时候。"时间一天天过去,但我并不悲伤。因为我想书籍就在我身边,它们赋予我的时日几许乐趣。我无法说清这一想法使我何等心安理得,也无法总结书籍给我生活带来多大的

---

　　① 蒙田(1533—1592),法国作家。

帮助。总之,它是我人生旅途中最好的食粮,我非常可怜那些缺乏这种食粮的聪明人。不过出游中我更愿接受其他的消遣方式,不管它多么微不足道,何况这类消遣我从来不会缺少。

在家中,我躲进书房的时间要多些。我就在书房指挥家中一切事务。我站在书房门口,可将花园、饲养场、庭院及庄园的大部分地方尽收眼中。我在书房一会儿翻翻这本书,一会儿翻翻那本书,并无先后次序,也无一定的目的,完全是随心所欲,兴之所至。我有时堕入沉思,有时一边踱来踱去,一边将我的想法记录下来或口授他人,即如现在这样。

我的书房在塔楼的第三层。一楼是小礼拜堂,二楼是一间卧室和它的套间,为图一个人清静,我常睡在那里。卧房的上面原是个藏衣室,过去那是我家最无用的处所。改成书房后,我在那里度过我一生中的大部分时日和一天中的大部分光阴,但我从不在那儿过夜。与书房相连的是一间布置得相当舒适的工作室,冬天可以生火,窗户开得很别致。要不是我怕麻烦又怕花费(这怕麻烦的心理使我什么都干不成),我便不难在书房两侧各接一条百步长、十二步宽与书房地面相平的游廊,因为墙是现成的,原为派其他用处,高度正好符合我的需要。任何僻静的处所都要有个散步的地方。我若坐着不动,思想便处于沉睡状态,必须两腿走动,思绪才活跃起来。所有不靠书本做学问的人,都是这种情况。我的书房呈圆形,只有一点平直的地方,刚好安放我的书桌和椅子;我所有的书分五层排列在四周,围了一圈,弧形的墙壁好似躬着腰把它们全部呈献在我面前。书房的三扇窗户为我打开三幅多彩而舒展的远景。屋子的空间直径为十六步。冬天我连续待在那里的时间比较少,因为,顾名思义,我的房子高踞于一座小山丘上,而书房又是所有房间中最通风的一间。我喜欢它的偏僻和难以靠近,这对工作效果和远离人群的喧闹都有利。这里是我的王国。我竭力把它置于我个人的绝对统治之下,竭力使这唯一的角落不为妻子、儿女、亲朋所共有。在别处,我的权威只停留在口头上,实际上不大牢靠。有的人连在家中都没有一个属于自己的、可以在那儿享受清静和避不见人的地方,依我看,这种人真可怜!野心家必得抛头露面,如同广场上的雕像,这是他们罪有应得。"有高官厚禄则无自由",他们连个僻静的退身之处都没有!我在某个修道院看到,修士们有条规矩,必须始终待在一起,不管干什么,须当着很多人的面,我认为修士们过的苦修生活中,没有什么比这更难受的了。我觉得,终身独处要比从不能独处好受得多。

倘若有人对我说,把文学艺术仅仅当作一种玩物和消遣,是对缪斯的亵渎,那是因为他不像我那样知道,娱乐、游戏和消遣是多么有意思! 我差点儿要说,其他任何目的都是可笑的。我过一天是一天,而且,说句不敬的话,只为自己而活:我生活的目的止于此。我年轻时读书是为了炫耀,后来多少为了明理,现在则为了自娱,从来不为得利。过去我把书籍作为一种摆设,远不是用来满足自我的需要,而是用来作门面,装饰自己;这种耗费精力的虚荣心,早已被我抛得远远的了。

读书有诸多好处,只要善于选择书籍;但是不花力气就没有收获。读书的乐趣一如其他乐趣一样,并不是绝对的,纯粹的,也会带来麻烦,而且很严重;读书时头脑在工作,身体却静止不动,从而衰弱、萎顿,而我并没忘了注意身体,对暮年的我来说,过分沉湎于书本是最有害健康,最需要避免的事。

陆秉慧等　译

阅 读 的 艺 术

艾德勒　范多伦①

阅读的目标：为获得资讯而读，以及为求得理解而读

你有一个头脑。现在让我再假设你有一本想要读的书。这本书是某个人用文字书写的，想要与你沟通一些想法。你要能成功地阅读这本书，完全看你能接获多少作者想要传达的讯息。

当然，这样说太简单了。因为在你的头脑与书本之间可能会产生两种关系，而不是一种。阅读的时候有两种不同的经验可以象征这两种不同的关系。

这是书，那是你的头脑。你在阅读一页页的时候，对作者想要说的话不是很了解，就是不了解。如果很了解，你就获得了资讯（但你的理解不一定增强）。如果这本书从头到尾都是你明白的，那么这个作者跟你就是两个头脑却在同一个模子里铸造出来。这本书中的讯息只是将你还没读这本书之前，你们便共同了解的东西传达出来而已。

让我们来谈谈第二种情况。你并不完全了解这本书。让我们假设——不幸的是并非经常如此——你对这本书的了解程度，刚好让你明白其实你并不了解这本书。你知道这本书要说的东西超过你所了解的，因此认为这本书包含了某些能增进你理解的东西。

那你该怎么办？你可以把书拿给某个人，你认为他读得比你好的人，请他替你解释看不懂的地方。（"他"可能代表一个人，或是另一本书——导读的书或教科书。）或是你会决定，不值得为任何超越你头脑理解范围之外的书伤脑筋，

---

① 艾德勒（1902—2001），范多伦（1926—　　　），均为美国学者，两人一起工作同事。

你理解得已经够多了。不管是上述哪一种状况,你都不是本书所说的真正地在阅读。

只有一种方式是真正地在阅读。没有任何外力的帮助,你就是要读这本书。你什么都没有,只凭着内心的力量,玩味着眼前的字句,慢慢地提升自己,从只有模糊的概念到更清楚地理解为止。这样的一种提升,是在阅读时的一种脑力活动,也是更高的阅读技巧。这种阅读就是让一本书向你既有的理解力做挑战。

这样我们就可以粗略地为所谓的阅读艺术下个定义:这是一个凭借着头脑运作,除了玩味读物中的一些字句之外,不假任何外助,以一己之力来提升自我的过程。[①] 你的头脑会从粗浅的了解推进到深入的理解。而会产生这种结果的运作技巧,就是由许多不同活动所组合成的阅读的艺术。

凭着你自己的心智活动努力阅读,从只有粗浅的了解推进到深入的体会,就像是自我的破茧而出。感觉上确实就是如此。这是最主要的作用。当然,这比你以前的阅读方式要多了很多活动,而且不只是有更多的活动,还有要完成这些多元化活动所需要的技巧。除此之外,当然,通常需要比较高难度阅读要求的读物,都有其相对应的价值,以及相对应水平的读者。

为获得资讯而阅读,与为增进理解而阅读,其间的差异不能以道理计。我们再多谈一些。我们必须要考虑到两种阅读的目的。因为一种是读得懂的东西,另一种是必须要读的东西,二者之间的界限通常是很模糊的。在我们可以让这两种阅读目的区分开来的范围内,我们可以将"阅读"这个词,区分成两种不同的意义。

第一种意义是我们自己在阅读报纸、杂志,或其他的东西时,凭我们的阅读技巧与聪明才智,一下子便能融会贯通了。这样的读物能增加我们的资讯,却不能增进我们的理解力,因为在开始阅读之前,我们的理解力就已经与他们完全相当了。否则,我们一路读下来早就应该被困住或吓住了——这是说如果我们够诚实、够敏感的话。

第二种意义是一个人试着读某样他一开始并不怎么了解的东西。这个东西的水平就是比阅读的人高上一截。这个作者想要表达的东西,能增进阅读者的

---

① 有一种情况是在阅读难读的书时,可以找外界帮助。

理解力。这种双方水准不齐之下的沟通,肯定是会发生的,否则,无论是透过演讲或书本,谁都永远不可能从别人身上学习到东西了。这里的"学习"指的是理解更多的事情,而不是记住更多的资讯——和你已经知道的资讯在同一水平的资讯。

对一个知识分子来说,要从阅读中获得一些和他原先熟知的事物相类似的新资讯,并不是很困难的事。一个人对美国历史已经知道一些资料,也有一些理解的角度时,他只要用第一种意义上的阅读,就可以获得更多的类似资料,并且继续用原来的角度去理解。但是,假设他阅读的历史书不只是提供给他更多资讯,而且还在他已经知道的资讯当中,给他全新的或更高层次的启发。也就是说,他从中获得的理解超越了他原有的理解。如果他能试着掌握这种更深一层的理解,他就是在做第二种意义的阅读了。他透过阅读的活动间接地提升了自己,当然,不是作者有可以教他的东西也达不到这一点。

在什么样的状况下,我们会为了增进理解而阅读?有两种状况:第一是一开始时不相等的理解程度。在对一本书的理解力上,作者一定要比读者来得"高杆",写书时一定要用可读的形式来传达他有而读者所无的洞见。第二,阅读的人一定要把不相等的理解力克服到一定程度之内,虽然不能说全盘了解,但总是要达到与作者相当的程度。一旦达到相同的理解程度,就完成了清楚的沟通。

简单来说,我们只能从比我们"更高竿"的人身上学习。我们一定要知道他们是谁,如何跟他们学习。有这种想法的人,就是能认知阅读艺术的人,就是我们这本书主要关心的对象。而任何一个可以阅读的人,都有能力用这样的方式来阅读。只要我们努力运用这样的技巧在有益的读物上,每个人都能读得更好,学得更多,毫无例外。

我们并不想给予读者这样的印象:事实上,运用阅读以增加资讯与洞察力,与运用阅读增长理解力是很容易区分出来的。我们必须承认,有时候光是听别人转述一些讯息,也能增进很多的理解。这里我们想要强调的是:本书是关于阅读的艺术,是为了增强理解力而写的。幸运的是,只要你学会了这一点,为获取资讯而阅读的另一点也就不是问题了。

当然,除了获取资讯与理解,阅读还有一些其他的目标,就是娱乐。无论如何,本书不会谈论太多有关娱乐消遣的阅读。那是最没有要求,也不需要太多努力就能做到的事。而且那样的阅读也没有任何规则。任何人只要能阅读,想阅读,就能找一份读物来消遣。

事实上,任何一本书能增进理解或增加资讯时,也就同时有了消遣的效果。就像一本能够增进我们理解力的书,也可以纯粹只读其中所包含的资讯一样。(这个情况并不是倒过来也成立:并不是每一种拿来消遣的书,都能当作增进我们的理解力来读。)我们也绝不是在鼓励你绝不要阅读任何消遣的书。重点在于,如果你想要读一本有助于增进理解力的好书,那我们是可以帮得上忙的。因此,如果增进理解力是你的目标,我们的主题就是阅读好书的艺术。

阅读就是学习:指导型的学习,
以及自我发现型的学习之间的差异

吸收资讯是一种学习,同样地,对你以前不了解的事开始理解了,也是一种学习。但是在这两种学习当中,却有很重要的差异。

所谓吸收资讯,就只是知道某件事发生了。想要被启发,就是要去理解,搞清楚这到底是怎么回事:为什么会发生,与其他的事实有什么关联,有什么类似的情况,同类的差异在哪里,等等。

如果用你记得住什么事情,和你解释得了什么事情之间的差异来说明,就会比较容易明白。如果你记得某个作者所说的话,就是你在阅读中学到了东西。如果他说的都是真的,你甚至学到了有关这个世界的某种知识。但是不管你学到的是有关这本书的知识或有关世界的知识,如果你运用的只是你的记忆力,其实你除了那些讯息之外一无所获。你并没有被启发。要能被启发,除了知道作者所说的话之外,还要明白他的意思,懂得他为什么会这么说。

当然,你可以同时记得作者所说的话,也能理解他话中的含义。吸收资讯是要被启发的前一个动作。无论如何,重点在不要止于吸收资讯而已。

蒙田说:"初学者的无知在于未学,而学者的无知在于学后。"第一种的无知是连字母都没学过,当然无法阅读。第二种的无知却是读错了许多书。英国诗人亚历山大·蒲伯(Alexander Pope)称这种人是书呆子,无知的阅读者。总有一些书呆子读得太广,却读不通。希腊人给这种集阅读与愚蠢于一身的人一种特

别称呼,这也可运用在任何年纪、好读书却读不懂的人身上。他们就叫"半瓶醋"(Sophomores)。

要避免这样的错误——以为读得多就是读得好的错误——我们必须要区分出各种不同的阅读形态。这种区分对阅读的本身,以及阅读与一般教育的关系都有很重大的影响。

在教育史上,人们总是将经由指导的学习,与自我发现的学习区别出来。一个人用言语或文字教导另一个人时,就是一种被引导的学习。当然,没有人教导,我们也可以学习。否则,如果每一位老师都必须要人教导过,才能去教导别人,就不会有求知的开始了。因此,自我发现的学习是必要的——这是经由研究、调查或在无人指导的状况下,自己深思熟虑的一种学习过程。

自我发现的学习方式就是没有老师指导的方式,而被引导的学习就是要旁人的帮助。不论是哪一种方式,只有真正学习到的人才是主动的学习者。因此,如果说自我发现的学习是主动的,指导性的学习是被动的,很可能会造成谬误。其实,任何学习都不该没有活力,就像任何阅读都不该死气沉沉。

这是非常正确的道理。事实上,要区分得更清楚一些的话,我们可以称指导型的学习是"辅助型的自我发现学习"。用不着像心理学家作深入的研究,我们也知道教育是非常特殊的艺术,与其他两种学术——农业与医学——一样,都有极为重要的特质。医生努力为病人做许多事,但最终的结论是这个病人必须自己好起来——变得健康起来。农夫为他的植物或动物做了许多事,结果是这些动植物必须长大,变得更好。同样地,老师可能用尽了方法来教学生,学生却必须自己能学习才行。当他学习到了,知识就会在他脑中生根发芽。

指导型的学习与自我发现型的学习之间的差异——或是我们宁可说是在辅助型,及非辅助型的自我发现学习之间的差异——一个最基本的不同点就在学习者所使用的教材上。当他被指导时——在老师的帮助下自我发现时——学习者的行动立足于传达给他的讯息。他依照教导行事,无论是书写或口头的教导。他学习的方式就是阅读或倾听。在这里要注意阅读与倾听之间的密切关系。如果抛开这两种接收讯息方式之间的微小差异性,我们可以说阅读与倾听是同一种艺术——被教导的艺术。然而,当学习者在没有任何老师指导帮助下开始学习时,学习者则是立足于自然或世界,而不是教导来行动。这种学习的规范就构成了非辅助型的自我发现的学习。如果我们将"阅读"的含义放宽松一点，我们可以说自我发现型的学习——严格来说，非辅助型的自我发现学习——是阅读自我或世界的学习。就像指导型的学习（被教导，或辅助型的学习）是阅读一本书，包括倾听，从讲解中学习的一种艺术。

那么思考呢？如果"思考"是指运用我们的头脑去增加知识或理解力，如果说自我发现型的学习与指导型的学习是增加知识的"惟二法门"时，那么思考一定是在这两种学习当中都会出现的东西。在阅读与倾听时我们必须要思考，就像我们在研究时一定要思考。当然，这些思考的方式都不相同——就像两种学习方式之不同。

为什么许多人认为，比起辅助型学习，思考与非辅助型（或研究型）的自我发现学习更有关联，是因为他们假定阅读与倾听是丝毫不需要花力气的事。比起一个正在作研究发明的人，一个人在阅读资讯或消遣时，确实可能思考得较少一些。而这些都是比较被动的阅读方式。但对比较主动的阅读——努力追求理解力的阅读——来说，这个说法就不太正确了。没有一个这样阅读的人会说，那是丝毫不需要思考就能完成的工作。

思考只是主动阅读的一部分。一个人还必须运用他的感觉与想象力。一个人必须观察，记忆，在看不到的地方运用想象力。我们要再提一次，这就是在非辅助型的学习中经常想要强调的任务，而在被教导型的阅读，或倾听学习中被遗忘或忽略的过程。譬如许多人会假设一位诗人在写诗的时候一定要运用他的想象力，而他们在读诗时却用不着。简单地说，阅读的艺术包括了所有非辅助型自我发现学习的技巧：敏锐的观察、灵敏可靠的记忆、想象的空间，再者当然就是训练有素的分析、省思能力。这么说的理由在于：阅读也就是一种发现——虽然那是经过帮助，而不是未经帮助的一个过程。

郝明义、朱　衣　译

对失实表述说不

彼得·沙洛维①

各位同事、各位家长,尤其是 2020 届的本科新生们,早上好！欢迎你们参加今天的活动。

2020 这个数字总会让人浮想联翩。如今它已成为你们在耶鲁的班级代号,我相信无论是你们的直觉、思维敏锐性,还是意志力,都会在这里得到提升。招办的工作人员向我保证,你们是经过层层筛选以后胜出的佼佼者。

尽管如此,我还是想在开学第一天这个特殊的日子里,好好思考一下你们在耶鲁就读期间,什么可能削弱你们的洞察力,什么又有可能让它得到提升？

多年来,我为很多新生上过“心理学入门”。每次讲到与社会心理学相关的内容时,我总会问学生,他们是怎么看待在不同社会情境中帮助别人这个问题的。同样是在紧急情况下,为什么有时我们会出手相助,有时却又袖手旁观？

我想从一个大家都知道的悲剧——Kitty Genovese 事件说起。

1964 年,29 岁的 Kitty 在位于纽约皇后区 Kew Garden 的家中被害,这一案件引起了广泛关注和热议,也许你也听说过关于此事的好几个版本。据《纽约时报》报道,有 38 个人从自家窗户看到了行凶过程,但只有一人报警,且报警时为时已晚。

这些年来,我多次描述这一令人震惊的案件,其他讲授类似课程的社会心理学家们也是如此,还有一些社会学家试图据此分析为什么目击者们会如此冷漠无情,竟然能眼睁睁地看着这样的犯罪行为发生,却无动于衷。

---

① 彼得·沙洛维,美国当代心理学家,耶鲁大学校长。

问题在于:标准版 Kitty Genovese 案件描述在某些关键细节上出了错。

Kitty 的弟弟 Bill Genovese,去年制作了一部名为《目击者》(The Witness)的纪录片。根据他在这部电影中所展示的实拍场景,并非所有旁观者都冷漠无情:一个目击者在窗口大声呵斥凶手;另一个目击者在 Kitty 离世时将其抱在怀中,也有其他目击者在此期间报了警。

那么,为什么五十多年来,社会学家们一直在不断复述这个故事的失实版本,并将其作为旁观者极端冷漠的典型案例?暂且不论其他,这至少意味着,在不经意间,我们已经被"失实表述"混淆了视听。这种"失实表述"虽然部分真实,但已被歪曲,就像上述案件被报道歪曲了一样,因为报纸想激起人们愤慨、恐惧、憎恶等强烈的负面情绪。

作为一名人类情绪的研究者,我知道即使是最负面的感受对我们而言也不可或缺:愤怒能有效地警示在实现目标路上有阻力;恐惧提醒人们谨慎行事并有所准备;憎恶让我们对坏人坏事敬而远之。然而,有时我们的朋友、家人,还有政客、广告主、各路专家会出于各自目的而操控我们的情感。愤怒、恐惧、憎恶这些情绪可以有效驱使我们去打开网页、购买商品、为政客投票。我们每天都在经受着各种各样"失实表述"的狂轰滥炸,它们的杀伤力不容小觑。当前正值美国的大选季,你可以毫不费力地找到种种这样的案例。

我说这些的目的,不是为了嘲讽说谎之人,也不是为了给歪曲事实者贴上"匹诺曹"的标签。我只是想让你们明白,选择任何一种立场都可能导致夸大、歪曲或者忽略一些重要的事实,从而助长愤怒、恐惧和憎恶的情绪。

如果我的上述说法成立,那么你们在此接受教育的一个重要内容就是:学习如何辨别和应对这些失实表述。在此过程中,你们应该特别留心那些与你自己的想法高度一致的表述。如果你在政治、文化、宗教或经济议题上持有坚定的立场,乐于接受那些能证实你原有观点、妖魔化相反意见的论调,那就会像很多人一样,掉入认知陷阱。

我们都强烈倾向于接受与我们原有观念相符的故事版本,忽略或者拒绝接受那些不相符的。社交媒体、博客圈和政治活动正充斥着失实表述,为负能量煽风点火,既阻碍着理性调查,也阻碍着不同意见的充分交流,甚至还会妨碍我们对全球共同面临的挑战性问题达成共识。你们现在意气风发,满怀希望地想理解这个世界,找准你在其中所处的位置,并弄明白如何为它的进步贡献你的力量。那么,当你对不同意见产生重大怀疑时,怎么去抵制"失实表述"的魅惑呢?

我对那些在你们这样的年轻学子,以及整个高等教育界颇有市场的"失实表述"高度警惕。我有满满一架子关于当代社会的书,它们试图让我相信:

——顶尖名校的学生不过是优秀的绵羊

——文科生毕业就等于失业

——真正有想法有勇气的学生都辍学去创业了

——没有主见的"千禧一代"需要父母出谋划策

——大学教授的政治观点千篇一律

——现在的学生都是柔弱的温室花朵

——不放弃言论自由就不可能形成开放包容的校园文化

——我们的高等学府是与现实隔绝的象牙塔……

作为回应,我想说,你们在耶鲁所受的教育不仅会释放你的想象力,增进你的学识,推动你的职业生涯,更会提高你的领导力,让你在这个两极分化加剧的浮躁时代发挥更加积极的作用——而这种能力无疑相当重要。

特别值得一提的是,你们的老师和导师都非常出色。他们的生活经历和职业生涯有力地见证了训练有素地、理性审慎地追寻光明和真理是多么有价值。我们的老师(无论是工程专业、经济学专业,还是英语专业、环境学专业),都秉承着同一价值观,那就是,任何简单粗暴、煽风点火、歪曲误导的表述都值得怀疑。

当然,没有人能完全摆脱偏见。但是,作为学者,我们力求审慎,对于所调查和最看重之事能有理有据地表达意见。如果学术界丧失这一理想准则,我们就会迷失;如果高等学府失去这一准则,整个世界都将迷失。

我可以提供一份长长的耶鲁教师名单,这些耶鲁人数十年如一日地在实验室、档案馆、图书馆和田野调查的现场,寻找证据,挑战已经被广为接受的观点、失实的表述,以及高度可疑的所谓常识。

以下是一些例子:

• 很多人认为我们的法律系统几乎完全建立在世俗传统之上,当代法律中的质询体系是对中世纪经典本质性的背离。但耶鲁中世纪历史学教授 Anders

Winroth 反驳了这个"失实表述",他提供了很多证据,证明当代法律其实根植于中世纪传统。

- 过去,宇宙天体学的重要理论多建立在"地球是宇宙中独一无二的星球"这一假设之上。天文学教授 Debra Fischer 却发现银河系中有很多类似于太阳系的、行星围绕恒星而转的结构。

- 医学研究者们多年来一直以为性别与疾病传播基本无关。耶鲁妇女健康研究中心主任 Carolyn Mazure,一直在研究性别在大范围的生物体系中造成的重要差异,并将其运用到新的健康医疗实践中。

- 大多数科班出身的古典经济学家将仔细计算成本和利益过程作为人类决策的模型。诺贝尔奖获得者 Robert Shiller 挑战了"个人和市场是理性的"这一观点,推动了人类行为理论的重大修正。

- 当我还在读心理学研究生的时候,当时主流的说法是人类所学到的一切几乎都来源于经历。但是心理学教授 Karen Wynn 告诉我们,婴儿有令人惊讶的天赋,5 个月大的婴儿就能做初步的运算。西利曼学院的新院长、心理学教授 Laurie Santos,则向我们展示了猴子也先天地具有憎恨、嫉妒、认知失调等复杂状态。

- 最后我要提到研究非裔美国人和美国学的教授 Hazel Carby。她的第一本著作《重构女性特质》(*Reconstructing Womanhood*)研究了 19 世纪美国黑人女作家是如何在白人主导的社会中,改变女性的家庭和文学形象的。Carby 教授还在为另一本书所作的序中,有力地评说了对边缘人群失实和片面的描述:我们看到了不充足的证据是怎么重新组合,从而产生一种新的表述,看到了沉默是如何产生的……

人们会很自然地建构起对自己有利的表述。但在面临压力时,"失实表述"就会控制公众的理智,操控舆论,煽动消极情绪,激化矛盾,我对此深感忧虑。特别是在我们这个时代,失实信息会在瞬间传播,成倍放大。由此,我们发现有时愤怒、恐惧或者憎恶会遮蔽我们的双眼,让我们无视世界的复杂性,放弃寻求对于重大议题的更深入的理解。因此,耶鲁教育的重要内容是,让你成为一个更加审慎的批判性思考者——学习怎样正确地评估证据,考虑得更广更全面,从而得出你自己的结论。

尤其值得一提的是,耶鲁会教会你怎样以及为何要去了解那些与你持不同意见的人,它们将挑战你曾经深信不疑的想法。它也会让你们明白,为什么我们需要超乎寻常的训练、勇气和终其一生的坚持,才能构筑起一个全新的基石,去解决我们这个时代最棘手的问题。

　　你已经来到了一个高度重视不同观点和深度反思的地方,这里鼓励观点的多样性和最大程度的言论自由。我相信你会立刻发现耶鲁的最宝贵之处,那就是:师长、同学会激励你、启发你,帮助你作好最充足的准备,去成为这个世界极度需要的调查者、有远见之人,以及领导者。只有完成上述使命,我们才能迎来一个更好的世界,抑或一个更包容、更振奋人心的耶鲁。而事实上,正是你们为我们带来了希望,你们是我们成为教育家的初衷,也是我们今天相聚于此的理由。

　　欢迎来到耶鲁!

　　本文系 2016 年 8 月 27 日,耶鲁大学校长彼得·沙洛维对新一届本科生所作的题为"对失实表述说不"的演讲,杨雪欣编译

站住讲台的力量

知识的觉悟

Zhishi de Juewu

"出了研究室就入监狱,出了监狱就入研究室",这是陈独秀的一句名言,陈氏以这样的生活引为幸事,读者诸君听来却总是唏嘘不已。究竟幸与不幸? 在陈氏看来,唯有研究室和监狱这两处发生的文明乃是指向有生命、有价值的文明,因此这样的生活才当得上人生最高尚优美的生活,从苏格拉底到布鲁诺,从屈原、司马迁到谭嗣同、顾准,世界文明正是一批又一批陈独秀们前赴后继、义无反顾地融身在从研究室到监狱的奋斗历程中,才引领着人们从蒙昧走向启智,从专制走向民主,从野蛮走向文明。因此,研究室和监狱构成了世界文明的发源地。从这样的意义上说,陈氏的自况未尝不能成立。

　　陈独秀的这句话几乎如谶语一般概括了他走过的人生理想和事业历程,至今听来依然令人唏嘘感怀。不仅于此,更多的哀怨是,这句话不只盛行于一个年代,也不只加害于一个陈独秀,在我们所知道的历史进程中,有无数这样的牺牲者。我们无需为其列举长长的名单,却绝不会失却为了忘却的纪念。上述先贤也许都能生出如陈氏一般的视死如归、烈士壮心的豪迈情怀,却终究不能掩饰我们内心对于历史前进步伐的凝重所引发的失落和沮丧。如此来看,陈氏把研究室和监狱视作世界文明的发源地,与其说是他对高尚优美生活的向往,不如说是对专制与黑暗社会的控诉和决绝之情,如此你才能理解为什么陈独秀会拒绝章士钊的仗义辩护,为什么陈独秀会早于我们数十年看清当时众人还在膜拜的那个政权和专制体制的谎言。

　　人生的地点不只是研究室和监狱,世界文明的发源地更不应该只是研究室和监狱。当专制走向宪政、当独裁走向共和,监狱可以被社会中一切美好的场所所替代。无论这些场所如何转变,不能转变的是"责任"——对社会的责任、对人类的责任、对民族的责任,乃至于对家庭的责任和个人的责任。唯有担起了责任,才能改造形形色色的"监狱",才能升级各色各样的"研究室";唯有担起了责任,才能更新旧制度避免大革命,创造新世界的传奇和艺术的传奇。这种责任就是为正义服务的良心,为真理服务的天才,它们是公民社会的伟力和光荣。

吾人最后之觉悟(节选)

陈独秀①

(一) 政 治 的 觉 悟

吾国专制日久　惟官令是从　人们除纳税诉讼外　与政府无交涉　国家何物　政治何事　所不知也　积成今日国家危殆之势　而一般商民　犹以为干预政治　非分内之事　国政变迁　悉委诸政府及党人之手　自身取中立态度　若观对岸之火　不知国家为人民公产　人类为政治动物　斯言也　欧美国民多知之　此其所以莫敢侮之也　是为吾人政治觉悟之第一步

吾人既未能置身政治潮流以外　则开宗明义之第一章　即为决择政体良否问题　古今万国　政体不齐　治乱各别　其拨乱为治者　罔不舍旧谋新　由专制政治　趋于自由政治　由个人政治　趋于国民政治　由官僚政治　趋于自治政治　此所谓立宪制之潮流　此所谓世界系之轨道也　吾国既不克闭关自守　即万无越此轨道逆此潮流之理　进化公例　适者生存　凡不能应四周情况之需求而自处于适宜之境者　当然不免于灭亡　日之与韩　殷鉴不远　吾国欲图世界的生存　必弃数千年相传之官僚的专制的个人政治　而易以自由的自治的国民政治也　是为吾人政治的觉悟之第二步

所谓立宪政体　所谓国民政治　果能实现与否　纯然以多数国民能否对于政治　自觉其居于主人的主动的地位为唯一根本之条件　自居于主人的主动的地位　则应自进而建设政府　自立法度而自服从之　自定权利而自尊重之　倘

---

① 选自《独秀文存》,上海亚东图书馆 1922 年版。作者陈独秀(1879—1942),中国共产党的创始人之一。本文由读者自加标点。

知识的觉悟　**143**

立宪政治之主动地位属于政府而不属于人民　不独宪法乃一纸空文　无永久厉行之保障　且宪法上之自由权利　人民将视为不足重轻之物　而不以生命拥护之　则立宪政治之精神已完全丧失矣　是以立宪政治而不出于多数国民之自觉　多数国民之自动　惟日仰望善良政府　贤人政治　其卑屈陋劣　与奴隶之希冀主恩　小民之希冀圣君贤相施行仁政　无以异也　古之人希冀圣君贤相施行仁政　今之人希冀伟人大老建设共和宪政　其卑屈陋劣　亦无以异也　夫伟人大老　亦国民一分子　其欲建设共和宪政　岂吾之所否拒　第以共和宪政非政府所能赐予　非一党一派人所能主持　更非一二伟人大老所能负之而趋　共和立宪而不出于多数国民之自觉与自动　皆伪共和也　伪立宪也　政治之装饰品也　与欧美各国之共和立宪绝非一物　以其于多数国民之思想人格无变更　与多数国民之利害休戚无切身之观感也　是为吾人政治的觉悟之第三步

（二）伦理的觉悟

伦理思想　影响于政治　各国皆然　吾华尤甚　儒者三纲之说　为吾伦理政治之大原　共贯同条　莫可偏废　三纲之根本义　阶级制度是也　所谓名教　所谓礼教　皆以拥护此别尊卑明贵贱制度者也　近世西洋之道德政治　乃以自由平等独立之说为大原　与阶级制度极端相反　此东西文明之一大分水岭也

吾人果欲于政治上采用共和立宪制　复欲于伦理上保守纲常阶级制　以收新旧调和之效　自家冲撞　此绝对不可能之事　盖共和立宪制　以独立平等自由为原则　与纲常阶级制为绝对不可相容之物　存其一必废其一　倘于政治否认专制　于家族社会仍保守旧有之特权　则法律上权利平等经济上独立生产之原则　破坏无余　焉有并行之余地

自西洋文明输入吾国　最初促吾人之觉悟者为学术　相形见绌　举国所知矣　其次为政治　年来政象所证明　已有不克守缺抱残之势　继今以往　国人所怀疑莫决者　当为伦理问题　此而不能觉悟　则前之所谓觉悟者　非彻底之觉悟　盖犹在惝恍迷离之境　吾敢断言曰　伦理的觉悟　为吾人最后觉悟之最后觉悟

语　丝

克尔凯戈尔①

在每一代人中,总有一些人命定要为其余的人做祭品。……

我相信自己是要被献祭的,因为我理解我的痛苦和苦恼使我得以创造性地钻研有益于人的真理。

我的奢望是,但愿有可能阻止一个知识分子蜕变成世俗的工具。

需要创作活动,作为一种诱惑,以帮助我忘掉生活的平凡琐屑。

我只有在写作的时候感觉良好。我忘却所有生活的烦恼、所有生活的痛苦,我为思想层层包围,幸福无比。假如我停笔几天,我立刻就会得病,手足无措,顿生烦恼,头重脚轻而不堪负担。这是一种强有力的充分的不会枯竭的鞭策,它日复一日,已经存在了五六年,它仍将一如既往、来势汹汹,人们也许会想,这样一种鞭策莫非来自上帝的天命。

我是承受着内心极大的痛苦才成为一个作家的。

年复一年,我继续当着作家,为了理想而承受着来自内心的痛苦。

我只是希望被人家骂得狗血喷头,做一个文人而遭谩骂是和他的身份相合的,所以,每当我完成作品,便希望挨骂、要求挨骂……

目睹一大帮子傻瓜和心地不公的人们哈哈大笑又不知道在笑些什么,实在是件可悲的事情。

大多数人从未具有心灵和灵魂,他们从未有过那种体验。他们经历从少年、青年、成年到老年的发展:我们不必为此而颂扬他们;这不是他们的功绩,不过是

---

① 克尔凯戈尔(1813—1855),丹麦哲学家、神学家。

知识的觉悟　145

植物或者动物——植物过程。但是他们从未经历任何灵魂的发展。

许多人对生活作出自己的结论的方式像小学生一样:他们抄袭算术课本里的答案以欺骗老师,而没有心思由自己算出得数。

大多数体系制造者对于他们所建立的体系的关系宛如一个人营造了巨大的宫殿,自己却侧身在旁边的一间小仓房里;他们并不居住在自己营造的系统结构里面。

——以上引自《克尔凯戈尔日记选》

一个人的生活不是有了肉吃有了酒喝就可以打发的;那灵魂也是需要喂养的呀。

大一点了,我睁开眼,看见了现实,我看得大笑起来,从那以后我的笑怎么也停不下来了。我明白了,生活的意义是去讨一份生活,生活的目标是获取厚爵高位;爱情最美满的向往是娶一个女继承人;友谊的好处在于手头拮据时有人替你付账;智慧就是多数人想当然地认为对的东西;热情表现在演说里;勇气就是敢担十块钱的风险;善良在于能在晚餐桌上说"别客气";虔诚在于一年去一趟教会。我看到了这些了,于是我大笑不止。

我只有一位朋友,回声;回声为什么成了我朋友呢? 因为我爱着我的忧愁,回声从不从我这儿夺走它。我只有一位密友:夜一样的沉默;它为什么是我的密友呢,因为它沉默。

我有勇气敢于直面人生的嘲笑,并且敢于承受它,就这一点而言,我大概算得上是一个诗人。

大自然到底还是承认人类的尊严的;当你想把鸟儿从树林里赶开,你就绑扎一个类似于人形的东西在那儿,即使是稻草人所具备的那么一点点与人的相似,也能使鸟儿心生敬畏的呀。

有那么几种很出了名的昆虫,它们是死在受精的当儿的。快乐也是这么个死法:生命昂扬到极致处,快乐最醉畅淋漓的瞬间,就得把死亡一同搭配上。

当你久久地盯住一张脸细看,你仿佛在你所望着的面孔背后发现到另一张隐秘的面孔。

科学家们不是在说么,他们炸开了那抵抗了几个世纪的大岩石,却在里面发现了一个活蹦乱跳的小动物;未被发现前它就是一直活在那儿的;人也将被发现是这样活着的,轰去他坚厚的外表,心里原来还掩藏着一个幽禁中的忧伤的不息生命呢。

有一样东西的势力是无处不在的,可是由于无法被思想被把握,它甚至会趁思考者徒然思考着它时,从背后向他袭去的。

划船者朝着目标奋力划桨,却总是背朝着目标⋯⋯

所有荒唐事里面,最最荒唐的莫过于去做一个大忙人了,吃饭兴冲冲,做事也兴冲冲。所以,每当我看见苍蝇在某个要紧关头叮到了商人的鼻尖,或见到他被一辆比他还匆匆的马车溅得一身脏,或见到他眼睁睁地看着吊桥在他自己面前收起,或看见屋顶上掉下瓦片,砸得他一命呜呼,那时,我可就要开心地大笑了。谁能忍得住不笑呢?他们,这些推着攘着拱着挤着的人们,做成些什么事来了?他们不就是跟那个家庭主妇一样的么,屋里起了火,她情急之间只抢救出一把夹火钳?他们又从生活的大火里救出些什么来了呢?

——以上引自《曾经男人的三少女》

以人性的意义而言,没有一个人可以模仿我⋯⋯我是一个历危机而成为的人,甚至可以说,我是一只供研究存在之用的试验用兔。

人是精神。但精神是什么呢?精神就是自我。自我又是什么呢?它是与它自身发生关系的关系。

——以上引自《勾引家日记》

江辛夷　译

真理面前半步也不后退

布鲁诺①

　　前进,我亲爱的菲洛泰奥,愿任何东西也不能迫使你放弃你宣传你那美妙的学说,无论是无知之徒的粗野咒骂,无论是苟安庸碌之辈的愤慨,无论是教条主义者和达官贵人的愤怒,无论是群氓的胡闹,无论是社会舆论的令人震惊,无论是撒谎者和心怀嫉妒者的诽谤,这些都损害不了你在我心目中的崇高形象,决不会使我离开你。

　　顽强地坚持下去,我的菲洛泰奥,坚持到底! 不要灰心丧气,不要退却,哪怕那笨拙无知、拥有重权的高级法庭用种种阴谋来陷害你,哪怕它妄图使用一切可能的手段来抵制那美好的意图、你那种种著作的胜利。

　　你放心吧,这样的一天总是会到来的。那时所有的人都会明白我所明白的东西,那时所有的人都会承认:对于每一个人来说,同意你的见解并颂扬你是那么容易做到,就像要比得上你却那么难以做到那样,所有的人,凡不是从头坏到脚的人,终有一天会在良心驱使之下给予你应得的赞扬。要知道,打开理性的眼睛的,归根到底是内在的教师,因为我们理解思想上的财富并不是从外部,而是从内部,从自身的精神得到。在所有人的心灵中都有健全理智的颗粒,都有天赋的良心,它耸立于庄严的理性法庭之上,对善与恶、光明与黑暗进行评判并作出公正的判决。你那良好事业的最忠诚最卓越的捍卫者之所以能从每一个人意识的深处终于点燃起起义之火,要归功于这样的判决。

　　而那不敢与你交朋友的人,那些胆怯地顽固维护自己的卑鄙无知的人,那些

---

① 布鲁诺(1548—1600),意大利哲学家、天文学家。

坚持充当赤裸裸的诡辩派和真理的不共戴天的敌人的人，他们将在自己的良心中发现审判官和刽子手，发现为你复仇的人，这位复仇者将能更加无情地在他们自己的思想深处惩罚他们，使他们再也无法向自己隐藏这些观点。当敌人给予你的打击被击退的时候，让一大群奇怪而凶恶的爱夫门尼德（希腊神话中的复仇女神，专在地狱中折磨人的灵魂）把他包围起来，让其狂怒倾泻在……敌人的内心动机上，并用自己的牙齿将他折磨至死。

前进！继续教导我们去认识关于天空、关于行星与恒星的真理，给我们讲解在无限多的天体中一个与另一个究竟有什么不同，在无限的空间中无限的原因与无限的作用为什么不仅是可能的，而且也是必然的。教导我们什么是真正的实体、物质和运动，谁是整个世界的创造者，为什么任何有感觉的事物都由同一要素和本原组成。给我们宣讲关于无限宇宙的学说。彻底推翻这些假想的天穹和天域——它们似乎应把这么多的天空和自然领域划分开来。教导我们讥笑这些有限的天域以及贴在其上的众星。让你那些所向披靡的论据万箭齐发，摧毁群氓所相信的、第一推动者的铁墙和天壳。打倒庸俗的信仰和所谓的第五本质。赐给我们关于地球规律在一切天体上的普遍性以及关于宇宙中心的学说。彻底粉碎外在的推动者和所谓各层天域的界限。给我们敞开门户，以便我们能够通过它一览广漠无垠的统一的星球世界。告诉我们其他世界是如何像我们这个世界那样在以太的海洋里疾驰的。给我们讲解所有世界的运动如何由它们自身内部灵魂的力量来支配，并教导我们，在以这些观点为指导去认识自然的道路上，坚定不移地阔步前进。

火炬传统:诗人与公民(节选)

王开岭①

无穷的远方。无数的人们……都和我有关。

——鲁迅

你可以不做一个诗人,但必须做一个公民。

——涅克拉索夫

人生的两个地点

"五四"前夕,陈独秀曾发表题为《研究室与监狱》的短文:

"世界文明的发源地有二:一是科学研究室,一是监狱。我们青年要立志出了研究室就入监狱,出了监狱就入研究室,这才是人生最高尚优美的生活。从这两处发生的文明,才是有生命有价值的文明。"1919 年 6 月 9 日,他这个"五四运动的总司令"、北京大学的文科学长,竟然自己出手抛散传单,结果被捕入狱,引起举国震惊。青年毛泽东在湖南振臂高呼:"陈君万岁。""我祝君至高至坚的精神万岁。"在各界营救下,陈独秀于 9 月 16 日出狱。此后,他于 1921、1922、1932年又三次被捕,以"文字为叛国之宣传"被判有期徒刑 13 年。此时他已被自己亲手缔造的组织斥为"资产阶级走狗""反共先锋"。抗战爆发后,他拒绝出任劳动部长,拒绝蒋介石出钱让他组织"新共党",拒绝胡适的赴美邀请,拒绝谭平山要他出面组织第三党……1938 年,他流沛入川,继续自己的生命信仰研究,从文字学到民主发展史,乃至结出了《我的根本意见》那样沉硕的果实。1942 年陈独

---

① 王开岭(1969—),山东滕州人,当代作家。

秀在贫病孤独中死去。他的一生,正应了自己的那句话:出了监狱就入研究室,出了研究室就入监狱。

这是时代对一个知识分子的嘱托和赋命,是生命的痴情和忠诚之必然,乃别无选择的良心所致。非此反倒可疑了。

"五四"前后的那两代知识分子,又有几人没这等遭遇的呢?国学大师章太炎一生九次被捕,七次坐牢,可谓创了入班房的纪录。其中最著名的两次分别为1903年发表《驳康有为论革命书》和为邹容《革命军》呐喊,及宋教仁遇刺后北上痛骂袁世凯,乃至以被袄宿其门下。鲁迅曾如此感叹:"考其生平,以大勋章作扇坠,临总统府之门,大诟袁世凯的包藏祸心者,并世亦无二人。这才是先辈的精神,后生的楷范。"

他们是故寻麻烦以哗众的自显狂吗?是故意和自个儿过不去的自虐徒吗?

当然不。一个人的生命走向取决于所处时代的特征和大势要求,取决于个人体验对社会所作的判断和选择,世上绝无一种绝对超时空的生命意义。

历史上,这样于监狱和书房间来回"走动"的例子比比皆是。托马斯·莫尔、雨果、左拉、陀思妥耶夫斯基、车尔尼雪夫斯基、古米廖夫、曼德尔施塔姆、左琴科、索尔仁尼琴、布罗茨基、别尔嘉耶夫、托马斯·曼、伯尔、黑塞、何塞·马蒂……被誉为"两个世界英雄"的潘恩,作为英国人,他不仅直接投身美国独立战争,以《常识》一书点燃了新大陆的自由浪潮,还直接参与了美国《独立宣言》、法国《人权宣言》的起草,但其命运却乖戾多舛,正像有人感叹的那样:"他有《常识》,反抗那时的政治传统;他有《人权论》,反抗社会传统;他有《土地正义论》,反抗的是经济传统;他有《理性时代》,反抗的是宗教传统……这样一来,他就把那个年头能得罪的权势都得罪完了。"(朱学勤)故其一生除了写作,就是流亡和坐牢。

在俄罗斯,坐牢与流放,甚至更成了一个"正直人"的标志。正像有俄国史家所说:"在俄罗斯,一个正直而勇敢的人,不是在地牢里,就是在西伯利亚的冰天雪地里。"1924年,一位名叫卡捷琳娜·奥利茨卡娅的妇女被捕时,甚至认为自己没有资格进监狱,因为"进去的都是俄国最优秀的人物,而我还没有为俄国做什么事!"

诗人叶夫图申科在《提前撰写的自传》中写道:"在俄国,所有的暴君都把诗人看作死敌。他们惧怕普希金,在莱蒙托夫面前发抖,害怕涅克拉索夫,正是他,在一首诗中写道:'你可以不做诗人,但必须做一个公民!'……我在斯大林死前一直隐蔽在抒情诗的领域里,现在我要离开这个避难所了。我觉得没有权利再去开垦内心诗这种日本式的园地。当周围的人都抬不起头来的时候,谈论自然、女人和内心的呻吟,在我看来这就是不道德。"

这正是伟大的俄罗斯传统。自"十二月党人"和普希金以来开创的知识分子传统。"十二月事件"爆发时,普希金正在外地,一接到起义通知,立刻星夜急驰彼得堡,但还是迟了。他的朋友遭绞杀后,尼古拉一世曾故意试探:"假如十二月你在彼得堡,你会在哪里?"诗人微微一笑,道:"在造反者行列中,陛下。"

没有"责任",艺术就无法受孕

1885 年 6 月 1 日,黎明,巴黎凯旋门。一辆穷人的黑柩车缓缓行驶,广场上涌动着近两百万法国人的头颅,他们自发地跟随着它,拱卫着它。人海上空飘荡着一面面旗幡,上面赫然题着《悲惨世界》《九三年》《海上劳工》《秋叶集》等书名,大白天路灯全部点燃,灯上罩着黑纱,这是整个法国在为一个人送葬。

维克多·雨果!

罗曼·罗兰曾说:"在所有的作家和艺术家当中,雨果是唯一得到永远活在法国人民心中这种荣誉的人。"

在雨果的遗产中,除那些享誉世界的不朽文稿外,更有他的生命行为,他的正义,他的不阿,他的责任,他对权力的反抗和为弱者的辩护——"诗人是暴君的裁判者""人生便是白昼与黑夜的斗争""我恨压迫,恨得刻骨铭心"。

1839 年 8 月,共和党人组织了巴黎暴动,起义组织者巴斯贝斯翌日即将被处死,雨果连夜致函国王,请求赦免,终于挽救了对方的性命。23 年后,雨果突然收到了巴斯贝斯的亲笔信,对他的救命之恩表示感激。而此时的雨果,也已被自己的祖国流放了。

1859 年,美国著名的废奴主义领袖约翰·布朗被捕,地方法院以叛乱罪判其死刑,拟于 12 月 2 日执行。雨果闻讯时,已是执行当日,但有消息说,死刑将推迟至 26 日。于是雨果立即发表《致美利坚合众国书》,他警告美国政府:"如果 12 月 26 日树起绞架,今后,在无法更改的历史面前,新大陆庄严的联邦就将在它所有的神圣责任上增加一桩血腥的责任,这光辉的共和国之耀眼的集体就将由约翰·布朗的绞索捆扎。"

此外,英国、比利时、日内瓦、土耳其、爱尔兰、俄罗斯等地的受迫害者,都得到过这位素不相识的法国人无私而慷慨的援手。这是一位真正的巨人的手。之所以巨大,是因为他的良心、慈悲、同情、英勇、视野和关怀力之大。

临终前,他在遗嘱中写道:"我将 5 万法郎献给穷人。我希望用穷人的枢车把我送进公墓。"

是啊,有谁会嫉妒雨果所享有的这份穷人的拥戴呢?有谁会不记得他因反对路易·波拿巴独裁而被迫流亡的 19 年呢?有谁会忘记他竟以 70 岁高龄投入巴黎保卫战呢?

在雨果的所有散文中,我最喜爱的即那篇《伏尔泰百年忌辰讲话》,尽管其中他几乎搬动了世上最华丽的词藻——并倾尽了所有过剩的激情(对一般的写作来说这是很危险的,且招人烦),但我每次读它时总忍不住隐隐动容,因为这种盛赞投放在伏尔泰身上——不仅不显得奢侈,反而变成了一种"准确",一种旷世的传神的感动——

"100 年前的今天,有一个人死了。他虽然辞世,却是不朽的。他走的时候满载着岁月,满载着最赫赫有名的、最令人生畏的责任感!"为了解释"责任"一词,雨果帮助众人回忆了两件事:一件是 1762 年 3 月 9 日,一个叫让·卡拉斯的无辜老人被当局粗暴地处以死刑,一件是 1765 年 6 月 5 日,一位 19 岁的年轻人被宗教法庭割下手臂、舌头和脑袋,扔进燃烧的柴堆里……"那时,伏尔泰,你发出愤慨的喊声,这是你永恒的光荣!……先生们,让我们向这段回忆致敬吧!伏尔泰获胜了,伏尔泰进行了辉煌的战斗,一个人对所有人的战斗,也就是说,伟大的战斗!精神对物质的战斗。理性对偏见的战斗。正义对非正义的战斗。……仁慈的战斗,温柔的战斗。他有着一个女人的温柔和一个英雄的愤怒……""向正义法庭揭露法官,向天主揭露教士,这正是伏尔泰所做的事。……卢梭代表着人民,伏尔泰还要宽广,代表着大写的人。"

"耶稣基督与伏尔泰相隔了 1800 年,但在人道主义上,两人却不谋而合。""实施自己的权利,就是说要做一个人。履行自己的职责,就是说要做一个公民。伏尔泰这个词的含义就在这里。""只有一种伟力,那就是为正义服务的良心;只有一种光荣,那就是为真理服务的天才。"

说到底,伏尔泰的殊荣在于他高举的责任,比学术和体系更重要的是责任,是良心,是在理想与现实之间、白昼与黑夜之间激荡出"人"的声音。

1986 年,哥伦比亚著名作家加西亚·马尔克斯,与秘鲁同行巴·略萨有过一场"作家责任"的激烈争论,前者明确表示:"不管怎么说,我是一个负责任的作家。我把责任分成两种,第一种是对故土的责任,第二种是对人们的幸福所负的责任。"

是啊,"对人们的幸福所负的责任",这正是一个真正艺术家和人的标志!

没有对弱者的同情,没有对人的义务,没有为人类整体服务的冲动,没有为自由和公正辩护的意识,没有天然的反抗精神……一个人的激情、创造性和表现力就会被削弱和压制(尤其是自我压制),就不会诞生伟大的艺术和真正的思想。没有"责任",艺术就无法受孕。就不会有托尔斯泰和雨果,也不会有贝多芬和米开朗琪罗。

最伟大的艺术家,无不在常识性的责任和正义的社会劳动中诞生。

1968 年,墨西哥著名诗人奥·帕斯,为抗议政府在三元文化广场镇压学生运动,愤然辞去驻印度大使职务。20 世纪德国著名学者阿多诺,一生都在与各种危险——法西斯主义、极权社会主义、西方大众消费主义——奋战。伏尔泰、卢梭、拜伦、潘恩、雨果、左拉、法朗士、陀思妥耶夫斯基、托尔斯泰、罗曼·罗兰、高尔基、茨威格、奥威尔、别尔嘉耶夫、布罗茨基……我们很容易开出一长串名单来说明良心和责任对艺术的影响。

他们关注的是"人"本身,是最普遍意义上的"人类"命运和遭际,服务的是民主与科学、社会文明的大方向,而非一己、一域、一党、一主义……的利益,他们捡起的无不是世界意义的大命题、大价值,亦即最普通和普遍意义上的"常识"性命题。

1989 年,米兰·昆德拉在祝贺自己的同胞——剧作家哈维尔当选捷克总统时写道:"他宁愿做其他事(例如写剧本或诗),宁愿避开自己的命运——但他做不到。这无疑是由于存在一种比他本人更为有力的东西,这东西在他本人的把握之外却将他牢牢抓住,这便是他称为'责任'的那种东西。"(《永远的剧场诗人》)

苏联流亡诗人、诺贝尔奖得主布罗茨基也在致哈维尔的公开信中建议："你处于一个很好的位置,不仅要把你的知识传达给人民,在某种程度上还要医治那种心灵疾病,帮他们成为像你那样的人……通过向你的人民介绍普鲁斯特、卡夫卡、福克纳、普拉托诺夫、加缪或乔伊斯,也许你至少可以在欧洲的中心把一个国家变成一个有教养的民族。"

　　这是在鼓励艺术承诺更大的责任和义务了。

在雅典法庭上的演讲

苏格拉底[1]

亲爱的雅典同胞们：所剩的时间不多了，你们就要指责那些使雅典城蒙上污名的人，因为他们把那位智者苏格拉底处死。而那些使你们也蒙上污名的人坚称我是位智者，其实并不是。如果你们再等一段时间，自然也会看见终结一生的事情，因为我的年纪也不小了，接近死亡的日子实在也不远了。但是我并不是要对你们说话，而是要对那些欲置我于死地的人说话。同胞们：或许你们会以为我被定罪是因为我喜好争辩，其实如果说我好辩的话，那么只要我认为对的话我或许还可以借此说服你们，并替自己辩护，尚可免处死刑，其实我并不是因好辩被判罪，而是被控竟敢胆大妄为向你们宣传异端邪说，其实那些只不过像平常别人告诉你们的话一样罢了。

但是我不以为，为了避免危险起见，就应该去做不值得一个自由人去做的事，也不懊恼我用现在这样的方式替自己辩护。我宁可选择死亡，也不愿因辩护得生存。因为不管是我还是任何其他的人，在审判中或打仗时，利用各种可能的方法来逃避死亡，都是不对的。在战时，一个人如果逃避死亡，他可以放下武器，屈服在敌人的怜悯之下，其他尚有许多逃避死亡之策，假如他敢做、敢说的话。

但是，雅典的同胞啊！逃避死亡并不难，要避免堕落才是难的，因它跑得比死要快。我，因为上了年纪，动作较慢，所以就被死亡赶上了；而控告我的人，他们都年轻力壮，富有活力，却被跑得较快的邪恶、腐败追上了。现在，我因被他们

---

[1] 苏格拉底(约公元前469—前399)，古希腊哲学家。

判处死刑而要离开这个世界;但他们却背叛了真理,犯了邪恶不公之罪。既然我接受处置,他们也应该接受判刑,这是理所当然之事。

下一步,我要向你们预言到底是谁判我的罪,及你们未来的命运如何:因为人在将死之际,通常就成了先知,此时我正处于这种情况。同胞们! 我告诉你们是谁置我于死地吧! 而在我死后不久,天神宙斯将处罚你们,比你们加害在我身上的更加残酷,虽然你们以为对自己的所作所为不需负责,但我敢保证事实正相反。控告你们的人会更多,而我此时在限制他们,虽然你们看不见;并且他们会更加的凶猛,由于他们较年轻,而你们也将更愤怒。如果你们认为把别人处死,就可以避免人们谴责你们,那你们就大错特错了。这种逃避的方式既不可能也不光荣,而另有一种较光荣且较简单的方法,即是不去抑制别人,而注意自己,使自己趋向最完善。对那些判我死刑的人,我预言了这么多,我就此告辞了。

但对于那些赞成我无罪的人,我愿意趁此时法官正忙着,我还没有赴刑场之际,跟你们谈谈到底发生了什么事。在我死前陪着我吧! 同胞们! 我们就要互道再见了! 此时没有任何事情能阻碍我们之间的交谈,我们被允许谈话,我要把你们当成朋友,让你们晓得刚刚发生在我身上的事是怎么一回事。公正的判官们! 一件奇怪的事发生在我身上,因为在平常,只要我将做错事,即使是最微小的琐事,我的守护神就会发出他先知的声音来阻止我;但是此时,任何人都看到了发生在我身上之事,每个人都会认为这是极端罪恶的事,但在我早上离家出门时,在我来此赴审判时,在我要对你们做演讲时,我都没有听到神的警告,而在其他场合,他都常常在我说话说到一半时就阻止我再说下去,现在,不管我做了什么,或说了什么,他都不来反对我。那么,这是什么原因呢? 我告诉你们:发生在我身上的事,对我来讲反而是一种祝福;我们都把死视为是一种罪恶,那是不正确的,因为神的信号并没有对我发出这样的警告。

再者,我们更可由此归纳出,死是一种祝福,具有很大的希望。因为死可以表示两回事:一者表示死者从此永远消灭,对任何事物不再有任何感觉;二者正如我们所说的,人的灵魂因死而改变,由一个地方升到另一个地方。如果是前者的话,死者毫无知觉,就像睡觉的人没有做梦,那么死就一种奇妙的收获。假如有人选择一个夜晚，睡觉睡得很熟而没做什么梦，然后拿这个夜晚与其他的晚上或白天相比较，他一定会说，他一生经过的白日或夜晚没有比这个夜晚过得更好、更愉快的了。我想不只是一个普通人会这样说，即使是国王也会发现这点的。因此，如果死就是这么一回事的话，我说它是一种收获；因为，一切的未来只不过像一个无梦的夜晚罢了！

反之，如果死是从这里迁移到另一个地方，这个说法如果正确，那么所有的死人都在那里，判官啊！那又有什么是比这个更伟大的幸福呢？因为假如死者到了阴府，他就可以摆脱掉那些把自己伪装成法官的人，而看到真正的法官在黄泉当裁判，像弥诺斯、剌达曼堤斯、埃阿科斯、特里普托勒摩斯，及其他一些半神半人，跟他们活着的时候一样。难道说这种迁移很可悲吗？而且，还可见到像俄耳浦斯、穆赛俄斯、赫西俄德及荷马等人。如果真有这回事，我倒真是希望自己常常死去，对我来讲，寄居在那儿更好，我可以遇见帕拉墨得斯、忒拉蒙的儿子埃阿斯，及任何一个被不公平处死的古人。拿我的遭遇与他们相比，将会使我愉快不少。

但最大的快乐还是花时间在那里研究每个人，像我在这里做的一样，去发现到底谁是真智者，谁是伪装的智者。判官们啊！谁会失去大好机会不去研究那个率领大军对抗特洛伊城的人？或是俄底修斯？或是西绪福斯？或是其他成千上万的人？不管是男是女，我们经常会提到的人。跟他们交谈、联系，问他们问题，将是最大的快慰。当然了，那里的法官是不判人死刑的，因为住在那里的人在其他方面是比住在这里的人快乐多了，所以他们是永生不朽的。

因此，你们这些判官们，要尊敬死，才能满怀希望。要仔细想想这个真理，对一个好人来讲，没有什么是罪恶的，不管他是活着还是死了，或是他的事情被神疏忽了。发生在我身上的事并非偶然，对我来讲，现在死了，即是摆脱一切烦恼，对我更有好处。由于神并没有阻止我，我对置我于死地的人不再怀恨了，也不反对控告我的人，虽然他们并不是因这个用意而判我罪，控告我，只是想伤害我，这点他们该受责备。

然而，我要求他们做下面这些事情：如果我的儿子们长大后，置财富或其他事情于美德之外的话，法官们，处罚他们吧！使他们痛苦，就像我使你们痛苦一样。如果他们自以为了不起，其实胸中根本无物时，责备他们，就像我责备你们一样。如果他们没有做应该做的事,同样地责罚他们吧! 如果你们这么做,我和儿子们将自你们的手中得到相同的公平待遇。

　　已到了我们要分开的时刻了——我将死,而你们还要活下去,但也惟有上帝知道我们中谁会走向更好的国度。

苏 格 拉 底
——未经省察的人生没有价值

周国平①

一

公元前 399 年春夏之交某一天,雅典城内,当政的民主派组成一个五百零一人的法庭,审理一个特别的案件。被告是哲学家苏格拉底(公元前 469—前 399),此时年已七十,由于他常年活动在市场、体育场、手工作坊等公共场所,许多市民都熟悉他。审理在当天完成,结果是以不敬神和败坏青年的罪名判处死刑。这是人类历史上最怪诞的一页,一个人仅仅因为他劝说同胞过更好的生活,就被同胞杀害了。雅典是哲学的圣地,但看来不是哲学家的乐园,出身本邦的哲学家只有两个,苏格拉底被处死,年轻的柏拉图在老师死后逃到了国外。这又是人类历史上最光荣的一页,一个人宁死不放弃探究人生真理的权利,为哲学殉难,证明了人的精神所能达到的高度。正因为出了苏格拉底,雅典才不愧是哲学的圣地。

多亏柏拉图的生花妙笔,把当年从审判到执行的整个过程栩栩如生地记述了下来,使我们今天得以领略苏格拉底在生命最后时刻的哲人风采。柏拉图师从苏格拉底十年,当时二十八岁,审判时在场,还上台试图为老师辩护,法官嫌他年轻把他轰了下来。评家都承认,柏拉图太有文学才华,记述中难免有虚构的成分。他大约早就开始记录老师的言论,据说有一次朗读给苏格拉底听,苏格拉底听罢说道:"我的天,这个年轻人给我编了多少故事!"尽管如此,评家又都承认,

---

① 周国平(1945—),学者、中国社会科学院研究员。

由于他自己是大哲学家，能够理解老师，他的证词远比色诺芬所提供的可靠。色诺芬也是苏格拉底的学生，但毫无哲学天赋，审判时又不在场，老师死后，深为扣在老师头上的两个罪名苦恼，要替老师洗清，在回忆录中把苏格拉底描绘成一个虔敬守法的平庸之辈。英国学者伯奈特说："色诺芬为苏格拉底做的辩护实在太成功了，如果苏格拉底真是那个样子，就决不会被判死刑。"英国哲学家罗素仿佛从中吸取了教训，表明态度："如果需要让人复述我的话，我宁愿选一个懂哲学的我的死敌，而不是一个不懂哲学的我的好友。"不过他倒不必有这个担忧，因为苏格拉底述而不作，他却惊人地多产，别人哪里还有复述的机会。

现在，我们主要依据柏拉图的记述，在若干细节上参考色诺芬的回忆，来察看这个案子的来龙去脉。原告有三人。跳在台前的是无名诗人美勒托，长一根鹰钩鼻，头发细长，胡须稀疏，一看就是个爱惹是生非的家伙。还有一个无名演说家，名叫莱康。实际主使者是皮匠安尼图斯，一个活跃的政客，终于当上了民主政权二首领之一。他的儿子是苏格拉底的热心听众，常常因此荒废皮革作业，使他十分恼火。在他政坛得势之后，苏格拉底曾挖苦他说："现在你用不着再让儿子做皮匠了吧。"更使他怀恨在心，遂唆使美勒托提起诉讼。事情的起因看上去小得不能再小，似乎是个别人泄私愤，何以竟能够掀起偌大波澜，终于要了苏格拉底的命？

其实，安尼图斯之流恼恨苏格拉底，多少代表了一般市民的情绪。苏格拉底喜在公共场所谈论哲学，内容多为质疑传统的道德、宗教和生活方式，听众又多是像安尼图斯的儿子这样的青年。雅典的市民是很保守的，只希望自己的孩子恪守本分，继承父业，过安稳日子。像苏格拉底这样整天招一帮青年谈论哲学，不务正业，在他们眼里就已经是败坏青年了，因此，一旦有人告状，他们很容易附和。当然，把一个哲学家——不管是不是苏格拉底——交给几百个不知哲学为何物的民众去审判，结局反正凶多吉少。

苏格拉底之处于劣势，还有一层原因，便是在场的审判员们早在年少时就听惯流言，形成了对他的成见。他对此心中有数，所以在申辩一开始就说，那些散布流言的人是更可怕的原告，因为他们人数众多，无名无姓，把他置于无法对质却又不得不自辩的境地。他说他只知道其中有一个喜剧作家，他未点名，不过谁都明白是指阿里斯托芬。二十四年前，阿里斯托芬在喜剧《云》中把苏格拉底搬上舞台,刻画成一个满口胡诌天体理论的自然哲学家和一个教青年进行可笑诡辩的智者。在观众心目中,前者所为正是不敬神,后者所为正是败坏青年,二者合并成丑化了的苏格拉底形象。真实的苏格拉底恰与二者有别,他把哲学从天上引回了人间,从言辞引向了实质,但观众哪里顾得上分辨。苏格拉底是阿里斯托芬的朋友,当年喜剧上演时,他还去捧场,台上的苏格拉底出场,观众席上的他凑趣地站起来亮相,实在憨得可以。他和阿里斯托芬大约都没有料到,爱看戏不爱动脑子的老百姓会把戏说当真,以讹传讹,添油加醋,终于弄到使他有口莫辩的地步。

<h1 style="text-align:center">二</h1>

平心而论,在审判之初,无论三个原告,还是充当判官的民众,都未必想置苏格拉底于死地。他们更希望的结果毋宁是迫使苏格拉底屈服,向大家认错,今后不再聚众谈论哲学,城邦从此清静。可是,苏格拉底仿佛看穿了他们的意图,偏不示弱,以他一向的风格从容议论,平淡中带着讥刺,雄辩而又诙谐。这种人格上和智力上的高贵真正激怒了听众,他申辩时,审判席上一阵阵骚动,矛盾越来越激化。

苏格拉底大约一开始就下定了赴死的决心。美勒托准备起诉的消息传开,有同情者见他毫不在乎,行为无异于往常,便提醒他应该考虑一下如何辩护,他回答:"难道你不认为我一生都在做这件事,都在思考什么是正义,什么是非正义,在实行正义和避免非正义,除此之外什么也没有做吗?"他的确用不着准备,只须在法庭上坚持他一贯的立场就行了。当然,他完全知道,这样做的后果是什么。他比原告和法官更清醒地预见到了结局,审判实质上是遵照他的意志进展的。他胸有成竹,一步步把审判推向高潮,这高潮就是死刑判决。

按照程序,审判分两段。第一段是原告提出讼词,被告提出辩护,审判员投票表决是否有罪。在这一段,苏格拉底回顾了自己从事街头哲学活动的起因和经历,断言这是神交给他的使命。人们的愤恨本来集中在这件事上,倘若他想过关,至少该稍稍显示灵活的态度,他却一点余地不留,宣布道:"神派我一生从事哲学活动,我却因怕死而擅离职守,这才荒谬。雅典人啊,我敬爱你们,可是我要服从神过于服从你们。只要我一息尚存,就决不放弃哲学。"他把自己比作一只牛虻,其职责是不停地叮咬人们,唤醒人们,使人们对专注于钱财和荣誉、不在意智慧和灵魂的生活感到羞愧。

原则不肯放弃,还有一个方法能够影响判决。按雅典的惯例,被告的妻儿可以到庭恳求轻判,这种做法往往有效。苏格拉底有妻子,有三个儿子,其中两个还年幼,但他不让他们到庭。他不屑于为此,讽刺说:"我常见有声望的人受审时做出这种怪状,演这种可怜戏剧,他们是邦国之耻。"

投票的结果是以二百八十一票比二百二十票宣告他有罪。票数相当接近,说明在场不少人还是同情他的。审判进入第二步,由原告和被告提议各自认为适当的刑罚,审判员进行表决,在二者中择一。美勒托提议判处死刑。苏格拉底说:"我提议用什么刑罚来代替呢?像我这样对城邦有贡献的人,就判我在专门招待功臣和贵宾的国宾馆用餐吧。"说这话是存心气人,接下来他有些无奈地说:我每日讨论道德问题,省察自己和别人,原是于人最有益的事情。可是,一天之内就判决死刑案件,时间太短,我已无法让你们相信一个真理了,这个真理就是"未经省察的人生没有价值"。

要逃避死刑,有一个通常的办法,就是自认充分的罚款。只要款额足够大,审判员往往宁愿选择罚款而不是死刑。说到这一层,苏格拉底表示,他没有钱,或许只付得起一个银币。这是事实,他荒废职业,整日与人谈话,又从不收费,怎能不穷。不过,他接着表示,既然在场的柏拉图、克里托等人愿为他担保,劝他认三十个银币,他就认这个数吧。这个数也很小,加上他的口气让人觉得是轻慢法庭,把审判员们有限的同情也消除了。人们终于发现,最省事的办法不是听他的劝反省自己,而是把这个不饶人的家伙处死。

判决之后,苏格拉底作最后的发言,他说:我缺的不是言辞,而是厚颜无耻,哭哭啼啼,说你们爱听的话。你们习惯看到别人这样,但这种事不配我做。"逃死不难,逃罪恶难,罪恶追人比死快。我又老又钝,所以被跑慢的追上,你们敏捷,所以被跑快的追上。我们各受各的惩罚,合当如此。"然后,又以他特有的反讽委托判官们一件事:"我儿子长大后,如果关注钱财先于德行,没有出息而自以为有出息,请责备他们,一如我之责备你们。"这篇著名辩词用一句无比平静的话结束:"分手的时候到了,我去死,你们去活,谁的去路好,唯有神知道。"

三

每年的德利阿节,雅典政府要派出朝圣团乘船渡海,去阿波罗诞生地德洛斯祭祀,法律规定朝圣团未返回就不得行刑。对苏格拉底的审判是在船出发的第二天进行的,因此他必须在监狱里等候一些日子。趁着船没有回来,让我们就近观察一下这位哲学家,回顾一下他的身世和行状。

首先引起我们注意的是他的奇特长相。虽然他生在雅典,却完全不像是一个希腊人。他有一张扁平脸,一个宽大的狮鼻,两片肥厚的嘴唇。这张脸丑得如此与众不同,以至于一个会看相的异邦人路过雅典,看见了他,当面说他是一个怪物。他有一个大肚子,但身体壮实,与人谈话时总是侧低着头,目光炯炯,像一头公牛。

他出身贫贱,父亲是雕刻匠,母亲是接生婆。子承父业,他自己年轻时也以雕刻为业,据说雅典卫城入口处的美惠女神群像就是他的作品。不过,他对这门行业颇有微词,嘲笑雕刻匠尽力把石块雕刻得像人,在自己身上却不下功夫,结果使自己看上去像是石块而不是人了。为了维持起码的生计,他大约仍不免要雕刻石块,但更多的时候干起了雕刻人的灵魂的行当。在相同的意义上,他还继承了母业,乐于做思想的接生婆。

不像当时和后来的许多哲学家抱定独身主义,他在婚姻问题上倒是随大流的,而且娶了两个老婆。第一个老婆克珊西帕为他生有一子,后来,据说是因为战争,雅典人口锐减,当局允许讨小老婆,他又娶法官的女儿密尔多,再得二子。克珊西帕是有名的泼妇,一个众所周知的故事是,一次苏格拉底在挨了一顿臭骂之后,克珊西帕又把一盆脏水扣在他的头上,而他只是轻描淡写地自嘲道:"我不是说过,克珊西帕的雷声会在雨中结束?"他如此解释与悍妇相处的好处:一旦驯服了烈马,别的马就好对付了;与克珊西帕在一起,他学会了调整自己,从而可以适应任何人。其实他心里明白,和他这样一个不顾家计的人过日子,当妻子的并不容易,所以常常在挨骂后承认骂得有理。他是通情达理的,大儿子忍受不了母亲的坏脾气,向他抱怨,他总是站在母亲的立场上好言规劝。

苏格拉底的家境必定十分清贫。他在法庭上说:"多少年来,我抛开自己的一切事务,只为你们忙,不取报酬,我的贫穷就是证据。"这一点无可怀疑。他自称"业余哲学研究者",与人谈话只是出于爱好,任何人想听就听,自己不要老师的身份,所以也就不收费。当时一班智者靠哲学赚钱,他对此感到震惊,说自称教导德行的人怎么能索取金钱为报酬。他也决不收礼,认为一个人从任何人收取金钱,就是给自己树立了一个主人,把自己变成了奴隶。对于来自显贵和国王的邀请及礼物,他一概拒绝。一个有钱有势的崇拜者要送他一大块地盖房,他问道:"假如我需要一双鞋子,你为此送给我一整张兽皮,而我竟然接受,岂不可笑?"其实他连鞋子也不需要,无论冬夏都光着脚丫,穿一件破衣。这也许有穷的原因,但更多是为了锻炼吃苦耐劳的能力。

苏格拉底的学生安提斯泰尼创立犬儒哲学,主张把物质需要减到最低限度,以求获得最大限度的精神自由。这个思想实际上肇始于苏格拉底。他常说,别人是为了吃而活,他是为了活而吃。他偶尔也出席朋友们的宴会,而且酒量无敌,但平时节制饮食,讨厌大吃大喝。荷马史诗《奥德修记》中的女巫喀耳刻用巫术把俄底修斯的同伴们变成了猪,他提出歪解:喀耳刻是通过大摆宴席把人变成猪的。有一天,他逛雅典市场,看完后叹道:"原来我不需要的东西有这么多啊!"智者安提丰问他:"哲学家理应教人以幸福,你却吃最粗陋的食物,穿最褴褛的衣服,岂不是在教人以不幸吗?"他答道:"正相反,一无所需最像神,所需越少越接近于神。"

不过,他虽然鄙视物质,却十分注意锻炼身体。其实二者都是为了做身体的主人,使它既不受物欲牵制,又能应付严酷的环境。每天早晨,他都去体育场锻炼,身体健壮超于常人。雅典流行好几场瘟疫,他是唯一没有被感染的人。他的后半生在长达二十七年的伯罗奔尼撒战争中度过,参加过三次战役,他的强壮体魄——当然,还有他的勇敢——在战争环境中显出了优势。据当时与他一起参战的青年阿尔基比亚德回忆,他的身体具有惊人的适应能力,食品匮乏时比谁都能忍饥,供应充足时又比谁都吃得多。酷寒中,别人皆以毛毡裹身,他却光脚走在冰上。一次战败,全军溃逃,只有他一人从容撤退。他是重装步兵,身上挂满辎重,"昂首阔步,斜目四顾",一看就不是好惹的,敌人也就不敢惹他。他还单独杀进重围,救出受伤的阿尔基比亚德,事后颁奖,又把奖章让给了阿尔基比亚德。

作为一个哲学家,苏格拉底抱定宗旨,不参与政治。然而,一旦违心地被卷入，他必站在一个正直公民的立场上坚持正义。六十三岁时，他曾代表本族人进入元老院，且在某一天值班当主席。这是他一生中唯一的一次做"官"。当时，雅典海军打了一个胜仗，撤退时，因狂风突起，未能收回阵亡士兵的尸体，人民群情激愤，要求集体判处为首的十将军死刑。就在他当主席的那一天，这个提案交到法庭，他冒犯众怒予以否决。可惜第二天别人当主席，十将军仍不免于死。若干年后，僭主上台，命他和另外四人去捉一个富翁来处死，别人都去了，唯有他抗命。

由上面勾画的轮廓，我们可以看到，苏格拉底具有自制、厚道、勇敢、正直等种种一般人也都称道的美德，这样一个人应该是人缘很好的。最后竟至于遇难，看来只能归因于他喜谈哲学了，似乎全是那张嘴惹的祸。那么，我们且看那张嘴究竟说了些什么，会惹下杀身之祸。

四

按照西塞罗的说法，苏格拉底是第一个将哲学从天上召唤到地上来的人，他使哲学立足于城邦，进入家庭，研究人生和道德问题。这个评价得到了后世的公认。苏格拉底之前的哲学家，从泰勒斯到阿那克萨戈拉，关心的是宇宙，是一些自然哲学家和天文学家。据他自述，他年轻时也喜欢研究自然界，后来发现自己天生不是这块料。所谓不是这块料，大约不是指能力，应是指气质。他责问那些眼睛盯着天上的人，他们是对人类的事情已经知道得足够多了呢，还是完全忽略了。他主张，研究自然界应限于对人类事务有用的范围，超出这个范围既不值得，也不应该。之所以不应该，是因为人不可去探究神不愿显明的事，违背者必受惩罚，阿那克萨戈拉就因此丧失了神智。

苏格拉底的思想发生根本转折，大约是在四十岁上下的时候。他在申辩中谈到了转折的缘由。有一回，他少年时代的朋友凯勒丰去德尔斐神庙求神谕，问是否有人比苏格拉底更智慧，神谕答复说没有。他闻讯大惊，认为不可能，为了反驳神谕，访问了雅典城内以智慧著称的人，包括政客、诗人、手工艺人。结果发现，这些人都凭借自己的专长而自以为是，不知道自己实际上很无知。于是他明白了：同样是无知，他们以不知为知，我知道自己一无所知，在这一点上我的确比他们智慧。由此进一步悟到，神谕的意思其实是说：真正的智慧是属于神的，人的智慧微不足道,在人之中,唯有像苏格拉底那样知道这个道理的人才是智慧的。从此以后,他便出没于公共场所,到处察访自以为智的人,盘问他们,揭露其不智,以此为神派给他的"神圣的使命"。"为了这宗事业,我不暇顾及国事家事;因为神服务,我竟至于一贫如洗。"而一帮有闲青年和富家子弟也追随他,效仿他这样做,使他得了一个蛊惑青年的坏名声。

苏格拉底盘问人的方式是很气人的。他态度谦和,仿佛自己毫无成见,只是一步一步向你请教,结果你的无知自己暴露了出来。这往往使被问的人十分狼狈。欣赏者说,他装傻,其实一大肚子智慧。怨恨者说,他是虚假的谦卑。常常有人忍无可忍,把他揍一顿,甚至扯掉他的头发,而他从不还手,耐心承受。最气人的一点是,他总是在嘲笑、质问、反驳别人,否定每一个答案,但是,直到最后,他也没有拿出一个自己的答案来。确有许多人向他提出了这一责备,并为此发火。他对此的辩解是:"神迫使我做接生婆,但又禁止我生育。"这一句话可不是自谦之词,而是准确地表达了他对哲学的功能的看法。

上面说到,苏格拉底是从自知其无知开始他特有的哲学活动的。其实,在他看来,一切哲学思考都应从这里开始。知道自己一无所知,这是爱智慧的起点。对什么无知? 对最重要的事情,即灵魂中的事情。人们平时总在为伺候肉体而活着,自以为拥有的那些知识,说到底也是为肉体的生存服务的。因此,必须向人们大喝一声,让他们知道自己对最重要的事情其实一无所知,内心产生不安,处于困境,从而开始关心自己的灵魂。"认识你自己"——这是铭刻在德尔斐神庙上的一句箴言,苏格拉底用它来解说哲学的使命。"认识你自己"就是认识你的灵魂,因为"你自己"并不是你的肉体,而是你的灵魂,那才是你身上的神圣的东西,是使你成为你自己的东西。

灵魂之所以是神圣的,则因为它是善和一切美德的居住地。因此,认识自己也就是要认识自己的道德本性。唯有把自己的道德本性开掘和实现出来,过正当的生活,才是作为人在生活。美德本身就是幸福,无需另外的报偿。恶人不能真正伤害好人,因为唯一真正的伤害是精神上的伤害,这只能是由人自己做的坏事造成的。在斯多噶派那里,这个德行即幸福的论点发展成了全部哲学的基石。康德用道德法则的存在证明人能够为自己的行为立法,进而证明作为灵魂的人的自由和尊严,这个思路也可在苏格拉底那里找到渊源。

人人都有道德本性,但人们对此似乎懵懂不知。苏格拉底经常向人说:让一个人学习做鞋匠、木匠、铁匠,人们都知道该派他去哪里学,让一个人学习过正当的生活,人们却不知道该把他派往哪里了。这话他一定说过无数遍,以至于在三十僭主掌权时期,政府强令他不许和青年人谈论,理由便是"那些鞋匠、木匠、铁匠什么的早已经被你说烂了"。其实他是在讽刺人们不关心自己的灵魂,因为在他看来,该去哪里学习美德是清清楚楚的,无非仍是去自己的灵魂中。原来,灵魂中不但有道德,而且有理性能力,它能引领我们认识道德。人们之所以过着不道德的生活,是因为没有运用这个能力,听任自己处在无知之中。在此意义上,无知就是恶,而美德就是知识。

至于如何运用理性能力来认识道德,苏格拉底的典型方法是辩证法,亦即亚里士多德视为他的主要贡献的归纳论证和普遍性定义。比如说,他问你什么是美德,你举出正义、节制、勇敢、豪爽等等,他就追问你,你根据什么把这些不同的东西都称作美德,迫使你去思考它们的共性,寻求美德本身的定义。为了界定美德,你也许又必须谈到正义,他就嘲笑你仍在用美德的一种来定义整个美德。所有这类讨论几乎都不了了之,结果只是使被问者承认对原以为知道的东西其实并不知道,但苏格拉底也未能为所讨论的概念下一个满意的定义。从逻辑上说,这很好解释,因为任何一个概念都只能在关系中被界定,并不存在不涉及其他概念的纯粹概念。但是,苏格拉底似乎相信存在着这样的概念,至少存在着纯粹的至高的善,它是一切美德的终极根源和目标。

现在我们可以解释苏格拉底式辩证法的真正用意了。他实际上是想告诉人们,人心固有向善的倾向,应该把它唤醒,循此倾向去追寻它的源头。然而,一旦我们这样做,便会发现人的理性能力的有限,不可能真正到达那个源头。只有神能够认识至高的善,人的理性只能朝那个方向追寻。因此,苏格拉底说:唯有神是智慧的,人只能说是爱智慧的。不过,能够追寻就已经是好事,表明灵魂中有一种向上的力量。爱智慧是潜藏在人的灵魂中的最宝贵特质,哲学的作用就是催生这种特质。这便是苏格拉底以接生婆自居的含义。但哲学家不具备神的智慧,不能提供最后的答案,所以他又说神禁止他生育。

苏格拉底所寻求的普遍性定义究竟是观念还是实存,他所说的神究竟是比喻还是实指,这是一个复杂的问题,我不想在这里讨论。在我看来,其间的界限是模糊的,他也无意分得太清。他真正要解决的不是理论问题,而是实践问题,即怎样正当地生活。宗教家断言神的绝对存在,哲学家则告诉我们,不管神是否存在,我们都要当作它是存在的那样生活,关心自己的灵魂,省察自己的人生,重视生活的意义远过于生活本身。

五

现在让我们回到被判了死刑的苏格拉底身边,他已经在狱中待了快一个月了。在此期间,他生活得平静而愉快,与平时没有一点不同。在生命的最后时日,他还突发了文艺的兴趣,把伊索寓言改写成韵文,写了一首阿波罗颂诗。许多富裕朋友想出资帮助他逃亡,均被拒绝,他问道:"你们是否知道有什么死亡不会降临的地方?"一个崇拜者诉说:"看到你被这样不公正地处死,我太受不了。"他反问:"怎么,难道你希望看到我被公正地处死吗?"

监禁第二十八天,有人看见那艘催命船已经开过了附近一个城市,他的老朋友克里托得到消息,天不亮就来到监狱,看见他睡得很香。等他醒来,克里托作最后的努力,劝他逃亡。他举出了种种理由,诸如别人会怪自己不尽力,使自己名誉受污,你遗下孤儿,未尽为父的责任,等等,皆被驳斥。苏格拉底强调,虽然判决是不公正的,但逃亡是毁坏法律,不能以错还错,以恶报恶。

第三十天,行刑的通知下达,若干最亲近的朋友到狱中诀别。克珊西帕抱着小儿子,正坐在苏格拉底身边,看见来人,哭喊起来:"苏格拉底啊,这是你和朋友们的最后一次谈话了!"苏格拉底马上让克里托找人把她送走。然后,他对朋友们说:"我就要到另一个世界去了,谈谈那边的事,现在正是时候,也是现在可做的最合适的事。"整篇谈话围绕着死亡主题,大意是——

哲学就是学习死,学习处于死的状态。真正的哲学家一直在练习死,训练自己在活着时就保持死的状态,所以最不怕死。为什么这么说呢?因为死无非是灵魂与肉体相脱离,而哲学所追求的正是使灵魂超脱肉体。灵魂不受肉体包括它的欲望和感觉的纠缠,在平静中生存,只用理性追求真理,它的这种状态就叫智慧。不过,活着时灵魂完全超脱肉体是不可能的,所以得不到纯粹的智慧,唯有死后才能得到。

转述到这里,我们不能不提出一个疑问:上述见解要成立,前提是灵魂不随肉体一同死亡,苏格拉底相信灵魂不死吗?似乎是相信的,他做了种种论证,包括:生死互相转化,灵魂若死灭就不能再转为生;认识即回忆,证明灵魂在出生之前已存在;灵魂占有了一个东西,这个东西才有生命,可知灵魂与死不相容。接着他大谈灵魂的修炼,轮回和业报,哲学家的灵魂已经修炼得十分纯洁,因此死后将与天神交往。很难相信这是苏格拉底本人的思想,恐怕多半是柏拉图从东方教义中听来而安在老师头上的。法庭申辩时的一句话透露了苏格拉底的真实想法:"没有人知道死后的情形,大家却怕死,仿佛确知死是最坏境界。我本人绝不害怕和躲避好坏尚不知的境界过于明知是坏的境界。"我们至少可以相信,他是怀着快乐的心情迎接死亡的。人们常把天鹅的绝唱解释为悲歌,他却说,它们是预见到另一个世界的幸福就要来临,所以唱出了生平最欢乐的歌。他的临终谈话正是一曲天鹅的绝唱。

最后的时刻来临了。克里托问他:"我们怎么葬你?"他答:"如果你能抓住我,随你怎么葬。"然后对其余人说:"他以为我只是一会儿就要变成尸体的人,还问怎么葬我。喝下了毒药,我就不在这里了。"说完便去洗澡,回来后,遵照狱吏的嘱咐喝下毒药。众人一齐哭了起来,他责备道:"你们这些人真没道理。我把女人都打发走,就为了不让她们做出这等荒谬的事来。"在咽气前,他说了最后一句话:"克里托,别忘了向医药神阿斯克勒庇俄斯献祭一只公鸡。"这颗喜嘲讽的灵魂在脱离他所蔑视的肉体之际,还忍不住要与司肉体治疗的神灵开一个玩笑。

苏格拉底的悲剧就此落下帷幕,柏拉图在剧终致辞:"在我们所认识的人中,他是最善良、最有智慧、最正直的人。"的确,不管人们对他的学说作何评价,都不能不承认他为后世树立了人生追求上和人格上的典范。据说在他死后,雅典人忏悔了,给他立了雕像,并且处死了美勒托,驱逐了安尼图斯。也有人指出,所谓惩处了控告者纯属捏造。不过,这些都已经不重要了。重要的是,让我们记住苏格拉底的遗训,关心自己的灵魂,度一个有价值的人生。

知识分子的责任

　　什么才是中国应走的道路？怎样才能使中国有个光明的远景？依照我在本书里从一开始到现在所陈示的种种,关于这些问题的解答可以浓缩成八个字:

　　道德,自由,民主,科学。

　　只有实现这四目,中国才有希望。我们要实现这四目,必须积极地努力于新的文化创建。要努力于新的文化创建,必须有健全的知识分子作努力。怎样的知识分子才算得是健全的知识分子？ 一个知识分子要成为一个健全的知识分子,必须同时满足两个条件:

　　第一注重德操;第二献身真理。

　　在目前的社会风气之中谈道德,不是被人讥为迂阔,就是容易被人认为虚伪。的确,在谈道德的人物中多的是这两种人。可是,我们不能因此就不要道德。有没有人因市面流行假钞票而根本不用钞票？稍一反思,现在的道德问题实在是严重。在这迷茫失绪的世界里,人事朝夕变幻多端。我们把握着什么？我们靠什么作定力？我们必须怎样才能免于失落？各种无定向的风在乱吹,一忽儿东,一忽儿西,令人何所适从？我们怎样站稳脚跟？现在,有些人在权势面前是一套,转过背来对弱小是另一套。脸谱的变换,比戏台上还要快。他们到张家是这个样子,到李家是那个样子。中间一点连贯也没有,一点共同的基本原则也没有。自己跟自己不一样。自己把自己在各种不同的应付人事的场合撕成碎片。结果,自己不见了,只剩下一张名片。这样的存在,像马路边灰尘般的存在,

---

　　①　殷海光(1919—1969),学者、中国台湾大学哲学系教授。

像汽车后面排出的烟似的存在。我们最核心的需要是始终维持"自同(self-sameness)",是保持"内部巩固(inner solidarity)",是静悄地作"自我综合(ego-synthesis)①"。这就需要德操作中主了。我们身处在这样一个光怪陆离的时代,要像屹立海岸的奇崖,任它风吹雨打,鱼虾相戏,狂浪拍击,我则屹立不移。坚固道德的完整,方可收敛散漫的心灵。只有照着道德原则的指标走去,才可免于掉进远远近近大大小小的鳄鱼潭。我们能否见小利而不忘大义?我们能否处贫困而不改素志?我们能否视马路上的富贵若浮云?我们能否坚持理想而不受惑?我们能否不把廉价的恭维当作"精神食粮"?我们能否在无端受侮辱与迫害时处之以宁静?凡此等等问题,都是知识分子常常遭遇到的问题,而且在实际中必须认真面对的。这些问题在纸上解答都是容易的,坐而论道也不太难。只有在实际的情况出现,身历其境,受到临场的考验时,才可测出一个人的德操之深浅高低。在这种虚华而又沦丧的岁月,一个知识分子要保持道德原则,实在是难上加难。但是,功夫就在这里。

如第十三章所述,道德而无相干的知识作充足条件时是盲目的。我们处身在这个鱼龙混杂的时代,不可少的是分辨能力。据斯泰因(Maullce R. Stein)和维底奇(Arth-ur, J. Vidich)说②,莎士比亚剧描写的哈姆雷特(Hamlet)的中心性格,是到一个社会里去寻求个人的真实性。在他所到的社会里,集体的真实性已不复能够认为没有问题了。于是,他的追寻变为寻求他个人的认同。这也就是说,他只能去找和他相同的个人,团体已经不可靠了。但是,他发现这只能借着细心考查他与他周围之真实的和想象中的人之关系才能得到。结果,哈姆雷特发现男女人们把最光荣的仪态和角色当做真实的,尤其是把合于并保卫他们所喜爱的自我影像的人当做真实的。在阿塞罗(Othello)里,莎土比亚告诉大家,有些人的情感导引他们把"虚假的"自我影像和角色当做真实的,以致毁掉了他们的生命。伊亚哥(Lago)装得像是一个顾问和朋友的样子,来导引阿塞罗走入歧途。其实他充满了邪恶的动机。阿塞罗回答伊亚哥的假殷勤,而且受自己被抑压的情感之驱使,他与一个谋杀者同流,并把德士底摩纳(Desd Gmona)和他自

---

① Erik Homburger Erikson, The Problem of Ego Identity, in Identity and Anxiety, edited by Maurlce R. Stein, Atthur J. Vidich and David Manning White, 1926.

② 同注,Maurice R. Stein and Arthur J. Vidich, Identity and History: An Overview.

已毁掉了。不过,莎士比亚细心弄明白了,阿塞罗并不止是一个谋杀者而已,他也是很神圣而高贵的。可是,莎士比亚所注意的,是这样的高贵之如朝露,阿塞罗往往表现着两面性格,他没有内在的调和。

在这个时代,伊亚哥这种角色以形形色色的姿态出现,我担心知识分子变成阿塞罗。

际此时日,真是歧路亡羊,是非不明。是非不明,社会没有不乱的。所以清理是非是一百年大计。这件事是知识分子责无旁贷的。中国的传统一向是知识分子乃社会的指南针。是非被保持在知识分子那里,而且真正的知识分子把是非之分际看得非常严重。正因此故,每次大乱过后总可保持一点命脉。清末以来,政事议论,国家大计,也莫不以士流清议为重。行动人物有时也以知识分子的是非为是非①。然而,近几十年来逐渐搞倒了头。知识分子逐渐放弃自己的见地,让出自己的思想主权,以行动人物的是非为是非。甚至民国初年以来知识界的若干健将,也失去独自思想的能力,以流行的意见为真理。之所以致此,说来真是话长。我现在只提出几点:第一,有些知识分子所见本来不深。不深的见解易被大众的意见声威所慑伏、所转移。第二,发言投机取巧。这种言论经不起考验。第三,在大震荡之中丧失定见,结果把是非的判断交给果决的行动人物。这是弗洛门(Erich Fromm)所说"逃离自由"②的一面。另外也有知识分子的是非没有完全跟着行动人物的是非走。彼等之所以如此,并非基于认知,而是以承继道统自命,抱紧圣像不放。这类人士倒是有点是非,可惜是"向后看齐"的是非。这种玄古的制式是非,很少切合当前的实际和创新文化的需要。

近几十年来,行动人物的是非和观念人物的虽然并不是完全违离的,然而究竟是两个不同的类,关于这两个类之不同,从我在前面所指陈的行动人物与观念人物之种种不同,可以推论若干出来。真正的观念人物重理想;行动人物重实际。某一个时代,在许多不同类型的人物之中,究竟是哪一类型的人物居于导演的地位,这是各种现实情势造成的,这样的结果,我叫做"历史的偶然"。关于

① 如果一个人既是知识分子又是行动人物,那么他应以知识分子为重。这样方不致迷失在现实的混乱中。

② Erich Fromm, Escape from Freedom, New York, 1958.在长期混乱的时代,人陷于不定的情况之中时,即令是珍爱自由的人,也难免放弃自由而照着强制的规定行事。

"历史的偶然"，我现在没有什么可说的，这只有留待别的机会去讨论。如果历史是人类的舞台，那么似乎本来就是昨天某甲登台表演，今天某乙来表演，明天又不知谁来表演。同是搞科学工艺的，过去叫做"畸人"。这是一个不被圣化社会重视的类。可是，到了今天搞科学工艺的被叫做"专家"。"专家"几乎是人上人了。同样是弄表演艺术的，过去叫"优伶"。我们由"与倡优同蓄"这一句话可以看出他们的社会地位是够低了。可是到了今天，"歌星"是被捧的对象。据说有的歌星一支曲罢所得胜过一位教授一月的薪金。在人类历史舞台上的某一幕中，行动人物登台献演，这只好说是"时势使然"。然而，如果说行动人物的是非是为天下后世法，并且知识分子的是非也得跟着走，那就似乎有点"越界筑路"。行动人物中之最优秀的，所作所为的置点只在事功。事功上的道理局限得很。更何况有时是离题千里！行动人物的是非，揭开优美的修辞学来看，根本多属从局部的感情、利害、得失、声威要求、个人及团体的意气出发的。我不知道这些因素与知识有什么相干。然而，这些因素经过细心经营而且建构化以后，居然成为是非的标准。影响所及，似乎不是历史上一幕两幕就能过去的。

我们在知识分子之间可以很显著地看到这种影响。当梁启超的新说风靡时，当早期的陈、胡倡导的新潮澎湃时，有许多人赞同，也有不少人反对。赞同的是真诚的赞同，否则不会产生那么广大的影响。反对的也是真诚的反对，否则保守势力不会那么顽强。这种真诚，到现在似乎愈来愈微茫了。时至今日，知识分子似乎愈来愈彼此陌生，而且互相怀疑彼此的动机①。若干知识分子之狂热追求个人的煌大，远甚于追求真理。彼等一般的对个人声名的饥渴，远甚于对真理的饥渴。于是，知识方面的工作被用为达到这类目标的手段。评论往往变成捧或骂的化身。来历入私人因素的文字实在难逢。现代生活日渐享受，彼此之间的竞争不易避免。个人的现实需求挤走了对无关利害的客观真理之追求。这一趋势，把人们的思路引向一条死巷子：一切思想言论几乎已无客观效准可言。一切思想言论都依利益或人事关系来解释。只要是在同一条线上的，便捧入九天之上；只要不是在同一条线上的，便踩入九地之下。彼此的语言不通，彼此不了解，也不求了解。各人努力的方向像光线的漫射。彼此努力的成果流失在相互

① Consult Karl Mannheim, Ideoloy and Utopia, New York, 1945, Preface by Louis Wirth.

的抵消中。几十年来现实权利争夺所铸成的意识模型已在知识分子之间隐约可见。现今的若干知识分子一般把个人或团体的情绪当真理,把一时流行的意见当是非的准绳,而思想则随着流行的音乐打转。所以,知识界成为一个失血的人。他除了制造大量的统计数字以外,剥落了昔日的光和热,更未能给人以新的展望。

社会总要有些知识分子来累积,保存,再制,并传授知识。知识分子是一般地失落了;要救起知识分子的还只有知识分子自己。每个人有而且只有一个一生。这一个一生极容易自己浪费或被别人浪费掉了,无论是自己浪费或被别人浪费掉了,既已逝矣,即永不再来了。回顾这几十年来,在时代的大波动中,比起别国的知识分子,中国知识分子的浪费委实是太多太大了。人生不能仅靠反什么而活。只有积极的努力所产生的积极成果才能在当今之世发生自救救人的真实作用。就知识分子而论,努力于知识和真理的探求是中心的任务。从一长远的过程和根本的培养来说,一个社会文化还有什么比知识和真理更重要呢?然而,我们必须认识清楚,真理是吃素的。当财富太多时,真理就逃走了。当权势临头时,真理就远避了。财富可以购买金山,但买不来一条定律。权势可以使人在它面前谄笑,可以使人在它面前歌颂,可以使人在它面前屈膝,但是制造不出真理。一切靠权势支持的"真理"都是可疑的。一切从权势里分泌出来的"真理"更属可疑。权势可以毁灭人的身体,但是毁灭不了真理。有而且只有这样的真理才是值得我们追求的。古往今来,献身追求真理的人,常能和寂寞为友。真理是轻微的声音,他要诉说与清醒的心灵。太好热闹、不甘寂寞的人,周旋在鸡尾酒会里,听一片喧笑,到哪里去找到真理的踪影?真理不靠权威成长。大众的起哄只有把真理吓跑了。牛顿定律不产生于群众大会。爱因斯坦的相对论并非集体创作。罗素的哲学更不是遵照什么路线走出来的。独自的探索是通向真理的幽径,多数的协作和讨论可以给人启发,但最后的吸收和创造还是着落到个人的独自思考。

然而,这并不是说,我们要提出一个文化理想,就是自创一个什么意底牢结,或者是关起门来为世界设计一个什么"蓝图"。这个时代已到尾声了。我们要树立一个文化思想,有人的普遍价值之实现作远景,有现成的科学知识和技术可资利用。关于这方面的种种,已经蕴含在前面几章的讨论里了。

就中国的社会文化所出的大病症来说,中国的知识分子首当其冲。既然中国知识分子首当其冲,于是有必要也有义务在世界的配景之中来研究这类问题。中国的问题既然根本是出在社会文化上,于是要解决这个问题也只有在根本上从社会文化的创建着手。这里所说创建社会文化,就是从头创建一个适于大家生存和发展的现代文化。我们需要从目的社会(telocratic society)走向波柏尔(K. Popper)所说的"开放社会(open society)"。在这样的社会文化里,我们的思想和行为,不再受无谓的前例、禁忌、复杂意结、人身神话等等的束缚,而是以合于人生的德目及理知为指归。一谈到这些问题,事体就大了,端绪就多了,可努力的方向就多了。首先,我们在从事这一金字塔式的工作时,我们的胸襟必须是"为万世开太平"而铺路。我们希望透过自由文化的默运力,中国终于能够消解目前的种种暴戾之气,而出现一个重道德、有自由、行民主的境象。就知识分子来说,还有什么事比这更值得做? 还有什么工作比这更巨大? 还有什么境界比这更开阔? 照我看来,将我们的才智和努力安置在这一配景之中,我们就会觉得人生有了意义,人生有了价值,人生有了确实的目的。

当然,从事社会文化的创建,正同从事一切根本全图一样,收效是比较缓慢的,但确会宏大。让一切短视的现实主义远离我们。我们应须走一条沉长的路。除了这一条远路以外,别无近路可抄,也无近功可图。曾国藩说:"天下之事,有其功必有其效。功未至而求效之遽臻,则安矣。"孟轲说:

……今之欲王者,犹七年之病,求三年之艾也。苟为不畜,终身不得。……

七年之病,需求三年之艾。百年大病,最少需求三十年之艾。

启蒙的灯塔

Qimeng de Dengta

启蒙,对于我们这个有着两千年封建传统、百多年屈辱历史的民族来说,是一个何其沉重的话题呵!这里有多位贤达关于启蒙的对话,是百年来,为这个文明的再造而融入其中的不计其数的头脑所进行的思考。

中华文化近代以来的落后,是技术的落后,是制度的落后,也是思想和文化的落后,概言之,是整个社会的全面落后。这种落后所引发的社会危机直接导致"五四"运动的爆发,一大批知识精英以此为契机,开始了对传统和现代的深刻而紧张的思考。毋庸置疑,胡适是这其中的精神领袖。他提出的"研究问题,输入学理,整理国故,再造文明"的思想,可以说是对上述危机所作出的极具智慧的洞见,至今依然可以成为接续文明发展的文化纲领。

这看似简单的十六个字,包含了思想启蒙和文化振兴的诸多重要内容。首先,所谓问题就是从理想到现实的距离。中国以儒家伦理为核心的传统文化,关注的社会人伦关系,并不强调真实的问题,这是中华文化的一个显著弱点,从中国为什么资本主义萌芽难以生长到李约瑟的问题,都与此有关。因此,我们的研究当从问题入手。其次,早期洋务运动从"师夷长技以制夷",到"中学为体、西学为用",一方面反映了我们对外视野的狭窄;另一方面则反映出我们对自身尚缺乏清晰的反省。中国传统文化研究所尊奉的方法,缺乏走向现代科学的思维原则,故此我们需重建学理。再次,"五四"运动在今天蒙受误解最多的,莫过于被指割裂传统。就整个"五四"运动进程来看,未尝没有狂飙式的激进言行,然而我们观胡适的思想可知,整理国故恰恰是其思考和认识的核心。研究问题、寻找方法固然重要,但这些只是我们重新认识传统的必要手段,唯有传统才是我们安身立命的出发点。最后,经历这样一个凤凰涅槃的历程,文明才可能获得新生,文明的再造应该是我们思考自身命运的基本立场。

作为一名有强烈和清晰历史意识的前辈学者,袁伟时先生对于启蒙的判断说出我们的心声:天上地下,众声喧哗,醒来的人越来越多。山洪,谁挡得住呢?因为,火炬一直照亮着我们。

容忍与自由

胡 适①

一

十七八年前,我最后一次会见我的母校康耐儿大学的史学大师布尔先生(George Lincoln Burr)。

我们谈到英国文学大师阿克顿(Lord Acton)一生准备要著作一部《自由之史》,没有写成他就死了。布尔先生那天谈话很多,有一句话我至今没有忘记。他说,"我年纪越大,越感觉到容忍(tolerance)比自由更重要"。

布尔先生死了十多年了,他这句话我越想越觉得是一句不可磨灭的格言。我自己也有"年纪越大,越觉得容忍比自由还更重要"的感想。有时我竟觉得容忍是一切自由的根本:没有容忍,就没有自由。

我十七岁的时候(1908年)曾在《竞业旬报》上发表几条《无鬼丛话》,其中有一条是痛骂小说《西游记》和《封神榜》的,我说:

《王制》有之:"假于鬼神时日卜筮以疑众,杀。"吾独怪夫数千年来之排治权者,之以济世明道自期者,乃懵然不之注意,惑世诬民之学说得以大行,遂举我神州民族投诸极黑暗之世界! ……

这是一个小孩子很不容忍的"卫道"态度。我在那时候已是一个无鬼论者、无神论者,所以发出那种摧除迷信的狂论,要实行《王制》(《礼记》的一篇)的"假于鬼神时日卜筮以疑众,杀"的一条经典!

我在那时候当然没有梦想到说这话的小孩子在十五年后(1923年)会很热

---

① 胡适(1891—1962),著名学者、历史学家、文学家、哲学家。

心地给《西游记》作两万字的考证！我在那时候当然更没有想到那个小孩子在二三十年后还时时留心搜求可以考证《封神榜》的作者的材料！我在那时候也完全没有想想《王制》那句话的历史意义。那一段《王制》的全文是这样的：

析言破律，乱名改作，执左道以乱政，杀。作淫声异服奇技奇器以疑众，杀。行伪而坚，言伪而辩，学非而博，顺非而泽以疑众，杀。假于鬼神时日卜筮以疑众，杀。此四诛者，不以听。

我在五十年前，完全没有懂得这一段话的"诛"正是中国专制政体之下禁止新思想、新学术、新信仰、新艺术的经典的根据。我在那时候抱着"破除迷信"的热心，所以拥护那"四诛"之中的第四诛："假于鬼神时日卜筮以疑众，杀。"我当时完全没有梦到第四诛的"假于鬼神……以疑众"和第一诛的"执左道以乱政"的两条罪名都可以用来摧残宗教信仰的自由。我当时也完全没有注意到郑玄注里用了公输般作"奇技异器"的例子；更没有注意到孔颖达《正义》里举了"孔子为鲁司寇七日而诛少正卯"的例子来解释"行伪而坚，言伪而辩，学非而博，顺非而泽以疑众，杀"。故第二诛可以用来禁绝艺术创作的自由，也可以用来"杀"许多发明"奇技异器"的科学家。故第三诛可以用来摧残思想的自由，言论的自由，著作出版的自由。

我在五十年前引用《王制》第四诛，要"杀"《西游记》《封神榜》的作者。那时候我当然没有想到十年之后我在北京大学教书时就有一些同样"卫道"的正人君子也想引用《王制》的第三诛，要"杀"我和我的朋友们。当年我要"杀"人，后来人要"杀"我，动机是一样的：都只因为动了一点正义的火气，就都失掉容忍的度量了。

我自己叙述五十年前主张"假于鬼神时日卜筮以疑众，杀"的故事，为的是要说明我年纪越大，越觉得"容忍"比"自由"还更重要。

我到今天还是一个无神论者，我不信有一个有意志的神，我也不信灵魂不朽的说法。但我能够容忍一切信仰有神的宗教，也能够容忍一切诚心信仰宗教的人。

我自己总觉得，这个国家，这个社会，居然能有这雅量，能容忍我的无神论，能容忍我这个不信神也不信灵魂不灭的人，能容忍我在国内和国外自由发表我的无神论的思想，从没有人因此用石头掷我，把我关在监狱里，或把我捆在柴堆上用火烧死。我在这个世界里居然享受了四十多年的容忍与自由。我觉得这个国家,这个社会,这个世界对我的容忍度量是可爱的,是可以感激的。

所以我自己总觉得我应该用容忍的态度来报答社会对我的容忍。所以我自己不信神,但我能诚心的谅解一切信神的人,也能诚心的容忍并且敬重一切信仰有神的宗教。

我要用容忍的态度来报答社会对我的容忍,因为我年纪越大,我越觉得容忍的重要意义。若社会没有这点容忍的气度,我决不能享受四十多年大胆怀疑的自由,公开主张无神论的自由。

二

在宗教自由史上,在思想自由史上,在政治自由史上,我们都可以看见容忍的态度是最难得,最稀有的态度。人类的习惯总是喜同而恶异的,总不喜欢和自己不同的信仰、思想、行为。这就是不容忍的根源。不容忍只是不能容忍和我自己不同的新思想和新信仰。一个宗教团体总相信自己的宗教信仰是对的,是不会错的,所以它总相信那些和自己不同的宗教信仰必定是错的,必定是异端,邪教。一个政治团体总相信自己的政治主张是对的,是不会错的,所以它总相信那些和自己不同的政治见解必定是错的,必定是敌人。

一切对异端的迫害,一切对"异己"的摧残,一切宗教自由的禁止,一切思想言论的被压迫,都由于这一点深信自己是不会错的心理。因为深信自己是不会错的,所以不能容忍任何和自己不同的思想信仰了。

试看欧洲的宗教革新运动的历史。马丁·路德(Martin Luther)和约翰·高尔文(John Calvin)等人起来革新宗教,本来是因为他们不满意于罗马旧教的种种不容忍,种种不自由。但是新教在中欧北欧胜利之后,新教的领袖们又都渐渐走上了不容忍的路上去,也不容许别人起来批评他们的新教条了。高尔文在日内瓦掌握了宗教大权,居然会把一个敢独立思想,敢批评高尔文的教条的学者塞维图斯(Servetus)定了"异端邪说"的罪名,把他用铁链锁在木桩上,堆起柴来,用慢慢的火烧死。这是 1553 年 10 月 23 日的事。

这个殉道者塞维图斯的惨史,最值得人们的追念和反省。宗教革新运动原来的目标是要争取"基督教的人的自由"和"良心的自由"。何以高尔文和他的信徒们居然会把一位独立思想的新教徒用慢慢的火烧死呢？何以高尔文的门徒（后来继任高尔文为日内瓦的宗教独裁者）柏时（de Beze）竟会宣言"良心的自由是魔鬼的教条"呢？

基本的原因还是那一点深信我自己是"不会错的"的心理。像高尔文那样虔诚的宗教改革家，他自己深信他的良心确是代表上帝的命令，他的口和他的笔确是代表上帝的意志，那么他的意见还会错吗？他还有错误的可能吗？在塞维图斯被烧死之后，高尔文曾受到不少人的批评。1554 年，高尔文发表一篇文字为他自己辩护，他毫不迟疑地说："严厉惩治邪说者的权威是无可疑的，因为这就是上帝自己说话。……这工作是为上帝的光荣战斗。"

上帝自己说话，还会错吗？为上帝的光荣作战，还会错吗？这一点"我不会错"的心理，就是一切不容忍的根苗。深信我自己的信念没有错误的可能（infallible），我的意见就是"正义"，反对我的人当然都是"邪说"了。我的意见代表上帝的意旨，反对我的人的意见当然都是"魔鬼的教条"了。

三

这是宗教自由史给我们的教训：容忍是一切自由的根本；没有容忍"异己"的雅量，就不会承认"异己"的宗教信仰可以享受自由。但因为不容忍的态度是基于"我的信念不会错"的心理习惯，所以容忍"异己"是最难得，最不容易养成的雅量。

在政治思想上，在社会问题的讨论上，我们同样地感觉到不容忍是常见的，而容忍总是很稀有的。我试举一个死了的老朋友的故事作例子。四十多年前，我们在《新青年》杂志上开始提倡白话文学的运动，我曾从美国寄信给陈独秀，我说：

此事之是非，非一朝一夕所能定，亦非一二人所能定。甚愿国中人士能平心静气与吾辈同力研究此问题。讨论既熟，是非自明。吾辈已张革命之旗，虽不容退缩，然亦决不敢以吾辈所主张为必是而不容他人之匡正也。

独秀在《新青年》上答我道：

鄙意容纳异议，自由讨论，固为学术发达之原则，独于改良中国文学当以白话为正宗之说，其是非甚明，必不容反对者有讨论之余地；必以吾辈所主张者为绝对之是,而不容他人之匡正也。

我当时看了就觉得这是很武断的态度。现在在四十多年之后,我还忘不了独秀这一句话,我还觉得这种"必以吾辈所主张者为绝对之是"的态度是很不容忍的态度,是最容易引起别人的恶感,是最容易引起反对的。

我曾说过,我应该用容忍的态度来报答社会对我的容忍。我现在常常想我们还得戒律自己:我们着想别人容忍谅解我们的见解,我们必须先养成能够容忍谅解别人的见解的度量。至少我们应该戒约自己决不可"以吾辈所主张者为绝对之是"。我们受过实验主义的训练的人,本来就不承认有"绝对之是",更不可以"以吾辈所主张者为绝对之是"。

自 由 与 容 忍

张中行①

　　这是学术空气笼罩下的应有之义，因为我认为很重要，而后来成为稀有，所以想提出来加重说说。自由，意义很广泛，相关的问题也就很多，我在拙作《顺生论》里曾经辨析。那里所说偏于政治自由。比如还有意志自由，是道德哲学里应该讨论的。本篇所谓自由，容忍，同是学术范围内的。这是一种精神或心理状态，具体可分为对己和对人两个方面：对己，一切自己想到的事物的有关真假、对错、是非、好坏的评断，抛开任何性质的权威，只信任自己的理性；对人，别人凭自己理性认为可信而不同于自己的，尊重，即承认同样有他或她的自由。心理状态，也是一种唯心论吗？影响却很不小，比如其大者，所得的知见就容易近真；其小者，即便人有权大权小之别，也不会出现权大者强制权小者遵命讲说违心之论的现象，或惩治讲说不违心之论的现象。

　　这是北京大学的红楼精神。精神，无形，只好拉一些有形的，或说是轶事吧，来显示。轶事，近于鸡毛蒜皮，只是因为用新时代的眼光看，也成为广陵散，所以不避琐屑，说说，以期不及见嵇叔夜的人也能听听。

　　一件，牵涉校长蔡元培先生，所以先说。蔡先生也曾接近西学，并在美学和伦理学方面有所述作，可是不知怎么一来，竟也患了相信自己幻想的病，继王梦阮的《红楼梦索隐》之后，写了一本《石头记索隐》。索隐，是以为小说中的人和事都有所影射，以人为例，在王梦阮的索隐中，林黛玉影射董小宛，已经够离奇了，到蔡先生则进一步做了变性手术，成为朱彝尊。其后胡适先生任北京大学教

---

① 张中行(1909—2006)，著名学者、哲学家、散文家。

授,在蔡先生治下,用由西方学来的科学精神和科学方法,写了《红楼梦考证》,说索隐派的办法是牵强附会,其实据多种史料,可知所写为作者家中事。对此,蔡先生至少没有口服,怎么办呢?新风是发动属下各色人等批判,使之倒且臭,不敢还言。北大的红楼精神不是如此,即如蔡先生,是承认胡先生有发表并坚持己见的自由,自己不同意,容忍,所以只是在《石头记索隐第六版自序》里表示一下自己的与胡先生商榷的意见。而且不只此也,其时胡先生为了更加证实他的自传说,正在加紧搜求敦诚的《四松堂集》。后来天假良缘,居然买到这部书的写本。其后他又见到刻本,情况是这样:

> 我在四月十九日得着这部《四松堂集》的稿本。隔了两天,蔡子民(蔡先生字子民)先生又送来一部《四松堂集》的刻本,是他托人向晚晴簃诗社里借来的。……这可以证明我的底本格外可贵了。蔡先生对于此书的热心,是我很感谢的。(跋《红楼梦考证》)

对于学术方面的异己,是帮助,是感谢,且不管这样能不能更容易地辨清是非,单就人际关系说,雍容揖让,也总是可怀念的吧。

又一件,也与胡适先生有关。其时他用西法治中国哲学史,在北京大学开这门课,并著《中国哲学史大纲》(只成上卷)。对于古人和古书,他从传统,把"老子"或《老子》放在前面。从旧说是信,而以《古史辨》为旗手的考古风是推重疑。疑老子以及其书的年代,主要是钱穆先生,他既有大部头著作《先秦诸子系年》,又发表零篇文章(曾集为《老子辨》),论证老子,其人其书,都是战国时期的。对此,胡先生没有"尽弃其所学而学",于是就不免于争论。钱先生是以为,自己的主张已成定案,胡先生应该举白旗,表示投诚。胡先生则认为,钱先生的论断,证据还不充分,甚至论证方法还有问题,各不相让。据说有一次,争论竟发展到在教授会(上课前的休息室)上斗口。钱先生说,老子的年代晚,已无疑义,胡先生你还是把旧说放弃了吧。胡先生答,我觉得证据还不够,如果证据充分,我就连我的老子(父也)也不要了。听者都为之破颜。争论,能维持开口笑,在北大红楼是家常便饭。

又一件,扩大到教师和学生间的。是某同学告诉我,一次,开有关佛学的讨论会,有几十人参加,其中有胡适先生和哲学系同学韩镜清(同我很熟)。胡先生发言,讲得不少,估计又是他一贯的用历史眼光看吧,韩镜清认为不对,站起来说:"胡先生,你不要说了,你说的都是外行话。"与会的都一愣,因为这是违反自由与容忍精神的。胡先生不愧为胡先生,停一下,接着平平静静地说:"我自知对于佛学造诣很浅,所说不免多误,但是,能不能让我说完了?"与会的都说,当然要说完了,于是胡先生接着说下去。这件事,我没问过韩镜清,因为我推想,他这一时的无名之火,与长远的北大红楼精神对照,是很快就会悔悟的。

又一件,也是教师与学生间的。这次是亲见,不是耳闻。是上俞平伯先生的古诗课,听课的不少。他讲"枯桑知天风,海水知天寒",说知就是不知,所以风吹而无阻挡,天冷而水不结冰。一个同学站起来说:"俞先生,你这样讲有根据吗?"俞先生仍然平静,说"有",接着在黑板上写,古书上一处,两处,三处,记得写到六处,都是什么作不什么讲,所谓反训,那位同学又站起来说:"俞先生,你不要再写了,我信啦。"心里有所疑就说是自由,听者不以为忤是容忍,在北大,这是司空见惯的。

顺着讲的自由说下去。有所见,甚至成一家之言,如钱穆先生把《楚辞》上的地名都移到江北,在课堂上可以任意发挥,不新奇,新奇的是有些胡思乱想,甚至发展成为胡说八道,在红楼中也可以获得容忍的待遇。这方面的典型人物是国文系的教授林公铎(名损)。他古书念得不少,长于记诵,也许天性就有些近于祢衡,二十出头就来北大任教授更助长他的狂气。恕我也狂一次,是据我看,他是食古并未大化。他著作不多,我只见过一本《政理古微》,像是集些传统概念兜圈子。可是他自视甚高,喜欢发怪论,还好骂人。先说骂人,因为是亲见。他上课之前常是喝葡萄酒半瓶,脸红红的。单说有一次,是唐诗课吧,又是脸红红的,走上讲台之后,忽然想到白话和新式标点,气不从一处来,说提倡这个,就是因为自己不通古文,意思是,如果通,就用不着白话,用不着断句。越说火气越大,最后集中到新式标点,说一次看什么文件,里面有他的名字,左旁竟打一个杠子,"这成什么话!"再往下看,有胡适,左旁也有一个杠子,"我的气才消一些"。听到此,学生都大笑。林先生像是很得意,就这样,一堂课已经过去一半。当然,学生中不乏新派,可是,一半由于听听好玩,或主要还是由于惯于容忍,所以竟没有人驳他。还有更容更忍的情况。是听通县师范同学兼北大国文系同学(比我早一年)田春霖说,他上林先生唐诗课,听讲杜甫《赠卫八处士》,说"夜雨剪春韭,新炊间黄粱"是慢待,"这是用黄粱米饭、炒韭菜招待杜甫,所以杜甫生气了,说'明日隔山岳,世事两茫茫',意思是此后你干你的,我干我的"。我想,如果田春霖同学没有听错,这是林先生学阮籍、刘伶之流,故意说怪话,且不管他;这里值得注意的是同学都具有容忍精神,所以能见怪不怪。

关于上课的自由与容忍,还有可以说说的。一种是,受课的人数(指注册科注册的)没有限制,如一年级普修,可以多到二百多人;选修课,学科重要且普通,讲授者有大名,选者可以多到几十人,学科蹩脚,选者也会少到一两个人,学校是只要有人选,不管人数多少,就开课。开课,不管必修还是选修,学生还有两种自由,一是点名簿上有名却不去听,二是点名簿上无名却去听。听点名簿上有名的课,经过学期考试,及格,可以得两学分;学分够数,才能取得毕业资格。可是考试,间或也容许自由和容忍插入。也说说还记得的一些情况。一种,如党义和军训,是只要参加就及格。学生心目中所谓正式的课,也有只要参加考试就及格的。那是钱玄同先生的音韵课,记得上学期终了,我去课堂参加学期考试,响过钟,钱先生走上讲台,把一叠考卷放在讲桌上。学生自己去拿自己那份考卷,四道题夹在考卷里。钱先生则一坐下就打开自己的皮包,拿出文稿之类,在看,在写,永远不往下面看。我打开考卷,看考题,旁边一个同学小声说:"马马虎虎答三道就成了,钱先生向来不看考卷。"后来证实,考卷收齐,钱先生果然就直奔注册科,扔下考卷就回家了。适应这种特殊情况,学校刻一个木戳,文曰"及格",注册科收到未评分的考卷,只要卷面有名,就加盖及格,计入学分。钱先生这样做,显然是认为,学识方面造诣的高低,并不能由考卷上反映出来。这样的看法,据我所知,学生中也有不少人有。也就因为有这样的看法,规定有考试,教师,学生,都常常以逢场作戏的态度来应付。比如还记得,一次考大一普修英语,我不愿意去,就托陈世骧同学代办,他入考场,拿并答两份考卷,教师钟作猷先生未必不知道,只是因为有红楼的自由、容忍精神笼罩着,他就视而不见了。

最后,还要说说也许只见于北大的更大的自由与容忍的现象,是对校外人的门户开放,即非本校师生也可以随意走入某教室去听课。据我所知,对于非校内人,不掏学费入教室听课,学校并没有容许或不容许的规定,事实是容许,这只能是在北大,学术自由的风太硬,本位主义的小家子气就不能有存身之地了。若然,这种现象,也许在民初就司空见惯了吧? 且说我入学的那几年,自己亲见,以刘半农先生的古声律学为例,每次上课有十几个人听,到学期考试才知道,选这门课的只我一个人。还有更离奇的,是抗战胜利以后,学校由昆明回来,梁思成先生开中国建筑史课,曹君家琪约我去听最后一次的杂建筑,记得用幻灯介绍,有桥、塔、花园等。讲完,梁先生征求如何考的意见,没有人答话。最后弄明白,原来堂下坐的二十几个人都是旁听的。学校开课,如此容忍,也许太过了吗? 至于我的私心所愿,是母校永远这样大大方方的才好。可惜时移则事异,过去的就永远过去了。

承先启后的火炬(节选)

——致胡适之先生

袁伟时①

适之先生:

1962 年 2 月 24 日,先生突然撒手西去,倏忽 50 年过去了! 1999、2005 年,两次到台湾,均住在台北南港幽静的中央研究院内。每天早晚在小河边上、先生的故居周围和您永远安息的山岗上漫步,总会想起中国的昨天和今天,默默和先生对话。

被歪曲的文化纲领

新文化运动中,您登高一呼群山应。但思想家的心灵总有不易为人理解的一角,而人们的思虑总是千差万别。误解、曲解,伴随你生前身后。

当摧枯拉朽的新文化运动席卷大地之际,不少人追问:陈独秀、胡适他们究竟想干什么? 各人的说法大同小异,您说的最为完整:新思潮运动就是"研究问题,输入学理,整理国故,再造文明"②。

这是一个非常完整的文化纲领。可是,多元社会总会意见纷纭。

至今仍不断有人批评您"全盘性反传统"! 传统,您当然反了。专制,三纲,不反,怎么得了! 我不理解的是,那些人真的不知道您擦亮了多少蒙尘珍珠吗? 白话小说,历代中国思想史,您无疑是王国维先生以后用现代学术方法研究中国传统文化最杰出的开创者之一。多少继起的研究者沿着您开创的道路戴上博士

---

① 袁伟时(1931—),中山大学哲学系教授、中国近代史专家。
② 胡适:《新思潮的意义》,《胡适文集》第二册第 551 页,北京大学出版社 1998 年版。

方帽和拿到教授职位;又有多少大众从您激活的传统中受惠! 面对传统文化研究和出版高度繁荣的局面,为什么有些人还要瞎嚷新文化运动打断了传统呢?

北洋时期是 20 世纪中国思想文化最自由的年代,新文化运动是中国文化推陈出新的典范。进入 20 年代,陈独秀因其好走极端的性格而背离新文化运动的宗旨,变为支持侵犯言论自由的政治人物;幸得有先生在,新文化运动仍然枝繁叶茂,自由的火炬没有熄灭。把主旨和后果截然不同的两个历史进程搅成一锅浆糊,与正常的思想史研究不搭界。

说到底,民族主义太强大了。戴上有色眼镜,一个完整的文化纲领被割裂,一个生气勃勃的文化学术高潮被贬斥!"新思潮的手段是研究问题与输入学理。""新思潮对于旧文化的态度,在消极一方面是反对盲从;在积极一方面,是用科学方法来做整理的功夫。新思潮唯一的目的是什么呢? 是再造文明。"[1]提出这个主张的前提,无非是坦率承认中国落后了,必须吸纳他国的先进文明特别是先进方法,用于研究过去,创建未来。呈现在世人面前的是中国现代学术蓬勃兴起,"再造文明"的脚步异常坚实。不幸,对一个历史悠久而又遭受过严重挫折的国家说来,披着爱国主义华丽外衣的狭隘民族主义煽情,仍有广阔的市场。时至 21 世纪,有些人竟然把输入现代文化的新文化运动说成摧毁传统文化的灾难,而古代中国却成了黄金世界!

早在 1911 年,王国维先生就指出:"学无新旧也,无中西也,无有用无用也。凡立此名者,均不学之徒,即学而未尝知学者也。"[2]

正如没有中国特色的物理学、数学一样,也不可能有中国独有的政治学、社会学、经济学、史学……有些人宣布他们不喜欢的那些西方学理都包含帝国主义的祸心,应该驱逐出中国! 在爱国辞藻后面,这些人冀图画地为牢,把中国学术与世界割裂为两块,仿佛中国研究是他们的禁脔。要是以为他们完全排斥西方文化那就大错特错了! 他们力图拒之门外的是公认的现代主流文化,而叫卖的是另一种从西方旮旯里找来的极端思潮,拌上传统文化中的陈腐作料。

优秀文化是滋润万物的春风。与其喧哗扰攘,毋宁安静地阅读和思考。先

---

① 《马克思恩格斯选集》第 558 页,人民出版社 1972 年出版。
② 王国维:《〈国学丛刊〉序》。

生的书在大陆早已解禁,但愿有越来越多的年轻人坐下来细细读您的书。

关节点上的忠告

20 世纪 20 年代开始,先生改变 20 年不谈政治的初衷,提出了自由主义者的政治纲领,尖锐抨击了政坛乱象,提出许多积极的建议。

最引人瞩目的是两大历史转折关头,先生发出的忠告。

第一次是 1922 年 5 月 14 日,各报发表先生起草并由 16 人联署的《我们的政治主张》,提出"政治改革的三个基本原则":"宪政的政府","公开的政府";"有计划的政治"。当前则"我们不承认南北的统一是可以用武力做到的。我们主张,由南北两方早日开始正式议和。一切暗地的勾结,都不是我们国民应该承认的。我们要求一种公开的,可以代表民意的南北和会"①。

1922 年 6 月 2 日,徐世昌辞职。3 日,包括先生和蔡元培等二百多各界人士致电孙文,劝告他践行和徐世昌同时辞职的诺言,实现和平统一:

"乃者北京非法总统业已退职,前此下令解散国会之总统,已预备取消六年间不法之命令,而恢复国会。……北方军队已表示以拥护正式民意机关为职志。南北一致,无再用武力解决之必要。敢望中山先生停止北伐,实行与非法总统同时下野之宣言。"②

先生的洞见是推动各省自治,扩大省议会的权力,使之成为制裁军阀的基本制度。省议会天然要维护本省民众的利益,反对军阀穷兵黩武。先生以当时江苏省长韩国钧提出要发行 700 万公债,被江苏省议会否决为例,说明"我们于此可见地方权力范围之内,军阀的权威也不能不受限制。"因此,"打倒军阀割据的第一步是建设在省自治上面的联邦的统一国家。"③

事隔多年后,一些人把联省自治的主张说成是把军阀割据合法化,不管论者主观动机如何,实质不过是为国民党沉迷武力统一,建立全国范围的党国体制辩护罢了。

---

① 《努力周报》第二期,1922 年 5 月 14 日。
② 北京《晨报》1922 年 6 月 4 日。
③ 胡适:《国际的中国》,《努力周报》1922 年 10 月 1 日第 2 版。

第二次敲响警钟是 1929—1930 年间,外敌入侵的前夜,先生作狮子吼:

1. 立即实行宪政。

2. 集中力量铲除五大仇敌:"我们要打倒五大仇敌:第一大敌是贫穷。第二大敌是疾病。第三大敌是愚昧。第四大敌是贪污。第五大敌是扰乱。这五大仇敌中,资本主义不在内……资产阶级也不在内……封建势力也不在内,因为封建制度早已在两千年前崩坏了。帝国主义也不在内,因为帝国主义不能侵害那五鬼不入之国……故即为抵抗帝国主义起见,也应该先铲除这五大敌人。"①

前三个仇敌是落后,没有什么人会从中得利。后两个仇敌实质是少数人非法获利,多数人恨之入骨。没有人敢于公开反对铲除五鬼,问题在资本主义、封建主义、帝国主义不列入铲除对象! 这可与当时的激进青年不惜为之捐躯的诉求背道而驰了。

针对把吴佩孚、张作霖分别说成是受英美和日本操纵的,先生举出事实反驳后得出一个结论:"劝我们的朋友努力向民主主义的一个简单目标上做去,不必在这个时候牵涉到什么国际帝国主义的问题。政治的改造是抵抗国际侵略主义的先决问题。"②

整整 90 年过去了,历史写下的记录是:

1. 吴佩孚反对外国侵略的态度非常鲜明:"得意时清白乃心,不纳妾,不积金钱……失败后倔强到底,不出洋,不走租界。"不管威逼利诱,坚决不出任伪职。1939 年逝世后,国民政府颁发褒扬令:"沈阳变起,攖怀国难,恒以精忠自励。燕京被陷,处境益艰。敌酋肆其逼迫,奸逆逞其簧鼓,威胁利诱,层出不穷,犹能勉全所守,终始弗渝,凛然为国家民族增重。高风亮节,中外同钦!"《大公报》则称赞"其气节之高,操守之坚,尤可谓中国旧军人之最后一个典型。"③盖棺论定,哪里有一丝一毫走狗气息? 张作霖在东北,不能不敷衍日本侵略者,但骨子里反对日本侵略,终于招来杀身之祸。处处讲证据的先生,显然比从公式出发的人高出一筹。

---

①　胡适:《我们走那条路》,《胡适文集》第五册第 353 页,北京大学出版社 1998 年出版。
②　胡适:《国际的中国》,《努力周报》1922 年 10 月 1 日第 2 版。
③　《吴佩孚先生集》第 27、456 页,台湾文海出版社影印。

2. 先生一语中的,揭示中国的症结在内部。1922 年华盛顿会议后,列强分化了。除日本外,大都赞成维护中国的独立和主权,放弃划分势力范围的政策。本来是团结各方,实行宪政,推行民主,告别野蛮、贫困的大好时机,却被内部纷争断送,从而为外敌入侵提供了机会。

五鬼论曾被误解为不敢触及制度。这个论调忽视了在提出五鬼论的同时,先生高张人权大旗,要求立即实行宪政。从北洋时期至蒋介石当政,先生唇焦舌敝说的是唯有宪政才是通向文明和富裕的康庄大道。困难不在民众素质不高,而在最高领导人蒋介石和其他官员不守法,应该进政治幼稚园学习! 先生说的都是现代社会制度的常识,但只有有巨大勇气的智者才会在专制统治者面前直言不讳。

先驱的智慧

先驱是孤独的;先驱的思想又是烛照历史的火炬。

经过 80 多年的盛衰哀乐,不论政治派别,人们应该从中感悟到先驱的智慧。近代中国仿佛在盘陀路上攀登,一次又一次似乎回到原点。一个值得人们深思的问题是:假如当年先生的忠告被听取,中国的面貌会有什么不同?

民族主义和现代文明仍在中华大地顽强较量。先生地下有知,一定非常惊奇,一有风吹草动,反对帝国主义的喧嚣仍会在大陆震荡! 这些人是催眠师,要人们赶快入睡,梦中没有制度缺陷,更没有势不可挡的全球一体化大潮。

此刻我突然想起,先生曾以南宋诗人杨万里的《桂源铺绝句》题赠雷震:"万山不许一溪奔,拦得溪声日夜喧。到得前头山脚近,堂堂溪水出前村!"天上地下,众声喧哗,醒来的人越来越多。山洪,谁挡得住呢?

后学袁伟时上

2012 年 3 月 24 日

法国人何以先要改革,后要自由

一

有一件事值得注意,那就是,在为大革命作准备的所有思想感情中,严格意义上的公共自由的思想与爱好是最后一个出现,也是第一个消失的。

很久以前,人们便开始摇动政府的古老大厦;它已经摇摇欲坠,但是自由的问题尚未提及。伏尔泰很少思考这个问题;在英国逗留的三年使他看到了自由,但并未使他热爱自由。英国人随意传布的怀疑论哲学使他倾倒;他们的政治法律却对他触动很小,他注意其缺陷甚于其优点。在他的杰作之一——有关英国的书信中,议会是他谈得最少的;实际上,他最羡慕的是英国人的学术自由,却不大留心他们的政治自由,仿佛没有政治自由,学术自由仍能长期存在。

临近 18 世纪中叶,出现了若干专门论述公共行政问题的作家,由于他们提出的许多原则彼此相似,人们便给他们一个共同的名称——经济学派或重农学派。经济学派在史上不如哲学家有名;他们对大革命发生的贡献大概少于哲学家;然而我认为,正是在他们的著作中,才能最好地研究大革命的真正本性。在治理国家问题上,哲学家几乎没有走出那些非常普遍、非常抽象的思想;经济学派没有脱离理论,但理论更接近事实。一些人讲述能够想象的事,另一些人则指出应该做的事。大革命后来废除的一切制度都是他们攻击的特定目标;在他们眼中没有哪种制度可以得到宽容。相反,可以作为大革命本月创造的所有制度,都是他们预先宣布并热心鼓吹的;人们很难从中举出哪怕一种制度,其萌芽未曾

---

① 托克维尔(1805—1859),法国历史学家、社会学家、法兰西科学院院士。

在他们的某些著作中孕育;在他们身上可以找到大革命所有最基本的内容。

此外,在他们的著作中已经能够看出我们如此熟悉的那种革命民主气质;他们不仅憎恨某些特权,分等级也令他们厌恶:他们热爱平等,哪怕是奴役中的平等。妨碍他们计划的东西应该打碎。他们不大尊重契约;毫不尊重私人权利;或者,准确地说,在他们眼中,私人权利根本不存在,只存在公益。然而总的来说,这是一些德行温厚、和气善良的人,正直的法官和练达的行政官;但是忠于他们事业的特殊才华指引着他们。

经济学派对往事抱着极大蔑视。"多少世纪以来,国家一直被错误原则统治着:好像一切都是偶然造成的。"勒特罗纳说道。从这一思想出发,他们投入了工作;任何古老的、在法国历史上似乎牢牢扎根的制度,只要它稍微妨碍他们,不利于他们计划的匀称,他们便要求一律废除。其中一人建议一举取消所有旧的领土划分,改变所有省名,40年后制宪议会付诸实施。

在自由制度的思想在他们头脑中出现之前,经济学派就已经具有后来由大革命执行的社会行政改革思想。他们确实非常赞成食品自由交易,赞成工商业中自由放任政策;但是严格意义上的政治自由,他们却丝毫未加考虑,甚至当政治自由在他们的想象中偶尔出现时,他们第一个反应是予以排斥。大多数人一开始就极力反对设立起议会,反对地方附属政权,总之,反对不同时期在所有自由民族中建立的旨在维持中央权力平衡的平衡力量。魁奈说道:"在政府中设平衡力量制度是个有害的思想。"魁奈的一位友人说:"人们据以设想出平衡力量制度的议论纯属虚构。"

二

他们发明的对付政府滥施权力的唯一保证就是公共教育;因为按照魁奈的说法,"如果国民有教养,专制制度不可能存在"。他的另一位弟子说道:"人们对政府滥施权力招致的灾难感到震惊,便想了无数全然无用的手段,却忽视了唯一真正有效的手段,即有关基本司法和自然秩序的普遍、持续不断的公共教育。"他们就是想借助于这些文学性的胡言碎语,来代替所有政治保障。

勒特罗纳对国家抛弃农村,使得农村一无道路、二无工业、三无知识深表痛惜,但他丝毫未想到如果将农村事务交给农民负责,事情便会办得更好。

蒂尔戈本人呢,他心灵伟大,天赋超群,使他成为与所有其他人有别的人物,但他对政治自由并不比别人更感兴趣,至少他到了很晚,在公众感情启迪下,才喜爱政治自由。对于他,就像对大多数经济学派一样,首要的政治保障便是国家本着某种精神,按照某种步骤施行的某种公共教育。据他同时代的一个人在《一种符合原则的教育机制》中所说,蒂尔戈对这套知识疗法的信心是无限的。他在一份奏折中向国王提出这类计划,他说道:"我敢担保,陛下,十年以后,您的民族将会变得无法辨认,由于知识、良好风尚和报效国王陛下和祖国的满腔热忱,您的民族将远远超过其他一切民族。现在才十岁的孩子到那时,将成为国家栋梁,他们热爱国家,服从权威不是由于畏惧而是出于理性,对同胞热情相助,养成了承认并尊重司法的习惯。"

政治自由在法国久已废除,政治自由的条件与效果是什么,人们差不多已忘得一干二净。况且,那些遗留下来的不成形的残迹,以及似乎用来代替政治自由的种种制度,都使政治自由遭到怀疑,并常常产生对它的种种偏见。那时尚存的大部分三级会议形式陈旧,思想仍停留在中世纪,因而远远不能有助于社会进步,只能起阻碍作用;最高法院是唯一负责取代各种政治团体的机构,也不能防止政府作恶,却常常阻止政府去行善。

在经济学派看来,想依靠所有这些旧工具来完成他们想象的革命,是行不通的;委托已经成为革命主宰的国民来实现他们的计划,这个想法同样不能使他们满意;因为怎样才能使如此庞大、各部分之间联系如此紧密的改革体系为全体人民所采纳和履行呢?

让王室政府为他们的计划服务,这在他们看来更容易,更适当。

这个新政权不是脱胎于中世纪制度;它丝毫不带有中世纪的痕迹;在新政权的错误当中,经济学派发现了它身上的某些良好倾向。和经济学派一样,新政权天性偏爱地位平等,法规统一;同样,它从心底里痛恨所有产生于封建制度或倾向贵族制度的旧政权。

在欧洲其他地方,找不到一个同样组织良好、同样强大有力的政府机器;在法国遇到这样的政府对他们简直是天赐良机:倘若那时像今天一样,时兴让上帝随时出来干预,他们定会称之为天意。勒特罗纳说道:"法国的形势比英国好得多;因为在法国,人们在一瞬间就能完成改变国家整个状况的改革,而在英国,这样的改革总得受党派的阻碍。"

因此,问题不在于摧毁这个专制政权,而在于使它转变。

梅西埃·德·拉·里维埃说道:"国家必须遵照基本秩序的准则进行统治,而当国家这样做时,它必须有无限权力。"另一个人说道:"让国家确切明了它的职责,然后给它行动自由。"

从魁奈到博多修院院长,你会发现他们都怀有同一心情。他们不仅指望王室政府改革当代社会,而且向它部分地借鉴有关他们要建立的未来政府的想法。由此及彼:看到这一个,就使他们产生另一个的形象。

按照经济学派的观点,国家不仅要号令国民,而且要以某种方式培育国民:国家应依照某种预先树立的楷模来培养公民精神;国家的义务是用某些它认为必要的思想充实公民的头脑,向公民心中灌输某些它认为必需的情感。实际上,对它的权利没有限制,对它的所作所为也没有界限;它不仅使人们改邪归正,而且使他们彻底转变;也许只有国家才能将人培养成另一种人!"国家随心所欲造就人们",博多说道。这话概括了他们的全部理论。

经济学派设想的那个庞大的社会权力不仅比他们眼前的任何政权更大,而且在起源和性质上也不相同。它不是直接出自上帝;它同传统丝毫无关;它是非个人的:它不再叫国王,而叫国家;它不是家族遗产,而是一切人的产物和代表,必须使每个人的权利服从于全体意志。

中世纪闻所未闻的这种名为民主专制制度的特殊专制形式,经济学派已经熟悉。社会中不再有等级,不再有阶级划分,不再有固定地位;人民由彼此几乎相同、完全平等的个人组成;这个混杂的群体被公认为唯一合法主宰,但却被完全剥夺了亲自领导甚至监督其政府的一切权力。在它头上有个独一无二的代理人,他有权以他们的名义处理一切事务,而不必征求他们的意见。控制他的是不带机构的公共理性;阻止他的,则是革命而不是法规:在法律上,他是听命于人的执行者;在事实上,他是主人。

他们在四周找不到任何与这种理想相符的东西,便到亚洲的深处去寻找。我毫不夸张地说,没有一个人在他们著作的某一部分中,不对中国备加赞扬。只要读他们的书,就一定会看到对中国的赞美;由于对中国还很不了解,他们对我们讲的尽是些无稽之谈。被一小撮欧洲人任意摆布的那个虚弱野蛮的政府,在他们看来是可供世界各国仿效的最完美的典范。他们心目中的中国政府好比是后来全体法国人心目中的英国和美国。在中国,专制君主不持偏见,一年一度举行亲耕礼,以奖掖有用之术;一切官职均经科举获得;只把哲学作为宗教,把文人奉为贵族。看到这样的国家,他们叹为观止,心驰神往。

人们以为我们今天称之为社会主义的那些破坏性理论是最近才产生的;这是一个错误:这些理论与最早期的经济学派属同一时代。当经济学派利用无比强大的政府,幻想靠它改变社会形式时,另一些人则一心想利用同一政权,毁灭社会基础。

请读摩莱里的《自然法典》,你就会在书里找到经济学派有关国家的无限权力、国家权力不受限制的全部学说,就会找到最近这些年代使法兰西最为害怕的许多政治理论,我们似乎正看着它们诞生:财产公有制、劳动权利、绝对平等、一切事物的划一、一切个人活动的刻板安排、一切由上级规定的专制制度和公民个性完全并入社会整体。

"社会上没有什么东西单独属于个人,也不作为财产属于个人",法典第一条说道。"财产是可憎的,企图恢复财产的人将被视为疯子和人类之敌,终身监禁。每个公民均将由公众出资维持、供养和照料",法典第二条说道。"一切产品将积聚在公共商店内,分配给所有公民,用于他们的生活需要。城市按同一规划建设;所有供个人使用的建筑物均应彼此一样。所有孩子到了五岁均将从家带走,由国家出钱,按统一方法,共同抚养。"你大概以为这本书是昨天才写的:其实已有 100 年了;它出版于 1755 年,正值魁奈创建其学派之际:中央集权制与社会主义的确是同一土壤的产物;他们二者之间的相对关系是栽培的果实与野生幼树的关系。

在他们时代的所有人当中,我们时代最不陌生的是经济学派;他们对平等的热爱是那样明确,对自由的爱好是那样不明朗,他们简直就像是我们同时代的人。当我读到那些发动大革命的人们的演说和著作时,我立即觉得我被带到一个我不认识的地方,带进一个我不认识的社会里;但是,当我浏览经济学派的书籍时,我仿佛曾和这些人生活在一起,刚刚和他们促膝交谈。

临近 1750 年,全体国民对政治自由的要求还表现得不如经济学派那样迫切;由于国民们已经不再运用政治自由,他们对政治自由的兴趣以至观念也已消失。他们盼望改革，甚于盼望权利，假如当时有个见识和度量皆如腓特烈大帝的君主在位，我毫不怀疑他会在社会和政府中完成许多大革命所实现的重大变革，不仅不会丧失王位，而且会大大增加他的权威。有人说路易十五最能干的大臣之一德·马肖尔先生曾模糊地预感到这一思想，并向他的主上建议；但是这类事业是不能根据建议决定的：只有当人们能构想出这类事业时，才能去完成它们。

20 年后，形势改观：政治自由的形象已呈现在法国人的精神中，而且一天比一天更加吸引人。这方面迹象很多。外省开始产生恢复自治的要求。全体人民均有权参加治理的思想深入人心，占了上风。对昔日的三级会议的回忆又复苏了。

法兰西民族厌恶自己的历史，却高兴地回想起这段时期。新潮流也席卷了经济学派，他们不得不在中央集权体制中加进某些自由机构。

1771 年，高等法院被废除，这同一公众，以往经常为高等法院的判例所苦，这时看到它的死亡却深感激动。仿佛高等法院一倒，这最后一道能够制约国王专权的障碍就倒塌了。

民众的反对使伏尔泰吃惊而且气愤。他致函友人道："差不多整个王国都陷入沸腾惊愕之中，外省同巴黎一样民情鼎沸。可是我觉得国王敕令充满了有益的改革。废除卖官鬻爵，司法免费，阻止申诉者自王国边陲来到巴黎而倾家荡产，由国王负责偿付领主法庭费用，难道这些措施于国家不是大有裨益吗？况且，这些高等法院难道不常常是些迫害狂、野蛮人吗？确实，我佩服那些野蛮人和这些桀骜不驯的资产者搞到一起。至于我呢，我相信国王是对的，既然必须伺候人，不如在出身名门的雄狮下面卖命，因为它生来就比我强壮有力，也不去投奔 200 只和我同类的鼠辈。"他还自我辩白地说道："想想看，我应当无限赞赏国王施予各地所有领主的恩典，因为国王替他们偿付司法费用。"伏尔泰久已不住巴黎，他以为公众精神还是他离开时的模样。形势已面目皆非了。

法国人不再局限于要求政府进行改良；他们开始要亲自来改革，而且人们看到一场全面酝酿的伟大革命即将爆发，它不仅获得了人民的赞同，而且由人民亲自动手。

我想，从这个时刻起，这场彻底的革命就不可避免了，它必然使旧制度所包含的坏东西和好东西同归于尽。没有充分准备的人民自行动手从事全面改革，不可能不毁掉一切。专制君主本来可以成为危险较小的改革家。对我来说,当我考虑到这场革命摧毁了那样多与自由背道而驰的制度、思想、习惯,另一方面它也废除了那样多自由所赖以存在的其他东西,这时,我便倾向于认为,如果当初由专制君主来完成革命,革命可能使我们有朝一日发展成一个自由民族,而以人民主权的名义并由人民进行的革命,不可能使我们成为自由民族。

要理解我们这场革命的历史,千万不要忘记上述观点。

当法国人重新激起对政治自由的热爱时,他们在政府问题上已经具有相当多的概念,它们不仅与自由制度的存在完全不符,而且几乎与之对立。

三

在他们的理想社会中,只承认人民,没有其他贵族,除了公务员贵族;只有一个唯一的、拥有无限权力的政府,由它领导国家,保护个人。他们既想自由,又丝毫不愿抛开这个最基本的概念;他们仅仅试图将它与自由的概念调和起来。

于是他们着手将无限制的政府中央集权制和占绝对优势的立法团混合在一起:官僚行政和选民政府。国民作为整体拥有一切主权权利,每个公民作为个人却被禁锢在最狭隘的依附地位中:对前者,要求具有自由人民的阅历和品德,对后者,则要求具有忠顺仆役的品质。

将政治自由引入与之格格不入或截然对立的制度和思想(人们对这些制度和思想已经习惯或早已培养爱好),这个意图60年来产生了多少次自由政府的徒然尝试,随后导致了危害极大的革命,直至最后许多法国人对这些徒劳无功的努力感到心灰意懒,终于抛开他们的第二个目的,回到第一个目的,于是他们归结到这样的思想:不管怎么说,在一个主子下面平等地生活毕竟还能尝到一点甜头。因此,我们今天的处境十分像1750年的经济学派,而不像1789年我们的祖先。

四

我常自问:在各个时代曾使人类完成最伟大事业的这种政治自由激情,其根源何在,它在哪些情感中生根滋长。

我清楚地看到,当人民被引入歧路时,他们一心向往自治;但是这种对独立的热爱根源于专制制度发生的某些特殊的暂时性的弊病,它绝不会持久;它与产生了它的偶然事件一起消失;人们似乎热爱自由,其实只是痛恨主子。为自由而生的民族,它们所憎恨的是依附性的恶果本身。

我也不相信真正的对自由的热爱是由于人们只见到自由带来的物质利益;因为这种看法常常使人模糊。的的确确,对于那些善于保持自由的人,自由久而久之总会带来富裕、福利,而且常常带来财富;但有些时候,它暂时使人不能享受这类福利;在另些时候,只有专制制度能使人得到短暂的满足。在自由中只欣赏这些好处的人,从未长久保持自由。

多少世代中,有些人的心一直紧紧依恋着自由,使他们依恋的是自由的诱惑力、自由本身的魅力,与自由的物质利益无关;这就是在上帝和法律的唯一统治下,能无拘无束地言论、行动、呼吸的快乐。谁在自由中寻求自由本身以外的其他东西,谁就只配受奴役。

某些民族越过千难万险顽强地追求自由。他们热爱自由,并不是因为自由给他们什么物质利益;他们把自由本身看作一种宝贵而必需的幸福,若失去自由,任何其他东西都不能使他们得到宽慰;若尝到自由,他们就会宠辱皆忘。另一些民族在繁荣昌盛中对自由感到厌倦,他们任凭别人从他们手中夺走自由,唯恐稍一反抗,就会损害自由赐与他们的那些福利。这些人要保持自由还缺少什么呢?什么?就是对自由的爱好。不要叫我去分析这种崇高的志趣,必须亲身体味。它自动进入上帝准备好接受这种爱好的伟大心灵中,它填满这些心灵,使它们燃烧发光。对于那些从来没有感受过这种爱好的平庸的灵魂,就不必试图让他们理解了。

冯 棠 译

启蒙在中国

陈乐民①

　　广东《开放时代》二〇〇六年第三期载长文：杜维明、黄万盛、秦晖、李强、徐友渔、赵汀阳等的"'启蒙的反思'学术座谈"，长达五十页。在诸多发言中，我很赞同高全喜、徐友渔等几位的看法。杜维明先生等天马行空，漫羡而无所归。无论是谁的发言，无论我是否赞同，但都启发我进一步确认欧洲启蒙思想之重要性，更确信吾国吾民之所缺者正是持续不断的启蒙而无疑。于是有感如下。

　　第一，一部西方思想史，实质上就是一部启蒙思想史。

　　平常提到"启蒙时代"多指十八世纪的法国，其实若通观西方思想史，则从柏拉图至康德莫不是在川流不息的"思想启蒙"之中。若以近代思想论，则法国的"启蒙时期"是受荷兰和英国的很大推动和影响的。我设想，如果没有培根、牛顿、洛克在前，则伏尔泰、孟德斯鸠则难有后来的思想成就；而洛克之所以有《政府论》，除有本国的经验和传统外，还与他多年流亡大陆，尤其是在荷兰受到自由主义和宗教宽容的熏染，大有关系。英国的经验使伏尔泰、孟德斯鸠，乃至狄德罗等在相当大的程度上摆脱了从笛卡尔到莱布尼兹的唯理思路，而吸收了英国经验主义的营养。而从另一方面看，洛克虽然是笛卡尔的批评者，但他同时承认，把他从空洞的经院"邪路"上拯救出来的，正是笛卡尔。

　　欧洲近代思想的生动活泼，绝不能用任何成说加以框限。

　　第二，欧洲的"启蒙"不是"运动"。

　　在英、法、德文中，"启蒙"因其特殊的历史意义（第一个字母）习用"大写"

---

① 　陈乐民（1930—2008），学者、中国社会科学院欧洲研究所研究员。

(Enlightenment，Lumières，Aufklärung)，并无"运动"之意。译成"启蒙运动"便可能在一般中国人当中引起习惯性的误解,中国人根据自身经验可能把"运动"理解为"运"而"动"之,是有领导、有组织,并有某种要达到的预设目标的"运动"。西方的"启蒙"不是这样的。它是自然、自发、在日常进行的具有广泛社会影响和久远历史价值的精神和心智活动。它或许是个人的,也可以是许多受过高等教育的哲学家、科学家、艺术家、史学家、社会学家、文学家、新闻记者等在思想和知识交流中播种下可以提升人类价值和品位的精神种子,这些种子即使不能"立竿见影"地显出效果,也将(这是更重要的)在将来结出果实。启蒙思想家们之间没有入主出奴的一致意识形态,他们都是独立的、自由的、见解互有同异的人。他们没有统一的"教条",更不相互依傍,但他们有一些非常重要的共同点,例如都提倡思想和言论的开放性、知识的普遍性,由此必然催生民主、自由、平等等人类进步理念和制度的诞生和对人权的绝对尊重。十八世纪的法国启蒙思想家孔多塞认为当时的启蒙思想在法国要反对两种"暴政",即"政治暴政"和"宗教暴政"。康德所谓"启蒙"就是敢于公开使用自己的理性(私下使用并不困难),即争取言论自由。

因此,"启蒙"不是派别活动。给"百科全书"的参加者加上"派"字称为"百科全书派"同样会产生中国式的误解。

第三,对"启蒙的反思"的理解。

"启蒙"推动了西方社会的进步,这是不争的历史事实,欧美有些人"反思"启蒙是不是真的起了那么大的作用,这是从来就有的。他们即使在王权专政下,也是享有相当大的发表意见的"自由度"的。一是王权专制下的"文网"没有我们想象的那样密不透风,总留下许多"空隙"。伏尔泰、狄德罗、卢梭等都受过检查部门的不同程度的"整肃",但是"百科全书"还是出了,伏尔泰在巴黎待不住,到巴黎以外照样写,照样发表意见,死时全社会向他致敬。二是"启蒙"思想家之间,是真正的"百家争鸣",他们没有定于一尊的意识形态和思想。伏尔泰与卢梭私谊不佳,卢梭晚年孤独地散步时回顾一生,还对伏尔泰的旧怨念念不忘,但并不妨碍他们各自对公众和后世所起的振聋发聩的"启蒙"作用。康德在"自由论坛"式的《柏林月刊》发表"回答这个问题:什么叫启蒙?",立刻引起很活跃的争论;《柏林月刊》成了容纳各种意见的"中心"。若要讲对"启蒙"进行"反思",

则"启蒙"本身就是一种不断的反思。欧美社会之所以精神活跃、生动,原因之一就是这种不绝如缕的"启蒙"的反思精神在起作用。

但是现在所讲的"启蒙的反思",恐怕在西方不是这个意思。与其说是"反思",毋宁说是"批判",在所谓"后现代主义"说来,是"否定",是把它"解构"。大凡一种思潮的出现,姑且不论其中发表的见解是否准确,总是因时代的大变迁、社会出现了前所未有的问题或困惑而产生的。在西方(欧洲),二十世纪(特别是后半)出现了前所未有的问题,见之于政治、经济,也见之于文化思想,引起思维方式的变化以及对历史的"反思"。

"新左派"也好,"后现代"也好,各种主义也好,都是在这种时代的大振荡、大变化的背景下出现的。他们觉得,西方传统文化已经走到尽头,面对新问题已无能为力,包括民主、自由、科学、文明史观等都需要一番彻底清理。西方素来就有批判现实的传统,这一次的则是针对着从十六世纪以来几百年形成的精神成果的批判。但是他们的批判似乎没有形成社会思潮的主流,而且还处在"解构"阶段,"解构"本身就是一种过渡阶段。"解构"了又怎样? 还没有到回答这个问题的时候。

但无论如何,西方出现的各种"后"论,自有他们的道理。

我对"后"论毫无研究,只知他们(或他们的一些人)对"启蒙"是持否定和批判态度的。张芝联先生在一篇题为"关于启蒙运动的若干问题"的文章中说,美国历史学家、国际十八世纪研究会荷兰主席达恩顿(R·Darnton)教授曾撰文批驳"后现代主义"的反"启蒙"言论,他把这些论点分为六点,据张文照抄如下:

一、启蒙运动的"普世观念"(Universalism)实际上是西方霸权主义的"遮羞布",人权只是为了破坏其他文化提供合法依据;

二、启蒙运动是乔装打扮的文化帝国主义,它以一种高度理性化的形式向欧洲人提出"传播文化的使命";

三、启蒙运动疯狂地追求知识,以致道德沦丧,宗教毁灭,最后引向法西斯主义;

四、启蒙运动过分相信理性,由于仅仅依赖理性,遂使人们在非理性袭击面前束手无策,无所适从;

五、启蒙运动是集权主义根源之一，它为法国大革命的恐怖统治提供理论基础，为希特勒和斯大林的恐怖统治开辟道路；

六、启蒙运动作为解决当代问题的观点已经过时不适用，启蒙思想家所坚持的理性工具论导致生态危机和量子一统观……

如果达恩顿教授的综述准确，则所谓"后"论者的"论"只能是反理性、反历史、反现代化的。而何以插上"新左派"的招牌者，我不知是怎样从理论上推出来的。

第四，"启蒙"在中国。

这才是"学术座谈"的主要内容。但若要"反思"这个题目，可以说许多话，但也可以说得很简而明，即"德先生"和"赛先生"自到中国以来一百年上下，"任务"远未完成，尤其是"德先生"的工作总是阻难重重，所以应该大力支持他们的工作。所以，如果要"反思"，就只能"反思"两位先生，特别是"德先生"的工作何以如此艰难？从严复为"开启民智"而译书，到今天一百五十年，"启蒙"在中国历经坎坷磨难，只要懂得些中国近代史，还需词费么？试看今日之域中，愚昧、专断等反现代文明的行为和现象不是时有所见、所闻么！今天如果我们也跟西方"后"派说"启蒙"已经过时，甚至理性成了万恶渊薮，非痴人说梦而何!?

"启蒙"的精神说到底是理性和自由。康德的"何谓'启蒙'?"把这个问题讲透了。"启蒙"有普世性。任何一个民族从不文明、野蛮、愚昧、专政、盲从的社会到文明、民主、自由、人权受到普遍尊重的社会，都必须经过"启蒙"阶段，不能逾越和绕过。他说有人问他，当时的普鲁士是不是"启蒙"了？他回答说，不能说"已经启蒙了"，不过可以肯定是处在"启蒙"时代。今天的中国也正是如此；难道能够说我们作为民族、作为社会，已经"启蒙"了么？"反思"中国的"启蒙"，那就只能促进绝不能"促退"。

多年来，有一种人数不多、能量不小、影响有限、逆时而退的现象，就是新"左"、老"左"与舶来的"后"，有形无形地"殊途同归"，把历史车轮推向后转是他们最终的"通感"。

所以，我个人认为关于"启蒙"在中国的话题，并不复杂，也不需要那么多旁征博引，弄得高深莫测；中国仍需"启蒙"，或"启蒙"的任务还任重道远，不进则退。

中国文明如何定位

资中筠[①]

> 不论是就世界范围还是一国范围而言，人的自知之明和自律的能力是否超过征服自然的能力，人类心灵是否还能保持对真善美的追求，将决定人类将造福还是嫁祸于自己。

2001 年被联合国定为"不同文明间对话年"。似乎伊朗是这一活动的主角之一，是"对话年"的发起国。在 2000 年 9 月的"文明对话会议"上伊朗总统哈塔米做主要发言，有一句话颇有警世的味道："一个彻头彻尾为政治、军事、经济条件所控制的世界最终不可避免地要破坏环境，摧毁一切精神和艺术的家园……使人的心灵无所依归。"这一倡议对国际关系的影响和意义，以及伊朗领导人的意图，不是本文的关注点。它引发我深思的是：欧美人认同基督教文明，西亚北非许多民族以伊斯兰文明为旗帜，作为世界公认的几大文明体系之一的中华文明，今天究竟如何定义？ 真的，今天我国在世界上能自称代表什么样的精神文明呢？

方今中国经济发展迅速，举世瞩目，军事也列入核大国。精神却遇到了危机，民族个性成了问题。作为一种主流的社会倾向，重器物轻精神之风达到高峰。从历史上看，转了一个一百八十度的大圈：古代中国只重文。风光一时，名传青史的率多是不事家人生产的文人，那些为建设物质文明作出伟大贡献的被列入工匠，除个别例外，其名与学都不传。后来在西方的"奇技淫巧"前吃了大

---

① 资中筠(1930—)，学者、中国社会科学院美国研究所研究员。

亏,先进人士大力提倡学习声光电化,在船坚炮利方面急起直追,在这追赶过程中全社会重理工轻人文之风逐渐形成。1949年以后,由于意识形态原因,这一趋势更走向极端。高校院系调整明显地发展工科,压缩文科(为方便计,本文提到的"文科"包括人文与社会科学)。今天,知识及其"分子"理论上得到重视,事实上人文社会科学与自然科学的地位不可同日而语。我们告别了反对一切"物质刺激",单凭对一个人一种思想的忠诚枵腹从公的年月,却跳到了登峰造极的"物质主义",一切都纳入商品经济,包括本属于精神领域的事物,只有赚钱的功能才被承认。因此文不如理,理不如工,工不如商,文科表面上在发展,却备受限制和歪曲,实际上被视为政治或工商的附庸。有一位史学教授朋友曾告诉笔者:他参加了一次文科教学会议,主持会议的一位教育界负责人指示:"人文要为科技发展服务,没有用的东西少教点!"他只有苦笑。那位负责人的意见是有代表性的,"人文有什么用?"是最常听到的问话。而所谓"有用"又是最急功近利的短期物质或政治效应之用。以此衡量,大半文史哲的内容都该取消,或作牵强附会的改造。如今,国人对于器物方面的发展,瞄准"国际",紧追慢赶,全民投入,义无反顾;而在精神上却空前迷茫,无所适从,仍然徘徊于自大与自卑之间,反对"西化"仍是重要口号。但是经历了大张旗鼓的"与一切传统彻底决裂"的中国文化和一代新人,用什么去抵挡"西化"(姑不论其含义是什么),又用什么载体去承载、挑选和吸收外来文化?

　　与此并存的是另一极端:动辄以"五千年文明"自诩。既认为文史哲无用,又以文明古国自豪,是自相矛盾的,因为实际上中国人足以引以自豪的辉煌的文明主要就是先秦诸子的哲学思想。那时王权还没有完备到能够建立统一的意识形态,是中国历史上真正有不受拘束的思想自由的时期。斯时也,真是群星灿烂,思想活跃而丰富,千载之下仍感到那智慧的光芒。不过今天某些方面人士把"五千年文明"放在口边,还是从实用主义出发,用以抵制"西化",或在老一套政治思想工作失效后,作为一种替代。偶然在电视新闻中看到我国一位外交官在挫败了西方国家提出的有贬损我国政府内容的"人权"决议案后,得意地对记者说:"我们五千年就这么走过来的,我们还要走下去,你们有什么资格教训我们!""五千年"在这里是最典型、最方便的用法。对此,我第一个闪过的想法是,那么,你把近150年来仁人志士为之抛头颅、洒热血的事业置于何地?特别是涉及人权,能沿着五千年的道路走下去吗? 当然,外交官的即兴发言不必深究,举此例只是说明一种对待历史文明的实用态度。

20世纪90年代,尊孔之风在我国盛行一时,有其特定的时代背景。反对"西化"是其政治层面。更多的善良人士是有感于人欲横流,见利忘义,世风日下,想从我们民族的传统美德和夫子遗训中找出路。诚然,载入经典的学说和伦理道德规范支撑了几千年的中国社会,也曾经造就足为全民风范的盛德君子。子曰:"君子之德风,小人之德草,草上之风。必偃。"这是孔夫子理想中的施教化的程序:先由"君子"以身作则,然后对老百姓产生无形的影响,就像风过处草向一个方向低头一样。其实这种教化的程序——由社会精英倡导某种思想和价值观,然后传播开来——是文明传扬的普遍规律,中外皆然。不过在中国不太成功,一是中国太大,教育又从未普及,而且历代实行的是愚民政策,从未让老百姓知其所以然;二是圣人之教到底不是宗教,缺乏超现实的强制力量;三是在中国君主专制,等级森严的社会里,知识和道德行为都是有等级的,所谓"礼不下庶人"。类似"饿死事小,失节事大"这样的礼教对经常被迫卖儿卖女典妻的贫苦百姓来说是一种奢侈,如果遵守之只有饿死或自杀。所以作为士大夫心目中的理想人格的价值观念和行为准则从来不曾如想象中那样为一般草民所实施。更重要的是,孔老夫子心目中的"君子"是道德文章和权力合而为一的。他的理想境界是掌握治国之权的在位者同时也是载道的君子,不但以身作则,而且致力于对子民"齐之心德"。然而在漫长的历史中,多数情况下权势与道德是分裂的,而且坚守道德规范的真君子只能一世清贫,往往还要受权势的压制、迫害直至身首异处。能使小人随之而"偃"的"风"常与圣人之道相背。对绝大多数为文盲的中国农民来说,约束他们的行为的一是信命,安分守己,逆来顺受;二是官府的强制和各种因果报应之说(可能佛教的小乘更有影响);三是以各种欺骗手段应付官府,连神也可以贿赂。在特别暴虐的统治下忍无可忍时则铤而走险,揭竿而起。若成而为王,改朝换代,统治与"教化"脱节的情况依然如故。

深究起来,当前流行的许多对东西文化特征的说法是经不起事实验证的。例如说"西方主纵欲,东方主禁欲""西方重物质,东方重精神""西方重争斗,东方重和谐""西方对自然是征服,因而破坏环境,东方有'天人合一'思想,因而顺应和保护自然"等,揆诸历史和现实,这些都值得质疑(实际上融为一体的,足以与今天统称为"西方文化"相对的"东方文化"并不存在，所谓"儒家文化圈"连整个东亚也无法涵盖，所以这里"东方"只指中国）。应该说，对人的原始"兽性"和物欲进行一定的克制，形成道德自律的准则，是人类从野蛮走向文明的标志，并非哪个民族的特色。强制过分，则扭曲人性；纵欲无度，则社会失序。在这方面中国在两个极端之间看不出比西方社会处理得更加成功。追求享受和纵欲在中国传统社会中决不亚于任何国家，只是一则比较隐蔽，没有西方人那么坦率；二则不平等，一方有无限权利，另一方需尽无限义务。例如君臣、父子、夫妻之间绝不平等可言。在两性关系中，单方面要求女子保持贞操，而男子，特别是特权阶级的男子，却可以纵情声色，还传为佳话。古诗词中的名篇名句相当多是描写和美化嫖娼的。"十年一觉扬州梦，赢得青楼薄幸名"，千古传诵；宋代大词人晏殊的"珠玉词"几乎全部都是咏宿娼生活的。同性恋也非舶来品，只不过在中国又是以不平等为特点，有一方并非自愿，而是被侮辱与被损害的。更重要的是，即使这种不平等的权利义务，其内涵和外延也是模糊的，因势而异，因人而异，其实带有很大的虚伪性。所以历代"奸臣"往往得逞而"忠臣"并没有保障，率多下场不妙。历代都宣扬"清官"，正因为物以稀为贵。事实上"三年清知府，十万雪花银"才是常规。总之，今天的世风日下，怪不得外人，也不是现代化的产物。至少一部分是固有的霉菌病毒在新的气候条件下的肆虐，只要正视一下中国历代连绵不断的以各种名义进行的战争、杀戮、惨不忍睹的酷刑和凶残的民俗、青山绿水变秃岭黄沙的历史，以及今天在世界各国大力保护环境、保护古迹文物之时，我国每天都在发生的，法制禁令为之束手的群众性的自毁家园、消灭历史的行动，就很难自我陶醉于一片田园诗般的以"和谐"为特征的"东方文化"之中。当然，"文革"时期达到高潮的彻底否定传统文化，以极为狭隘实用的"政治"划线代替一切是非善恶标准，以及与现实背道而驰的极端虚伪的说教，更对全民的道德素养和精神依托起了致命的摧毁作用，以致后来一旦失控，出现的是大规模无节制的不择手段地满足一己的贪欲。

　　百余年来议论不休的如何对待传统的问题，实际就是如何对待西方的冲击和影响。从晚清以来，"西学东渐"的过程与中国现代化的过程基本是一致的。"西学"当然应该包括马克思主义，因为马克思主义是源远流长的西方文化的产物，而且只能产生在欧洲。在这过程中，中国人对西方或主动学习，或被动接受影响,同时也不断予以抵制,只不过不同的社会群体所迎、所拒的方面有所不同。回首前尘,走了长长的一条弯路。无数仁人志士、睿智先贤,以其真知灼见把认识一步一步向前推进,直到"五四"一代新人倡导建立"新文化",提出"德先生、赛先生"的口号,一针见血地刺到了中国精神文明的要害和西方文明的精华,从旧文化脱胎到新文化似乎找到了方向,沿着这一方向走下去,扬弃和吸收的问题应该可以得到解决。但是在"五四"以后中国的多难而曲折的现实中,真是"道路阻且长"! 今天,中国最缺什么,最需要什么,推什么陈,出什么新? 笔者思前想后,不怕重复老生常谈,方今欲重建我中华民族精神的家园,还是得回过头来接着"五四"的茬走下去。

关于"五四"精神。80年来海内海外已有无数论著掰开揉碎,翻来覆去之讨论,然而至今话题常新,因为一联系实践就见仁见智莫衷一是。本文要强调的是"德先生和赛先生"的口号所体现的人文精神,也是笔者认为中国传统文化在发展到烂熟以后特别缺乏的部分。鉴于时下较多见的对科学和民主的皮相的理解,我有时想,是否"五四"还缺一个"人"字头的口号——"人本""人道"或"人文"? 这正是欧洲文艺复兴的精髓。细想之下,又觉得这是多余的。因为如果正确地、全面地实施科学和民主,人文精神必然贯彻其中,问题恰恰在于理解上的片面性和表面性。最常见的一种是把"科学"与技术混为一谈,统称"科技"已经约定俗成,导致今日的只见器物不见精神,而忽视了科学的本质首先是一种精神,是出自对宇宙万物的惊奇而求真知的渴望,是不容虚饰的对事物本来面目的揭示;至于民主,固然是政治制度和程序,但重要的也是一种精神,贯穿于全民日常生活方式和思维方式之中。二者都是"人本"的产物,植根于每个人平等的自由意志和对这种意志的尊重,因此"个性解放"也是"五四"时期所大力倡导的内容。由此反观中国历史,表面上,古之"士"与今之"商"易位,从只重文的极端跳到只见利的极端。但究其实质,两个极端所缺的是同样的东西:即超越急功近利目标的求知求真精神,以及鼓励这种精神使思想得以尽情驰骋的社会氛围。古之"士"之所以地位高,端在于与"仕"相通,所以科场失意的白头童生学问再大也是没有地位的,而且也真的无所用其学。"学问"的价值就在于"经世致用",实际是给皇帝出谋划策,得到采纳了才会有用。古来的大知识分子一生中从未做过官的极少,如《后汉书·逸民传》中那些刻意避世的隐逸之士是特例,所以才专门为之立传,他们保持了自己一小方精神独立的天地,也就真的"没有用"了,对当代和后世都无贡献。而一旦做官,则尽入彀中,当然不可能再有自己的探索和追求。在中国传统的"士"那里,好像独立和有用是矛盾的。幸亏古之"士"多数宦途不顺,失意的时候居多,我们才有了这样灿烂的文学艺术遗产。

笔者从明朝方孝孺和意大利布鲁诺的惨死中得到很大启发,并曾以此为文述中西不同的历史轨迹。他们两人的共同点是为捍卫自己认定的真理宁死不屈,受到惨绝人寰的极刑,是人格力量的榜样。但是他们各自所殉的"道"有天壤之别,决定了中西历史不同的轨迹。方孝孺是保他认为是正统的皇太孙(建文)的帝位,反对燕王夺位(即明永乐帝)而死;布鲁诺则是为坚持他认定的科学真理"日心说"而死。从方被"磔于市"(1402 年)到布鲁诺遭烙刑(1600 年)的200 年间正是欧洲走出中古向近代迈进,走过了一个又一个里程碑,布鲁诺是这场持续的科学革命和人文精神大发扬的过程中的一位烈士,其历史贡献是与文明的进步联系在一起的。而方孝孺生死以之的是什么呢?永乐帝朱棣说得坦率:"此本朕家事。"自秦汉以降,多少中国士大夫,特别是历朝"顾命大臣",正是为帝王的"家事"操心,耗尽聪明才智,献出理想、忠诚和生命,对推动社会前进并无作用。方孝孺死后数百年间,又一次改朝换代,尽管是"异族"统治,其政体和道统却大同小异。当中国的皇朝历史在封闭中不断循环之时,欧洲文明加炮舰一路扩张开去,直到轰开中国的大门。

我们至今为四大发明而自豪,还有古代诸多精湛技术的创造,中国人数学也不落后,圆周率不是祖冲之最早发现的吗?诚然,中国人如果钻研科学,其能力绝不亚于西方人,现在仍然如此,这已无需证实。但是近古之后,在西学东渐之前,中国科学不发达也是无需证实的事实。在几千年历史的长河中当然可以找出闪烁的发明的火花。但是没有成气候,没有突破性的发展。早已有人指出,技术不等于科学,因为没有理论,不能举一反三,无法普及。技术只是手段。印刷术和纸的发明确实伟大,但更重要的是用它印出来的书传播什么思想。古代中国的哲人不能说没有对宇宙奥秘的好奇和探索,只不过在百家争鸣中能成为显学的还是与政治文化有关的学说。主要是儒与法两家(汉以后虽然"定于一尊",事实上历代统治者在实践中都是儒法兼用的)。不用等到秦汉,就在战国后期,先哲那种"究天人之际"的气度已经为高度实用的"纵横学"所掩盖。当时走红的知识精英是苏秦、张仪之流。他们与同时代的策士们奔走于七国之间,凭三寸不烂之舌向在位者兜售他们的谋略。他们已经没有理想的追求,不像孔子那样只执着于自己的学说,准备吾道不行就"乘桴浮于海",而是像兜售货物那样各有几套方案,王道不售就来霸道,还总有"上、中、下"三策供选择。他们留下的不朽著作是《战国策》,在那雄辩的辞章中充满了纵横捭阖、权谋计术。其心计之深,思路之复杂,令现代人望尘莫及。这种思维的路数其实与几何学推理有相同之处。而就在差不多同时(公元前 300—前 200 年间),希腊几何学之父阿基米德正在研究和发明一条一条的数学物理定律,为自己的发现而狂喜。据说他在被入侵的罗马人杀害时还正在埋头演算。不仅是他个人,就以数学而言,在他之前有毕特格拉斯,同时代有著名的欧几里得、阿波罗尼斯,等等。其意义不仅在于数学的发达,而是形成一代风气,对求知的迷恋。一个时代什么是"显学",高智商的社会精英把智慧用于何处,大体上决定历史的轨迹。中西历史的分野从那时就已开始,或者更早一些。

再进一步说,今天中国的网络英雄辈出,在短短几年中也可以与西方试比高。但是计算机、网络、软件业、"数字经济"这种带有里程碑性质的新事物、新观念为什么不首先产生于中国? 为什么总是在人家先发明之后,我们再急起直追? 以后人家说不定又出什么新花样,我们又只得紧追下去。为什么? 实际缺乏的还是一种看似抽象的精神。比尔·盖茨今天在中国青年中是英雄、偶像,但是人们在钦羡其积累财富的能力时是否想到他当初首先是出于对电脑的着迷,是一种执着的探索的兴趣,发财只是其结果。这种纯粹出于兴趣的探索精神与阿基米德对数学物理的着迷是一脉相承的。原创性的科学发明和理论的创造依赖的是这种精神。以这种精神而有所发明的人可称为天才,他们创造出某种新的理念(包括自然科学和哲学),然后在实用层面分为两支,一用于改造自然,一用于改造社会,亦即技术与实用型的社会科学。如果舍去作为源头的精神而只追求后面的分支,则我们不免永远被动地追赶他人的脚印。

我中华民族早熟早慧,华夏文明到春秋战国时期已相当成熟,而且的确博大辉煌。但是过早地失去了天真和童趣,结果多的是处理社会人际关系的政治文化,少的是超越功利的探索。发展到今天,缺的就是不惜为与人间利害无关的真知而献身的"傻劲"。古希腊人的"特洛伊木马计"比起孙子兵法和战国的纵横学只能算小儿科。至今在西方词典中作为权术同义词的"马基阿维里（Machiavelli）"，其代表作《君主论》要到1513年才出现，那已是明正德年间了（当然《君主论》的意义决不止于权术）。中国的政治文化唯其早熟，其本身也受传统之累。当近代西方人争取到了思想言论自由，建立了保护这种自由的民主制度，再不必因"异端"而获罪，从而进一步释放出无限创造发明时，中国的君主专制"恩威并施"手段日益"高明"，一方面以八股文章使天下读书人皓首穷经，尽入彀中，一方面发动"文字狱"收紧文网，禁锢思想，其结果的差异是可想而知的。当然，涉及政治斗争，不论是一国之内还是国家之间，都有许多勾心斗角的"谋略"，也出现形形色色的"谋士"，古今中外皆然。所不同者，西方历史上"学而仕"者只是少数，有大批超越于政治而对全社会做出贡献的独立知识分子，而中国的知识分子唯一出路是做官，只能把智慧贡献给政治，而政治又等同于朝廷。儒家的"道"与纵横家的"术"同样是留给后世的思想资源，又都被后世统治者取其所需"活学活用"。一代一代的大儒在注六经中殚思竭虑，而先秦其他诸子却一直没有机会得到充分理解和发挥。所以如果吃老本，我们的思想资源也还远没有用尽。

有一种说法，认为中国文化的断裂从"五四"运动开始，今日的文化危机应归罪于当时对传统的批判过于激烈，并以之与后来的一浪高一浪的思想批判乃至"文革"时达到高潮的"与传统彻底决裂"相提并论。此说大谬。"五四"的论争中每一个人的言论都可能有过激或欠严谨之处，但是这里谈的是一种笼统的精神，它与后来的政治运动中的"批判"实难相提并论。这不是真理向前多走一步就是谬误，而是本质不同，方向相反。事实上当时新文化运动的健将如陈独秀、李大钊、胡适以及对国民劣根性痛加挞伐的鲁迅等人都是国学修养极深，对传统文化有深刻理解的饱学之士。他们决不是民族虚无主义者。正因为是从传统文化的熏陶中走出来的，更加深知其弊。他们要挣脱的是已经被推向极致的，达到荒谬程度的"道统"，是在孔孟之教的名义下所实行的摧残人性、禁锢思想的礼教和伪善的伦理纲常。由于这种"道统"是融化在政治文化中，与权势相结合，具有极大的顽固性，而他们这批学人则既无权势又手无寸铁，所以需要以鲜明的、激进的姿态对旧势力予以冲击，以振聋发聩的口号唤起处于麻木状态的民众，"打倒孔家店"的口号由此而来。他们并不是吊在半空中，而是立足于深厚的文化沃土,因而对外来文化能直入核心,撷其精华,消化、吐纳。对于长期在专制统治下丧失独立思考能力的民众,他们的态度是"哀其不幸,怒其不争",立足于启蒙教育,开启民智。无论如何"五四"新文化运动功不可没,否则连我们今天这点思想现代化都达不到。这种精神经受住了中国近代特有的曲折多难的历史考验,其中最严峻的是抗日战争。在那民族危亡之秋,于极度险恶和艰苦卓绝的环境中,新旧文化结合最优秀的品格显出了它的力量和韧性,绝大多数知识精英保持了民族气节,中华民族的文化教育事业得以在高水平上延续,至今我们仍受其惠。而作为这一事业的骨干的大批教授学者直接间接率多受过"五四"精神的洗礼。

后之所谓"与一切传统彻底决裂"则在每一个方面都与此相反:那是先把古今中外一切文化遗产扫荡干净,以便实行在"一切领域内全面专政"。所有口号都是凭权势的力量自上而下贯彻的,实际上都为当时的高层政治斗争服务,与文化无关。例如众所周知的"批林批孔"闹剧就是其一。对于民众则是实行愚民政策,保持或回到蒙昧状态,听凭一个人或极少数人代管几亿人读书和思想,令无知者教育改造有知者。顺着这一方向走下去,而欲达科学民主,文明进步,毋乃缘木求鱼乎! 这一切都是在马克思主义的名义下进行,实则绝非马克思主义之过,却适足以贬损马克思主义的威望。正因为经历了后一个"反传统",包括"五四"传统,遂导致全民精神贫乏,失去依托。这种"否定之否定",实际上是从未扫清的封建传统的变相复活,在国门再次打开时面对光怪陆离的外来文化或者饥不择食,失去选择和吐纳的能力,或者在人家那里本来是良种如淮南之"橘"过了江,很快变质。

更有甚者,今天在多数中国人的心目中所谓西方就是当代美国。美国人当年继承了欧洲文明的精华,结合新大陆的特点,发扬光大,推陈出新,成就其繁荣富强。今天,不能说美国人的优良精神已经丧失殆尽,否则无法保持其如此旺盛的创新能力,并在如此多元化的社会中维持和而不同;但是如今汹涌而来势不可挡的美国文化影响却率多是为美国人自己和世人所诟病的商业文化堕落和腐朽的一面。且不说那铺天盖地而来的演艺娱乐模式,种种低俗到近于粗野的"审美"情趣,超前消费生活方式,以及"市场专政"带来的拜金主义,就是学术、教育模式传入我国的也不是其自由活泼的特点和通才教育的传统,而是纳入市场供需,高度实用主义,听凭市场选择,服从市场律令的那一面。"精神"云云所剩无几。再从高层次上讲,开放以来美国的"思想库"体制对我人文与社会科学界影响甚大。这刚好与我国学而优则仕的传统合拍,即使不直接做官,也只有向当政者出谋献策而被采纳的学问才算"有用"。有些大学的领导人就是这样理解文科建设的意义的,"没有用的少教点",由此而来。

美国的"思想库"的作用如何,以及美国实用与通才教育的消长利弊,笔者另有著述论之,不在本文范围。至少有一点,他们的实用的研究也是建立在充分言论自由,多家争鸣的基础上的,方面很广,学派林立,与现行政策相左的论述也可以广为传播,今天不用,明天可能证明其正确。这一条件在我国尚不存在,所以即便在实用层面,"思想库"的作用也变质为与"注六经"差不多。不过在这一风气下,也吸引不少士子入毂,正好符合"学而优则仕"的追求。给独立的人文探索留下的空间就更窄迫了。实际上在反西化的口号下,国人每天都在自觉或不自觉地西化,只不过所"化"率多是皮毛或糟粕,把精华拒之门外。在精神层面恰恰就是"五四"先驱们所拥抱的饱含人文精神的德、赛二先生。本文提出要接着"五四"的茬走下去,正因为当年贤哲们所吸收的是近代西方文明的源头,是以己之精华接纳彼之精华,否则,只能接纳彼之末流。

本文所说"五四精神"和"五四先驱"可以理解为一种符号,从广义而言涵盖了自晚清至 20 世纪上半期的思想者及其探索和成就。这是一笔极大的精神财富。即使当时不同派别貌似势不两立的论战,其内核也有相通之处,并且体现了思想活跃,言论自由,在总体上有助于学术文化繁荣进步。如果舍弃了这一思想资源,我们的"五千年"与现代就真的失去了连接的纽带。这里是作为一种笼统的精神而言,具体到每个人的思想学说,当然是非优劣都可有不同的评判。正因为我们曾有过他国所罕见的特殊的文化断裂和扭曲,所以更需要强调这一笔精神财富。就以前面提到的外交官口中的"人权"与"五千年"为例,一百年前梁任公早已把几千年统治者对人民的"鞭挞"和"戮辱"批得痛快淋漓,他说:"不自尊其一人之资格,则断未有能自尊其一国之资格焉者也……故夫自尊与不自尊,实天民奴隶之绝大关头也。"又说:"……其能受阉宦差役之婪索而安之者,必其能受外国之割一省而亦能安之者也……夫安知乎虐政所从入之门,乃即外寇所从入门也?""欲使吾国之国权与他国之国权平等,必先使吾国中人人固有之权

皆平等,必先使吾国国民在我国所事之权利与他国国民在彼国所享之权利相平等。"(见《新民说》)

这几段句句精彩,充满警句,可惜限于篇幅不能多引。其民本民权思想何等鲜明,何等透彻,对于千百年来中国人民人格之受摧残何等悲愤!今天我们重新讨论的许多话题,在《新民说》的 20 篇中几乎都有精辟之见。梁任公所论述的民权最重要的是平等的观念,以及随之而来的公民意识、权利和义务观、法制精神,等等。这应该属于现代社会的"普适性"的价值观,东方与西方只有发展先后之分,不是"民族特色"问题。常见孟子的"民为贵,社稷次之,君为轻"一语被引用来说明中国自古就有民主思想,其实这与现代的民为国本的思想是有本质的不同的。那个时候所谓"民"是一个集体的概念,不是作为个人。孟子的主导思想还是维护三纲五常,特别反对杨朱的个人主义,斥之为"无父无君是禽兽也"。此处不是要全面讨论孟子思想,只是要说明过去帝王及其谋士都讲"得民心者得天下","民心"是为自己的"天下"服务的。"爱民如子""为民作主",与民是主人、民有权利在观念上是主次颠倒的。源于西方启蒙运动的民权平等思想是社会发展到一定阶段的产物,这种平等的观念不但中国古代没有,西方封建社会也没有,这正是启蒙思想的产物。所以,从梁启超上述议论出发,合乎逻辑的结论是:要反帝必先反封建。可惜中国历史的发展未能如愿。事实上,就在"五四"时期,思想和社会的革新已受到内忧外患的干扰。在反帝反封建两大任务中,反帝一直压倒反封建,那时开始的"启蒙"始终没有完成,而且还时有倒退。对于"科学"和"民主"当时就有偏于仅仅从实用层面诠释的倾向,本应贯彻其中的人文精神未及充分发挥,后来就更加得不到注意。这在当时是客观形势所迫,越到后来则主观因素越重要,因为反帝是对外,而反封建则是"革自己的命"。直至今日,深层次的,特别是思想上的反封建仍是任重而道远。

西方的所谓基督教文明如果没有经过文艺复兴和宗教改革就无法直接从中世纪走到现代,也无法继承发扬古希腊文明的光华。从某种意义上说,我国从晚清到"五四"以及以后的种种探索也是一种改革和复兴的过程。在此之前,我们没有选择,泥沙糟粕一齐继承下来,包袱沉重,步履蹒跚。没有这一革新,中华古文明再光辉灿烂也无法与现代文明接轨。经过改造以后,丰富的精神遗产就可以再现民族特色。到那时,五千年博大精深的底蕴、华夏文明特有的宏伟气度、无与伦比的精致的审美观才得以复见了新的民族精神之中。以伦理道德为例，窃以为冯友兰早已提出的并曾受到批判的"抽象继承说"基本上找到了出路。作为完善人性的追求，在抽象的领域内古今中外是相通的。例如诚实、勤奋、慷慨、仁爱、勇敢、忠诚……在任何时代，任何民族都有美德，与之相对的例如欺诈、懒惰、残暴……则是恶行。而通向这崇高的境界的道路则各式各样，每个民族有其特色。重要的是在不同的时代填入不同的具体内容。例如前面提到的方孝孺的气节，本是中国士大夫最宝贵的美德。把愚忠的内容换成新的原则，依然是值得大大发扬的正气和可贵的"傻气"。如果没有了这种"气"只剩下高度实用，见风使舵，唯利是图，左右逢源，其殆矣哉！今日当务之急不在"救国"而在"救人"在世道人心。从学术文化角度看近代建设新的精神文明的探索，从魏源到鲁迅乃至当代梁漱溟、冯友兰，等等，都应该本着求知求真的精神，站在超越当时与现在的实用政治的高度加以总结、消化，然后接着走下去。庶几古今中西得以打通，假以时日，或者有望重新建起新的、民族的精神家园。

回过头来，再借用一百年前严复反复强调的观点：中国之患"尤以愈愚为最急"，"开启民智"是实现变革的根本。用今天的话来说就是启发人民群众的觉悟，而不单纯是识字、学习技能。觉悟到什么呢？最主要的是觉悟到作为一个现代国家的公民应享有的权利、维护这一权利的手段和应尽的义务。这种公民思想观念绝不是"自在的"，而是需要从外部大力灌输和启发的。远的不说，就以近年的天灾为例，什么时候我们的媒体宣传重点放在群众如何组织自救、互救，创造了多少值得推广的经验，以及群策群力战胜灾害的智慧和信心，而不是让他们一个个对着镜头向尽了起码职责的政府和领导痛哭流涕感恩戴德，那么梁启超和严复心目中经过脱愚的"新民"庶几能够成长起来。这样的民众将自觉地保护家园而不是毫无顾忌地毁坏他们并无主人感的家园。

21世纪世界将如何发展，实难预料。决不能指望物质的繁荣必然带来文化的进步和人的精神的提高。在日新月异的高科技（这里"科技"是一体的）如脱缰之马以加速度向前疾驰不知伊于胡底的情况下，不论是就世界范围还是一国范围而言，人的自知之明和自律的能力是否超过征服自然的能力，人类心灵是否还能保持对真善美的追求，将决定人类将造福还是嫁祸于自己。21世纪以文明间对话开头，说明国际上越来越多的有眼光的政治家也正在意识到这一点。本文开头所引伊朗哈塔米的警世之语并不是危言耸听。其实对话也是一种竞争。各大文明体系各自都有不同的危机感,也都有人在呐喊、探索。我国在一片喧嚣浮躁之中也不乏有识有志的中青年做着甘于寂寞的可贵的努力。只不过声音微弱,犹如优雅的丝竹管弦淹没在震耳欲聋的"迪斯科"噪音之中。在我们这个文明古国,文明与野蛮的竞赛尚属胜负未定之秋。

福泽谕吉与明治维新

余　楷

前年,我去日本旅游,看到一万日元钞票上印着一个人的头像,问导游才知道,那是日本明治维新时代最著名的启蒙思想家福泽谕吉,他在日本家喻户晓,被称为"明治维新之父"。我一直对明治维新非常感兴趣,却对这位福泽谕吉知之甚少。

明治维新之谜

1868 年,日本开始了走向现代工业文明的明治维新,只经过短短二十多年便大见成效。1895 年,日本海军在甲午战争中击败清朝北洋水师,使中国割让台湾又赔巨款。十年后的 1905 年,日本又在日俄战争中击败俄罗斯,一跃成为世界列强之一,震撼了全世界。

日本的明治维新为什么能取得如此快速的成功? 为什么能在短短的二三十年间,由一个落后锁国的封建国家一跃成为世界一流强国? 为什么别的亚洲国家做不到?

这些谜团曾经吸引了世界各国众多的学者专家去研究明治维新,各种各样的研究成果和专著可以说是汗牛充栋。但这些研究成果大多仅仅在知识界的小圈子里流传,对广大民众没有多大的影响。中国知道明治维新的人很多,但了解其来龙去脉的人却很少,知道福泽谕吉及其思想的人就更少了。

《明治维新(附福泽谕吉传)》(吕理州著)一反传统学术专著的写法,用浅显流畅的文笔和讲故事的方法,生动地介绍了明治维新的来龙去脉和福泽谕吉的经历和思想。读后让人感到,原来学术研究成果也可以这样表达,也可以这样深入浅出,也可以这样引人入胜! 福泽谕吉写文章一贯流畅易懂,吕理州看来在研究福泽谕吉时得到了他的真传。

读了这本书,最让人感到惊叹的是:福泽谕吉这样的思想家竟然对明治维新有如此巨大的影响!

福泽谕吉认为:一个国家的时势,亦即那个国家人民当时拥有的习气和智德状态,才是推动历史影响文明的主要动力,而不是少数贤君的出现。文明的进步或落后,不是操之于少数一二人之手,而是取决于人民的素质,统治者只是起到不妨碍的作用。统治者能不妨碍文明进步就已经尽到职责了,不可能直接去加快文明的进步,那是民间的事。这接近"人民创造历史"的观点,但他更强调人民精神状态的根本性作用。

正是在这种观念的指导下,福泽谕吉一生坚持在民间做启蒙大众的工作,数次拒绝了政府给他的官职和各种头衔。他长期坚持写书、办学、办报纸,在日本人民中产生了巨大而深远的影响。从某种意义上说,正是福泽谕吉长期又艰苦的思想启蒙工作,催生了明治维新的发生,称他为"明治维新之父"可以说当之无愧。

惊人的学习精神

福泽谕吉出生在日本封建幕府统治的末期(1834 年),封建锁国的日本当时也面临"千年未有之大变局",日本与中国一样,有沦为西方列强殖民地的危险。

1853 年,日本国门被美国军舰强行撞开后,福泽谕吉是"睁眼看世界"的第一批日本人。他很早就认识到,真正值得追求的是西方的学问——兰学(通过荷兰文而学得的西方学问)。他想方设法进入了日本兰学大师绪方洪庵所办的"适塾"学习,他从绪方洪庵那里得到的最宝贵教训是:写文章必须简单明白,尽量不用艰涩的字眼。他后来成为影响千千万万日本人的启蒙思想家,一手流畅易懂的文笔是重要原因。

当时适塾没有毕业证书,更谈不上就业保证,但福泽谕吉认为:"我们虽然粗衣淡食,表面上看起来是落魄的穷书生,可是思想智力却活泼高尚,觉得连王公贵人也比不上自己。""读书的时候,如果一味儿地考虑自己的前途,考虑将来如何赚大钱、住华丽的房子、吃山珍海味、穿体面的衣服,把心全摆在这上头,那么书一定读不好。"他这种为学问而学问的非功利的学习精神,很像当年爱因斯坦在瑞士伯尔尼当小职员时与朋友业余组织的"奥林匹亚科学院",爱因斯坦也认为"欢乐的贫困是最美好的事情"。这与中国书生为了当官发财而苦读四书五经以参加科举考试相比,真有天壤之别。

后来福泽谕吉发现,会英语更容易直接学到西方文明的精华,他毅然从头开始学英文,采取主动拜师、自学、找同样兴趣的学习伙伴的方法,迅速学会了英文。他还不惜以仆人的身份挤进日本赴美考察团,到美国实地考察西方文明。他在美国期间,拼命找机会与美国人聊天,以增强英语会话能力。别人都忙着买各种新奇物品时,他却买了两本英语学习工具书《韦氏辞典》和《华英通语》。《韦氏辞典》是当时美国最权威的词典,全日本还没有人买过。9年后,福泽谕吉回忆说:"那时候,我实在高兴极了,好像获得了天地间无上的至宝。"回国后,他立即翻译了《华英通语》,在当年出版。这是当时日本唯一的英语入门书,极为畅销,连出了数版。福泽谕吉还由荷兰文改教英文,他开的私塾,成了江户(现东京)唯一教英文的私塾。

1862年,27岁的福泽谕吉又以翻译的身份随日本使节团出访欧洲,前后用一年时间考察了六个欧洲强国。与其他团员不一样,他不光注意先进事物的表面,还进一步追根究底,想探明背后的原理。比如他看到铁路,便问清铁路运输是谁在经营? 政府或民间? 铺设铁路所需的巨额资金从哪里筹措? 利润如何分配? 等等。他想弄明白,西方文明这朵花开得如此美丽的土壤环境是什么样的结构。他打定主意,要把这朵花连根带土移植到日本去。当别人买了钟表、望远镜、音乐盒等西方珍奇物品时,他却花光身上所有的钱,买了一大堆英文书,其中大都是百科辞典和初等教育的教科书,准备从开阔日本人的眼界和基础教育做起。

当时日本出现了类似中国义和团的"尊王攘夷"运动,全国充满了排外情绪,许多崇尚西方文明的洋学者被暗杀。福泽谕吉不畏艰险,决定扩大私塾,努力培养掌握西方文明的人才。他回乡挑选学生,不让他们参加内战,而接到私塾加紧培养。1866年(明治维新前二年),福泽谕吉写出了介绍欧美见闻的书《西洋事情》,目的是让绝大部分没有出过国的日本人也能够大致明白西方文明的模样,使他们认清:西方文明无论在政治、经济或社会制度方面,都遥遥领先日本,而不仅仅是坚船利炮而已。

《西洋事情》一出版,立刻成了空前的畅销书,包括各种盗版书在内,总共卖出了25万套,福泽谕吉成了全日本最知名的作家,当时日本各阶层各派的人议论国事和争辩日本向何处去,都必须先把《西洋事情》读一遍,可见这本书影响之大。

后来福泽谕吉又争取到第二次赴美的机会,他筹集到一笔巨款,在美国买了八大箱的英文书,包括辞典、历史、地理、经济、法律、数学等各方面的内容,他简直想把西方文明知识全买回日本去。回到日本后,他又写了《西洋事情》续集和《西洋旅行指导》两本书,都成了畅销书。甚至当时的封建幕府将军也读过《西洋事情》,而且还读了不止一遍,可见福泽谕吉影响之大。

思 想 的 力 量

1872年,37岁的福泽谕吉写出了他一生最大的杰作《劝学》。书一上市,立刻造成轰动。他接着写续集,仍然很畅销,他便一直写下去,坚持写了四年,一直写到17集。每集的销量都超过20万册,17集的总销量达到340万册。当时日本只有3500万人,其中许多人还不识字,却卖出去了这么多册书,真可说是惊人的畅销,那影响有多大就可想而知了。

在《劝学》中,福泽谕吉说了这样一句在日本影响极大的名言:"天在人之上不造人,在人之下也不造人。"意思是说,神在造人的时候,授予每个人同等的权利,没有一出生就注定了贵贱不同的道理。谁也不需惧怕谁,谁也不妨害谁,每个人都可以发挥自己的智慧,利用天下的物质,以满足自己的需要,快乐地度过一生,这是神的意旨。智者与愚者和身份贵贱的区别,是由有没有学问来决定的。努力求知的人就可获得富贵,没学问的人就贫贱。

福泽谕吉所说的"学问"并不是指认识艰深的字、能读难懂的古文、诵咏和歌、作诗等对社会没有实际用处的学问。他认为这些学问虽然能够抚慰人的心灵,有其价值,但绝没有汉学者所说的那么重要。自古以来,很少有善于赚钱的汉学者,也没有擅长作和歌又擅长做生意的商人。因此,我们必须暂时放下这种用来打发时间的"虚学",改学与日常生活有密切关系的"实学"。例如日本拼音字母的读写法、信的写法、记账法、算盘的打法、天秤的称法等,学完这些之后,再进一步学地理学、物理学、历史学、经济学与修身学。这些学问无法从中国的古书中获得，必须读西洋书的翻译，最好能读原文书。只要是人，无论什么样的身份地位，都必须拥有实学的教养。有了这种教养之后，每个人才能尽到自己的本分，使个人和家庭获得独立，进而使整个国家成为真正的独立社会。

福泽谕吉特别强调，读书人必须知道一件很重要的事：人的权利是有限度的。上天授予每个人权利，这样的权利不受任何其他人的束缚。但我们如果只是一味地主张自由，而不知道"自由的限度"，那么就会沦于任性、放荡。自由与任性两者之间的差别，在于是否妨害到他人。

福泽谕吉不但主张人与人平等，更主张人民和政府平等。人民如果对政府有什么不满，不必压抑在心里，大可堂堂正正地透过有关机构，心平气和地、毫无保留地向政府诉说自己的主张。如果这个主张合乎天理、顺乎人情，那么即使冒着生命危险，也必须和政府争到底，这样才算尽到了国民的本分。个人也好，国家也好，都是基于天理而拥有独立与自由。因此，如果我国的独立遭受到侵害时，即使与世界万国为敌也无须惧怕。如果我们个人的自由被人妨害，即使对方是政府官员，也不必客气。政府之所以残暴，都是由于人民的无知造成的。人民有什么样的水准，就有与其相称的政府和政治。法律之严厉或宽大，完全随着人民的品行高低而定。如果人民想避免暴政，就得赶紧读书求学，充实自己的才能品德，把自己的地位提高到与政府同等。

福泽谕吉认为人民对政府不应有感恩的心态。设定法律、保护人民本来就是政府应尽的职责，怎能说是"恩"呢？如果说政府保护人民是"恩"，那么人民缴税给政府何尝不是"恩"？因此，身为人者，应该时时刻刻记得权利平等的精神，这是人类社会最重要的一件事。可以说，这种现代公民意识，直到今天仍有重大意义。

福泽谕吉对当时媒体知识分子与政府的关系给予了尖锐的抨击："现行的出版条令并不是很严苛，然而报纸不仅从未刊登批评政府的文字，政府稍微做点好事，便言过其实地歌功颂德，简直就像是娼妓在取悦客人一样。再来看看写给政府的建议书。这些建议书可说是极尽卑屈之能事，尊崇政府仿佛把政府当成了神，卑贱自己则像罪人一般。官吏和人民都同样是人，可是这些建议书却故意践踏自己，真是恬不知耻。"

福泽谕吉认为学问分为物质的和精神的两种,无论何种学问,目的都在于增广自己的知识与见闻,并借此养成判断事物的能力,以及明白身为人所应背负的使命。如果只是识字,而不知道事物的道理,便称不上是真正的知识分子。明白处世的方法是学问,调查金钱的出入是学问,了解时代的动向也是学问,而且这些是与生活密切相关的活学问。只会读汉洋书籍则不算是学问。这种把培养独立思考、独立判断能力和以活学问为社会服务的使命感作为学习目的的主张,与爱因斯坦的观点不谋而合,对当今教育仍有深远的指导意义。

福泽谕吉指出:所谓人权,是指每个人的生命都很贵重,每个人的财产都不得被侵犯,每个人的尊严与名誉都不得被损伤。只要不妨害他人,每个人都有权利满足欲望。福泽谕吉如此超前地具有了现代人权意识,真是难能可贵。

除了平等,福泽谕吉还特别强调独立的重要性。他深刻地指出:"我们不能以外观来衡量一国是否文明。学校也好、工业也好、陆军也好、海军也好,这些都只是文明的外观。拥有这些外观并非难事,只要用钱买就行了。可是另有一种无形的东西,这个无形的东西,眼睛看不见,耳朵听不到,不能买卖,也不能贷借,可是它却能够普遍存在于国人之间,发挥很大的作用。没有这样东西,学校、工业、陆军、海军等外观都无法发挥真正的功能。这可说是文明的精神,是非常重要的东西。它是什么呢? 它就是人民的独立精神。"一个国家真正的崛起,是其人民独立精神的普及,而不仅仅是经济实力的强大。

福泽谕吉认为,所谓独立,是指自己能够支配自己,没有依赖心。自己能够判断事物的是非,而采取正确处理方式的人,便可以不依赖别人的智慧而独立,独立首先要做到经济独立。没有独立精神和能力的人,往往把自己当作国家的客人,把保卫国家的责任完全交给主人,国事与自己无关。人数很少的主人无法维持一国的独立。没有独立精神的人一定会依赖别人,依赖别人的人一定会怕别人,怕别人的人一定会阿谀别人。经常怕别人、阿谀别人的人,日子久了,就会习惯这套模式。他们的脸皮厚如铁甲,该羞耻的不以为耻,该主张的不敢主张,一看到人就反射性地弯腰。这种没骨气的小人,一碰到目中无人的外国人,自然胆战心惊,不敢为国家争权益。在国内没有独立地位的人,对外也无法独立。所以,个人的独立决定了国家的独立,越是有独立精神的国民就越爱国,越是没有独立精神的国民越不爱国。爱国之士不论朝野,应先谋求自己的独立,倘若还有余力,便帮助他人独立。父兄帮子弟独立,教师劝学生独立,士农工商全民都独立之后,自然可以保卫国家。总之,政府与其束缚人民,自己忧劳国事,倒不如解放人民,与人民同甘共苦,才是明智之举。

独立精神如此重要,那么怎样才能具备独立精神呢? 福泽谕吉告诉人们首先要学会怀疑:"在相信的世界里,有很多伪诈;在怀疑的世界里,反而有很多真理。……文明进步的原因,在于人类不断地研究自然现象与社会现象的运作本质,而挖掘出其真理。西洋各国为什么会达到今日文明的境界呢? 追本溯源,应归功于'怀疑'两字。伽利略因怀疑传统的天文学说,而发现地球绕着太阳旋转的现象;加尔瓦尼看到死青蛙的腿微微抽动,起了疑惑,而发现动物体内的感电现象;牛顿看到苹果掉落地面,也起了疑惑,而发现引力的法则;瓦特对水壶的热气感兴趣,怀疑是水蒸气的作用,而发明了蒸汽机。以上这些例子,都是先经过怀疑的过程,最后才抵达真理。不只是自然科学的领域如此,社会的进步也有赖于怀疑精神。托马斯·克拉森因为怀疑贩卖奴隶的不合理,四处奔波,终于断绝了这个天底下最大的毒害;马丁·路德因为怀疑罗马旧教的荒诞,起而倡导宗教改革;法国人民因怀疑贵族的跋扈,而引发大革命;美国十三个州的人民因为怀疑英国法令的正当性,而独立成功……在西方,某个学说出现之后,立即有另一个学说出来反驳,异说源源不断,争论绵延不断。相反,亚洲各国的人民,轻信虚诞妄说,沉溺于巫蛊神佛,或者深信孔孟圣贤的话,直到万世之后还无法摆脱这些圣贤的思想框框。西方与东方,两者在见识的优劣上,或志气的勇怯上,差距大得无法相提并论。"

福泽谕吉对在日本影响巨大的儒家学说给予了严厉批判,他指出:"后世研读孔子思想的人,必须把时代的因素考虑在内,善加取舍。如果到了现在,还有人全盘接受孔子的思想,那就是不懂事物的价值会随时代而改变的道理。跟这种食古不化的人没什么好谈的。""清国是个拙于改革的国家,一千年来,两千年来,始终守着古人说的话,丝毫不懂临机应变。他们患了自大症,以为自己的国家是全世界最优秀的国家,因此从不向他国虚心学习,也不力图改革。"这种"与时俱进"地对待传统学问的态度,非常值得学习。在福泽谕吉看来,以儒家思想为中心的东方道德,其目的在于形成人的奴性,而西方文明精神则让人独立自尊,日本必须扬弃前者,追求后者。

福泽谕吉深知启蒙之难,他特别强调洋学者在民间身体力行的模范带头作用:"如今,为了促进我国的文明,必须先把深植人心的旧习一扫而尽才行。可是,要怎么个扫法呢?这很难靠政府下令,也很难靠个人的说教,一定要有一批人站在民众的前头,身体力行,做民众的模范。这批能够成为民众模范的人在哪里呢?他们不在农民之中,不在商人之中,也不在国学者或汉学者之中,只有洋学者才能担当这项大任……可是他们读了洋书之后,不是不了解洋书中的真正含义,就是了解其含义后,却不身体力行,这些学者君子只知做大官,而不知做大事,他们只想在政府中谋求一官半职,却不愿在民间做事……。民间的事业中,十有八七都与政府扯上关系。于是,世上人心越来越被这股风潮所影响,他们由崇拜官方而依赖官方,由惧怕官方而献媚官方,没有一点发挥独立心的勇气。这样的丑态实在令人不忍卒睹。"

福泽谕吉认为:"创造文明的主要力量,不是来自于上面的政府,也不是来自于下面的小民,而是来自于夹在两者之间的中间层。从西洋各国的历史可知,商业和工业,没有一样是政府创造出来的,而是位于中间层的知识分子竭尽心智所促成。蒸汽机为瓦特所发明,铁路的出现是史蒂文森的功劳,首先论述经济原理而改变商业手法的则是亚当·斯密。这些人都是所谓的中产阶级,非政府官吏,也非劳工小民……政府的工作应该只是在于不妨碍他们,让他们自由创造,并且体察人心之所向,而给予保护。因此,创造文明是民间的事,保护文明则是政府的事。"这种思想,放在今天的中国,仍然有指导意义。

特别难能可贵的是,在男尊女卑观念极为强烈的日本,福泽谕吉大力提倡女权:"男人是人,女人也是人。以对社会的用处而言,天下没有一日可以不要男性,也没有一日可以不要女性。二者的用处都是一样大,不同的只是男人力气大,女人力气小罢了。"对孔孟之道主张的"不孝有三,无后为大"的观念,福泽谕吉的回答是:"不管孔子也好,孟子也罢,只要其主张违反天理,我们就不必理会……所谓不孝,应该是指为人子者做出不合情理的事,让父母的身体或精神感到痛苦。……孝顺父母是理所当然的事,只要是老人,即使对方与自己非亲非故,也应该好好对待,何况是自己的父母。"

福泽谕吉认为:"日本是女性的地狱。"他指出,在古代的日本,女性地位其实与男性平等,后来因为受到儒家思想和封建家长制的影响,女性的地位才一落千丈。他大力主张用教育来提高女性的地位：“女子教育的目的在于让女性获得知识，了解事物的道理，并懂得捍卫自己的权利。”他对丈夫提出这样的要求：“身为丈夫者，应该分担妻子的辛劳，即使外面工作繁忙，也必须抽空帮助妻子养育子女，让妻子偶尔可获得休息。”他认为：“洗衣煮饭维持一家的清洁卫生，以及养育子女等，都是人生居家的重要事情，这与男人在外面的工作相比，没有难易轻重之别。”他还认为婚姻是一种男女间的契约，如果夫妻有一方淫乱不德，冷落对方，就是毁约行为，被害的一方可堂堂正正地向对方问罪。他还极为超前地主张男女结婚后，可从双方的姓氏中各取一字，作为夫妻的共同姓。

福泽谕吉写的《劝学》在日本产生了巨大而深远的影响。1873 年 7 月，日本政府公布了今后的教育方针：

1. 过去的学问只属于武士阶级，与庶民和女性无缘。今后必须普及教育，让全国没有一位文盲。

2. 过去的学问只偏重于文字的记忆暗诵，与实际生活脱节。今后的学问必须对日常生活有直接用处才行。

3. 过去的学问是为了国家，今后的学问则必须为个人，让每个人都有独立生活的能力。

这三点教育方针全是抄自福泽谕吉的《劝学》，可见《劝学》影响之大。

中国为什么引进西方文明总是不成功？

1875 年 8 月，福泽谕吉又出版了另一本代表作《文明论之概略》。在书中，福泽谕吉对“截长补短论”进行了批判。

日本和中国一样，在西方工业文明冲击下，也出现了一批折中人物，他们认为东西文明各有优点，西方优点在物质（或科技），东方优点在精神（或道德）。因此引进西方文明时，只需选择对方的优点——物质即可，这就是“截长补短论”。这与中国张之洞提出的“中学为体，西学为用”以及一些日本思想家主张的“东方的道德，西方的技术”是一致的。

福泽谕吉根本否定这种论调，他指出：

1. 文明可分为外观和精神两个部分。外观是指食、衣、住、行，以及法律、政令等。精神指人民的习气或人心风俗。

2. 无论是文明的外观也好，文明的精神也好，东方（亚洲）都远逊于西方（欧美）。

3. 引进文明的外观较容易，有钱就可办到。引进文明的精神则难得多。同样是文明的外观，引进食、衣、住、行较容易，引进法律、政令较难。

4. 在引进的先后顺序上，必须先从难的着手，即先引进文明的精神，其次是法律、政令，最后才是食、衣、住、行。因为只要大多数人民都拥有文明的精神，文明的外观就不请自来。相反，如果一开头就汲汲于追求文明的外观，而忽略掉文明的精神的话，文明化的工作一定会窒碍难行，或者出现进一步退两步的情况。

这些观点简直是在批判中国以"中体西用"论为号召的一大批读书人的糊涂思想。特别是福泽谕吉主张的引进西方文明必须"先难后易"的观点，尤为击中了中国人的要害，中国对外开放的许多弊端，都是因为反着来，总是"先易后难"，重外观不重精神。

为什么中国引进西方文明总是不那么成功呢？福泽谕吉深刻地指出："西洋文明流入中日两国的途径大不相同。中国是通过商人流入，日本是通过知识分子流入。"

因为中国的知识分子满脑子儒家思想，对西洋文明不感兴趣，他们即使看到了西洋的船舶器械等科技产品，也不为所动，觉得那只是夷狄的奇技淫巧，没什么大不了。

可是这些商人文化水平较低，他们对西洋文明并没什么兴趣，只是想与洋人贸易赚钱罢了。因此，他们即使学会洋话，也只是学会简单的日常用语。他们虽进口洋货，可这些洋货中却很少有西洋书籍，尤其是科学方面的书更是几近于无。

因此，通过中国商人流入的西洋文明，只停留在外观的层次，只是让市面上多了一些舶来品，以及让一部分商人学会日常会话用的洋文罢了。换言之，西洋文明的流入并没有对中国人产生思想上的根本变化。

日本则与此相反，在二百多年的锁国时代，日本的知识分子（兰学者）努力研究西洋学问（兰学），并且借着开班授徒与著书立说，把吸收来的西洋学问传授给其他日本人。因此，西洋文明可说是通过知识分子流入日本。

这些知识分子因为文化水平较高，所吸收的都是西洋文明中最深层的部分，因此西洋文明通过他们流入后，便在日本产生思想上的根本变化。

"中国引进了西洋文明的肤浅外观,日本则引进了西洋文明的深层内涵,这就是为什么中国的文明化脚步如此迟缓,而日本的文明化脚步那么快捷的原因。"

这种观点真可说是振聋发聩!当今中国主导社会风气的仍然不是代表先进文明的知识分子,而是急功近利的商人,再加上格调日益低下的媒体助阵,所以社会上弥漫着不择一切手段发财的流氓无赖风气,大众学不来西方文明最优秀的精神内核,而把那些肤浅甚至堕落的外观迅速学了来。

中国知识分子为什么担当不了文明传播的大任呢?原因是科举制度造成的。当时中国的读书人只关心金榜题名以便做官发财,而科举的出题范围却只是以儒家思想为中心的四书五经。中国的读书人十年寒窗所学的,正是福泽谕吉眼中"与实际生活脱节的学问"。他们不会去读洋学,因为科举不考。何况他们认为洋学是夷狄的学问,有什么值得学的呢?

相反,日本没有科举制度,历史上几乎样样向中国学习的日本人,偏偏没有学长期束缚中国读书人思想的科举制度。即使在锁国时代,日本的知识界也相当多元化,有人学汉学,有人学国学,有人学兰学,这必然带来思想上的活跃,而且产生了许多洋学人才,这就是日本现代化步伐比中国快得多的主要原因。

明治维新之父

福泽谕吉深刻地认识到:现代文明的核心是科学精神和科学方法的普及,他最被人称道的是对科学和科学家的极大尊重。1893 年,他在题为"人生的乐事"的演讲中,吐露了一个长久的梦想:希望有朝一日,能够设立一个研究所,挑选五至十名学者,让他们衣食无忧,能够终生在研究所里专心研究学问。他们想研究什么学问,则完全不干涉,任凭他们自己自由决定。他说到做到,后来他两次自己出钱,为日本著名的细菌学大师北里柴三郎建立研究所和医院,还怕北里柴三郎因杂务缠身无法专心于研究,特地派了一名门生去负责医院的经营管理。福泽谕吉的这些做法,和他一贯推进日本的文明进步思想是一致的。

在福泽谕吉影响下,日本在明治维新前后出现了大批的启蒙思想家和洋学者,他们从思想深处影响了日本大众,也影响了知识分子和政府官员,促使全社会和政府官员全面向西方学习。1871 年,明治新政府做了一件世界上任何国家的政府都没做过的事:派遣了一支由 46 名政府官员组成的使节团到欧美各国考察。这个使节团包含了新政府近一半的决策官员,其中包括"维新三杰"中的两杰大久保利通和木户孝允,可以说是政府精锐尽出。这个以右大臣岩仓具视为团长的、平均年龄只有 30 岁的考察团,用了一年零九个月,先后考察了 12 个欧美国家,全面深入地了解和学习了西方文明的精华,回来后极大地推进了明治维新的进程,加快了日本全面进入工业文明的步伐。

1901 年 2 月 3 日,这位日本近代最有影响力的启蒙思想家与世长辞了,享年 66 岁。出殡当日,有 15000 人参加送葬,很多群众站在道路两旁目送。福泽谕吉的一位门生捧着他的牌位,牌上的法名是"大观院独立自尊居士"。独立自尊正是福泽谕吉一生的写照,也是他启蒙大众的思想核心。

当然,福泽谕吉的思想中也有一些反动霸权的内容,比如他主张日本要"脱亚入欧",与亚洲落后国家划清界限;在国家危急情况下国权应当暂时压抑民权;主张用武力逼迫中国和朝鲜开放进步等。他以传播文明的名义公然主张侵略亚洲落后国家,这为后来日本提出的"大东亚共荣圈"奠定了理论基础,也为日本侵略中国提供了思想依据。他对西方文明也过于深信不疑,缺乏对其弊端的深刻思考和批判,这实际上违背了他自己倡导的怀疑精神。

明治维新为什么成功?

吕理州在《明治维新》一书中,分析了明治维新为什么成功而中国清末改良却难以成功的五条原因:

第一,日本有兰学,而中国没有。

17 世纪以来,日本德川幕府实行锁国政策,但仍旧准许荷兰人和中国人到长崎贸易。经过多年来往,在一部分日本人中逐渐形成了兰学——通过荷兰语学到的西方科学文化知识。经过几位日本兰学大师多年的努力和各地兰学私塾的培养,到 1853 年日本学习兰学的人有 2000 多人,他们在西方冲击来临之前,便对西方文明有了一定的了解。日本几乎所有的启蒙思想家和积极推动明治维新的政府官员早年都学过兰学。同时期的中国却没有任何的西式教育机构,兰学人口为零,致使中国读书人和朝廷官员对西方文明几乎一无所知,甚至在鸦片战争中,英国人已经打到家门口了,咸丰皇帝还不知道英国在哪里!

第二,中国有科举制度,而日本没有。

中国读书人把毕生精力花费在四书五经里,对其他学问漠不关心,一心想通过科举升官发财。即使他们考场失意,而不得不开设私塾谋生时,所教的仍然是四书五经,因为社会上没有人愿意学考试范围以外的学问。其实早在明朝末年,利玛窦等西方传教士就将西方学术介绍给了徐光启、李之藻等知识分子,但洋学却始终没有在中国形成气候,因为洋学是既没有"黄金屋"也没有"颜如玉"的夷狄学问。直到鸦片战争过了65年(1905年),科举制度才被废除,中国读书人的思想力和创造力才开始解放,而这时日本明治维新早已成功,并成了世界一流强国。

日本却没有科举制度。令人赞叹的是,虽然日本人长期学中国,但科举和宦官制度却不学。看来日本人只学外国的精华,而糟粕从来不学。儒学虽然是日本知识分子必修的教养科目,但也仅仅是"教养"而已,与当官发财没有直接关系。儒学在日本并不像在中国那样有压倒一切学问的绝对权威,因而才有兰学和其他学问发展的空间,形成了多元化的思想格局,其应变能力就灵活敏捷得多。

第三,日本有武士阶层,中国没有。

日本在江户时代的社会有士、农、工、商四个阶层,其中的士(武士)是统治阶层,也是社会的精英,负责统治与打仗,其他阶层负责生产。这些从小在尚武环境中长大的武士,基于捍卫国家的使命感,对外患的动向非常关心,会设法先收集更多的情报,以便了解敌人的情况。

虽然中国也有士、农、工、商之分,其中的士也是社会精英。可中国的士却是只懂之乎者也的文士,他们不需修习武术也看不起武人,吟风弄月还行,却根本不会打仗。因此外患出现时,他们关心的程度不如日本武士,他们的心全在科举上,打仗是朝廷的事。

第四,中国遭西方冲击在先,日本在后。

中国被英国在鸦片战争中打败后,消息通过荷兰和中国商人迅速传到日本,这个亚洲自古最强大的帝国竟然被来自万里之外的夷狄打败,不得不割地赔款,这给近在咫尺的日本人带来了巨大的震撼,日本的有识之士因此产生了危机意识。

鸦片战争之后13年,美国舰队才来到日本,日本比中国遭受冲击晚了13

年,使日本朝野上下能冷静思考,接受中国的教训,不一味儿与强大的西方国家相对抗,而是不断采取妥协政策,少走了许多弯路。

第五,中国人的文化优越感比日本人强烈得多。

中国读书人历来把儒家思想视为"放之四海而皆准"的普遍真理,自认为中国是世界的中心,是文明上国,周遭国家都是夷狄蛮貊,从来只有夷狄蛮貊向中国求教,而没有中国向它们求教的道理。虽然中国被西方来的夷狄不断击败,但绝大多数读书人仍不承认西方文明在许多方面比中国文明优越。

日本知识分子历来在中国文化面前有文化自卑感,早在唐代,日本就派了大批留学生到中国虚心求教,到了近代也能真诚地向西方求教,爱学习,也善学习,早就是日本的民族传统。

吕理州归纳的五条原因极有道理,但他没有特别指出日本有福泽谕吉,而中国没有,其实这是更重要的一条原因。

我国的胡适先生有许多思想与福泽谕吉的思想惊人地一致,但胡适在中国大众中的影响远远不如福泽谕吉在日本大众中的影响。

中国古人说过:"天不生仲尼万古长如夜",孔子思想曾经影响了中国两千多年,可见思想家对一个国家的发展是多么重要。郁达夫说过:"一个民族没有杰出人物固然不幸,但有了杰出人物而不知爱戴更为不幸。"福泽谕吉与胡适的不同遭遇,让人感慨系之!

直到今天,中国仍然落在日本后面,其中的首要责任应当由自大自满、眼光短浅、不思进取、不善学习、热心追求科举名利和升官发财的中国读书人来负吧?

在上述五大原因中,科举制度起到了最为根本性的恶劣作用,它在精神上绞杀独立自尊,思想趋于一元,把读书做学问引向做官发财的功利道路,培养读书人对权和利的双重奴性。

当今世界,信息文明正飞速取代工业文明,一个新的"千年未有之大变局"又一次到来,中国还会落在日本后面吗?

教育的信条

Jiaoyu de Xintiao

我们都会有类似的经验，小时候读书，经常听到长辈老师谆谆告诫：现在不好好学习将来长大会怎样怎样，所谓少壮不努力，老大徒伤悲嘛。那个时候总理解不了这样的正告的意味，只是能清晰忆得言说者的忧虑与愁苦表情。及至人过中年，忆起童年时的一幕幕情景，方才体会年少无知，只可惜生命历程没有时光机器，没有人可以回到过去。否则，当年坐在台下以不屑的神情聆听胡适、蒋梦麟演讲的"五四"菁华会不会生出追悔的心情呢？我们今天无从猜测，唯一可以判断的是，胡、蒋两位当年说的话是否如其所表是"很直率"的"老实话"。

"五四"以来的近百年，社会时事的变迁可谓覆地翻天，顶着各种神圣名义的社会变革委实不算少数，诚可谓"其兴也勃焉，其亡也忽焉"，但归结起来，"社会国家的大问题，绝不是没有学问的人能解决的"这话不算错。

面对如火如荼的学生运动，胡、蒋倒是表示同情和理解，但是他们告诫单纯的思维，只有课堂里、操场上的学生生活才是能持久又最有功效的学生运动。今天重新回味这样的话语并非为其远见所折服，反倒是平增了几分伤感。

在教育研究领域，教育有没有规律常常会引发不同观点的争论，我想一百年前说的话今天还有用，它就应该是规律。譬如说，"灌进去的知识学问是没有多大用处的，真正可靠的学问都是从自修得来的"；再如，"单靠用罢课作武装是下下策，可一而再再而三的么？学生运动如果要想保存'五四'和'六三'的荣誉，只有一个法子，就是改变活动的方向，把'五四'和'六三'的精神用到学校内外有益有用的学生活动上去。"可见，胡适和蒋梦麟实际上是秉持了"五四"科学民主的启蒙精神。在此基础上，胡、蒋两位提出的诸多主张或涉及课程改革，或涉及学生自治、自我教育，其中许多意见都极具现实意义，如他们提到的关于"下雨"的演讲思路以及"石灰作肥料"的例子都很典型。其实，"五四"的这种精神最终归结为两个方面：容纳和责任。就如胡、蒋所言，"不能解放你的姊妹的小脚，他就不配谈'女子解放'……你不能干涉你村上的鸦片吗啡，你也不配干预国家的大事"。我以为，这既是"五四"先贤"很直率"的"老实话"，也是行之有效的建设的改良。

写给未来的你

余光中①

孩子，

我希望你自始至终都是一个理想主义者。

你可以是农民，

可以是工程师，

可以是演员，

可以是流浪汉，

但你必须是个理想主义者。

童年，

我们讲英雄故事给你听，

并不是一定要你成为英雄，

而是希望你具有纯正的品格。

少年，

我们让你接触诗歌、绘画、音乐，

是为了让你的心灵填满高尚的情趣。

这些高尚的情趣会支撑你的一生，

---

① 余光中(1928—　)，诗人、翻译家，台湾中山大学教授。

教育的信条**235**

使你在最严酷的冬天也不会忘记玫瑰的芳香。
理想会使人出众。

孩子，
不要为自己的外形担忧。

理想纯洁你的气质，
而最美貌的女人也会因为庸俗而令人生厌。
通向理想的途径往往不尽如人意，
而你亦会为此受尽磨难。

但是，孩子，
你尽管去争取，
理想主义者的结局悲壮而绝不可怜。
在貌似坎坷的人生里，
你会结识许多智者和君子，
你会见到许多旁人无法遇到的风景和奇迹。
选择平庸虽然稳妥，但绝无色彩。

不要为蝇头小利放弃自己的理想，
不要为某种潮流而改换自己的信念。
物质世界的外表太过复杂，
你要懂得如何去拒绝虚荣的诱惑。

理想不是实惠的东西，
它往往不能带给你尘世的享受。
因此你必须习惯无人欣赏，
学会精神享受，学会与他人不同。

其次,孩子,

我希望你是个踏实的人。

人生太过短促,

而虚的东西又太多,

你很容易眼花缭乱,最终一事无成。

如果你是个美貌的女孩,

年轻的时候会有许多男性宠你,

你得到的东西太过容易,

这会使你流于浅薄和虚浮;

如果你是个极聪明的男孩,

又会以为自己能够成就许多大事而流于轻佻。

记住,每个人的能力有限,

我们活在世上能做好一件事足矣。

写好一本书,做好一个主妇。

不要轻视平凡的人,不要投机取巧,

不要攻击自己做不到的事。

你长大后会知道,做好一件事太难,

但绝不要放弃。

你要懂得和珍惜感情。

不管男人女人,

不管墙内墙外,相交一场实在不易。

交友的过程会有误会和摩擦,

但想一想,

偌大世界,有缘结伴而行的能有几人?

你要明白朋友终会离去，
生活中能有人伴在身边，
听你倾谈，倾谈给你听，就应该感激。
要爱自己和爱他人，
要懂自己和懂他人。

你的心要如溪水般柔软，
你的眼波要像春天般明媚。
你要会流泪，
会孤身一人坐在黑暗中听伤感的音乐。

你要懂得欣赏悲剧，
悲剧能丰富你的心灵。
希望你不要媚俗。
你是个独立的人，
无人能抹杀你的独立性，
除非你向世俗妥协。

要学会欣赏真，
要在重重面具下看到真。
世上圆滑标准的人很多，
但出类拔萃的人极少。

而往往出类拔萃又隐藏在卑琐狂荡之下。
在形式上我们无法与既定的世俗争斗，
而在内心我们都是自己的国王。

如果你的脸上出现谄媚的笑容，

我将会羞愧地掩面而去。
世俗的许多东西虽耀眼却无价值，
不要把自己置于大众的天平上，
不然你会因此无所适从，人云亦云。

在具体的做人上，
我希望你不要打断别人的谈话，
不要娇气十足。
你每天至少要拿出两小时来读书，
要回信写信给你的朋友。

不要老是想着别人应该为你做些什么，
而要想着怎么去帮助他人。
借他人的东西要还，
不要随便接受别人的恩惠。

要记住，别人的东西，再好也是别人的；
自己的东西，再差也是自己的。
孩子，还有一件事，
虽然做起来很难，但相当重要，
这就是要有勇气正视自己的缺点。

你会一年年地长大，
会渐渐遇到比你强、比你优秀的人，
会发现自己身上有许多你所厌恶的缺点。
这会使你沮丧和自卑。
但你一定要正视它，
不要躲避，要一点点地加以改正。

战胜自己比征服他人还要艰巨和有意义。

不管世界潮流如何变化，

但人的优秀品质却是永恒的：

正直、勇敢、独立。

我希望你是一个优秀的人。

美国《公民读本》的第一课："你"

林 达[1]

公民教育是个一直在谈的话题,许多中国学者都意识到,建立公民社会,要从公民教育做起,要写出高质量的《公民读本》来。美国很多学校有公民教育课程,《公民读本》的教材很多,一般是学者写的,各地学校的老师从中选挑。可是,他们的大原则在那里,课本也就大同小异。我随意挑了一本看看。那是密歇根大学的教育学教授写的。

前言里引了一个伟大哲学家的话:"了解你自己"。课本认为,你要做个好公民,先要了解你自己。这一部分,共谈了四章。从第一章,"你:一个人"开始,谈"一个健康的人""你和你的个性""和他人相处",直到"做个好公民"。第二章是"你:一个学生",谈"学习能力的不同""改善你的学习""清醒的思考"。第三章是"你:一个家庭成员",谈的是"家庭是不同的""家庭的问题""做一个好的家庭成员"。第四章才是"你:一个公民",谈"你生活中的政府""政府存在的理由"。

《公民读本》如此开端的原因,是此书在开篇第一句话就告诉孩子们的,这个国家"建立在这样的一个理念之上,就是每一个人都是重要的。它的政府制度、经济体系、人与人之间的关系,都建立在这样一个理念之上"。你作为一个人,是最重要的,所以,在这个制度下,你必须能"自由买卖和拥有,你自己决定做什么"。而政府只是为你服务的机构:"当政府是你的仆人,你是自由的;当政府成为你的主人,你就像一个奴隶那样,不再重要了。"课本还告诉孩子,由于

---

① 林达(1952—),一对美籍华人作家夫妇合用的笔名,夫为丁鸿富,妻为李晓琳。

"个人是最重要的",政府就不能把自己的意志强加给生意人,生意人就不能欺骗顾客,工会才必须要代表它每个成员的利益。因为"个人的尊严是至高无上的"。

课本同时让孩子们认识自己,尊重个人,不是惟我独尊。作为个人,人都是有不同弱点的,而自己的弱点是需要认识和改善的。一个好的公民是有民主性格的。课本对民主性格的总结,我觉得简直就是中国人的老话,译成中文很准确的就是:"己所不欲,勿施于人。"你不愿意被伤害吧?那么,你不要伤害他人。因此,课本教育孩子,必须学会控制自己,"一个好公民是一个善于调节自己的人""是一个善于学习的人""善于思考的人",在以上前提下,才应该是"一个能够行动的人"。

一个好的公民是忠于自己国家的,这意味着你对国家是取建设性、而不是毁坏的态度。假如政府做错事,你严厉批评政府,那是希望它改善,这就是建设性。假如你明明发现国家在走向错误的道路,你却还是说,走得好走得好。那是一种毁坏的态度。

作为一个准公民的学生,《公民读本》告诉你,学科"分数对于精神活动的衡量,是非常有限的",好分数只在测定"学校的成就",而不是在测定你"人生的成就"。"智商是在改变的",而"智力是不同能力的组合"。作为准公民,要学会"清醒地思考"。课本认为,能够清醒思考,是做个好公民的最基本品质之一。假如不能清醒思考,给你民主权利,你照样可能被人操纵和利用。

那么,如何才能清醒地思考呢?

首先是"你的思考必须在事实的基础上"。所以,非常简单的前提是,你有权利知晓全部事实。作为一个为公民社会服务的政府,就必须让信息自由流动,让公民们能够得到全部事实。没有这个前提的社会,就很难有合格的公民。课本还建议学生,不仅知晓事实,还要"不断认识最新发现的事实",知晓事实之后,一个清醒的思考者"要能够解决问题"。

课本向孩子们指出了最容易陷入的"思路不清"的误区。首先是不能有理想化倾向的"愿望思考",例如,不能在心里希望一个理想社会实现,就认定它一定能实现。还有,要避免"情绪化的思维"。课本告诉孩子们,"我们每个人都是有偏见的。我们都有自己喜欢的和不喜欢的事情,可是我们不要让它影响我们的清醒思考"。否则,难免走极端。而那些走极端的思路,"对个人和国家都会造成最大伤害"。课本还告诉孩子们,不要轻易下结论,思考要从事实出发,就是说"不要从观念出发",不要从主义出发。

课本还对这些孩子,未来的丈夫和妻子、父亲和母亲们说:做个好的家庭成员,是做个好公民的基础。课本告诉孩子们,有各种不同的家庭,家庭是有种种问题的,解决家庭中的问题是多么地不容易,而幸福取决于你的生活方式、取决于你对家庭成员的关心和爱。虽然课本不能解决孩子们未来将面临的复杂生活,可是它给了你思想准备,让你懂得,重视"家庭价值"是一个好公民的基本条件。在关心国家、社会、他人之前,先要关心和爱护自己的家人。

然后,课本才对孩子们推出"自治"的概念。自治建立在公民具有民主性格的基础上,霸道的管理不是民主的自治。在家里有家庭管理的问题,在学校有学校管理的问题,课本鼓励孩子,你们可以从小尝试,学会组成各种社团,在"人民定规则"之前,每一个人,要认识和改善自己,敢于承担责任、学会平等地和他人相处。

《公民读本》在告诉"你"民主很具体。要改造社会吗?先从把自己改造成一个好公民做起。而最后,你会发现,这样的公民准备,又是在使"你"和他人的生活,都变得更容易。它和最初的出发点是一致的,那就是,个人的幸福,是最重要的。所以,《公民读本》第一课,谈的就是"你"。

我们对于学生的希望

胡 适 蒋梦麟①

今天是五月四日。我们回想去年今日,我们两人都在上海欢迎杜威博士,直到五月六日方才知道,北京五月四日的事。日子过的真快,匆匆又是一年了!

当去年的今日,我们心里只想留住杜威先生在中国讲演教育哲学;在思想一方面提倡实验的态度和科学的精神;在教育一方面而输入新鲜的教育学说,引起国人的觉悟,大家来做根本的教育改革。这是我们去年今日的希望。不料时势的变化大出我们的意料之外,这一年以来,教育界的风潮几乎没有一个月平静的;整整的一年光阴就在风潮扰攘里过去了。

这一年的学生运动,从远大的观点看起来,自然是几十年来的一件大事。从这里面发出来的好效果,自然也不少;引起学生的自动的精神,是一件;引起学生对于社会国家的兴趣,是二件;引出学生的作文演说的能力,组织的能力,办事的能力,是三件;使学生增加团体生活的经验,是四件;引起许多学生求知识的欲望,是五件;这都是旧日的课堂生活所不能产生的,我们不能不认为学生运动的重要的贡献。

社会若能保持一种水平线以上的清明,一切政治上鼓吹和设施,制度上的评判和革新,都应该有成年的人去料理;未成年的一代人,(学生时代之男女)应该有安心求学的权利,社会也用不着他们求做学校生活之外的活动。但是我们现在不幸生在这个变态的社会里,没有这种常态社会中人应该有的福气;社会上许多事被一班成年的或老年的人弄坏了,别的阶级又都不肯出来干涉纠正,于是这

---

① 蒋梦麟(1886—1964),中国近现代教育家,曾任北京大学校长。

种干涉纠正的责任遂落在一未成年的男女学生的肩膀上。这是变态的社会里一种不可免的现象。现在有许多人说学生不应该干预政治，其实并不是学生自己要这样干，这都是社会和政府硬逼出来。如果社会国家的行为没有受学生干涉纠正的必要，如果学生能享受安心求学的幸福而不受外界的强烈的刺激和良心上的督责，他们又何必甘心抛了宝贵的光阴，冒着生命的危险，来做这种学生运动呢？

简单一句话：在变态的社会国家里面，政府太卑劣腐败了，国民又没有正式的纠正机关（如代表民意的国会之类）。那时候，干预政治的运动，一定要从青年的学生界发生的。汉末的太学生，宋代的太学生，明末的结社，戊戌政变以前的公车上书，辛亥以前的留学生革命党，俄国从前的革命党，德国革命前的学生运动，印度和朝鲜现在的运动，中国去年的五四运动与六三运动，都是同一个道理，都是有发生的理由的。

但是我们不要忘记：这种运动是非常的事，是变态的社会里不得已的事，但是他是很不经济的不幸事。因为是不得已，故他的发生是可以原谅的。因为是很不经济的不幸事，故这种运动是暂时不得已的救急的办法，却不可翻存在的。荒唐的中年老年人闹下了乱子，却要未成年的学子抛弃学业，荒废光阴，来干涉纠正：这是天下最不经济的事。况且中国眼前的学生运动更是不经济。何以放呢？试看自汉末以来学生运动，试看俄国德国印度朝鲜的学生运动，哪有一种用罢课作武器的？即如去年的"五四"与"六三"，这两次的成绩可是单靠罢课作武器的吗？单靠用罢课作武器，是最不经济的方法，是下下策，屡用不已，是学生运动破产的表现！

罢课于旁人无损，于自己却有大损失，这是人人共知的。但我们看来，用罢课作武器，还有精神上的很大损失：

（一）养成依赖群众的恶心理，现在的学生很像忘了个人自己有许多事可做，他们很像以为不全体罢课便无事可做。个人自己不肯牺牲，不敢做事，却要全体罢了课来呐喊助威，自己却躲在大众群里跟着呐喊，这种依赖群众的心理是懦夫的心理！

（二）养成逃学的恶习惯，现在罢课的学生，究竟有几个人出来认真做事？其余无数的学生，既不办事，又不自修，究竟为了什么事罢课？从前还可说是

"激于义愤"的表示,大家都认作一种最重大的武器,不得已而用之。久而久之,学生竟把罢课的事看作平常的事。我们要知道,多数学生把罢课看作很平常的事,这便是逃学习惯已养成的证据。

(三)养成无意识的行为的恶习惯,无意识的行为,就是自己说不出为什么要做的行为。现在不但学生把罢课看做很平常的事,社会也把学生罢课看做很平常的事,一件很重大的事,变成了很平常的事,还有什么功效灵验呢?既然明知没有灵验功效,却偏要去做;一处无意识的做了,别处也无意识的盲从,这种心理的养成,实在是眼前和将来最可悲观的现象。

以上说的是我们对于现在学生运动的观察。我们对于学生的希望,简单说来,只有一句话:"我们希望学生从今以后要注意课堂里,操场上,课余时间里的学生生活:只有这种学生活动是能持久又最有功效的学生运动。"

这种学生活动有三个重要部分:(1)学问的生活,(2)团体的生活,(3)社会服务的生活。

第一,学问的生活。

这一年以来,最可使人乐观的一种好现象,就是许多学生于知识学问的兴趣渐渐增加了。新出的出版物的销数增加,可以估量求知识的兴趣增加。我们希望现在的学生充分发展这点新发生的兴趣,注重学问的生活。要知道社会国家的大问题,绝不是没有学问的人能解决的。我们说的"学问的生活"并不限于从前的背书抄讲义的生活。我们希望学生——无论中学大学——都能注重下列的几项细目:

(1)注重外国文,现在中文的出版物实在不够满足我们求知的欲望。求新知识的门径在于外国文。每个学生至少需要能用一种外国语看书。学外国语需要经过查生字,记生字的第一难关。千万不要怕难。若是学堂里的外国文教员确是不好,千万不要让他敷衍你们,不妨赶他跑。

(2)注重观察事实与调查事实,这是科学训练的第一步。要求学校里用实验来教授科学。自己去采集标本,自去观察调查。观察调查需要有个目的——例如本地的人口、风俗、出产、植物、鸦片烟馆等项的调查——还要注重团体的互助,分工合作,做成有系统的报告。现在的学生天天谈"二十一条",究竟二十一条是什么东西,有几个人说得出吗?天天谈"高徐济顺",究竟有几个人指得出这条路在什么地方吗？这种不注重事实的习惯,是不可不打破的。打破这种习惯的唯一法子,就是养成观察调查的习惯。

（3）建设地促进学校的改良,现在的学校课程和教员一定有许多不能满足学生求学的欲望的。我们学生不要专做破坏的攻击,须要用建设的精神,促进学校的改良。与其提倡考试的废止,不如提倡考试的改良;如其攻击校长不多买博物标本,不如提倡学生自己采集标本。这种建设促进,比教育部和教育厅的命令功效大得多咧。

（4）注重自修,灌进去的知识学问是没有多大用处的。真正可靠的学问都是从自修得来的。自修的能力是求学问的唯一条件。不养成自修的能力,决不能求学问。自修应注重的事是:（一）看书的能力,（二）要求学校购备参考书报,如大字典、词典、重要的大部书之类,（三）结合同学多买书报,交换阅看,（四）要求教员指导自修的门径和自修的方法。

第二,团体的生活。

五四运动以来,总算增加了许多的学生的团体生活的经验。但是现在的学生团体有两大缺点:（一）是内容太偏枯了,（二）是组织大不完备了。内容偏枯的补救,应注意各方面的"俱分并进"。

（1）学术的团体生活,如学术研究会或讲演会之类。应该注重自动的调查、报告、试验、讲演。

（2）体育的团体生活,如足球、运动会、童子军、野外幕居、假期旅行,等等。

（3）游艺的团体生活,如音乐、图书、戏剧,等等。

（4）社交的团体生活,如同学茶话会、家人恳亲会、师生恳亲会、同乡会,等等。

（5）组织的团体生活,如本校学生会、自治会、各校联合会、学生联合总会之类。

要补救组织不完备,应注重世界通行的议会法规的重要条件。简单地说来,至少须有下列的几个条件:

（1）法定开会人数。这是防弊的要件。

（2）动议的手续。与修正议案的手续。这是会议法规里最繁难又最重要的一项。

（3）发言的顺序。这是维持秩序的要件。

（4）表决的方法。（一）须规定某种议案必须全体几分之几的可决，某种必须到会人数几分之几的可决，某种仅须过半数的可决。（二）须规定某种重要议案必须用无记名投票，某种必须用有记名投票，某种可用举手的表决。

（5）凡是代表制的联合会——无论校内校外——皆须有复决制。遇重大的案件，代表会议议决案必须再经过会员的总投票，总会的议决案，必须再经过各分会的复决。

（6）议案提出后，应有规定的讨论时间，并须限制每人发言的时间与次数。

现在许多学生会的章程只注重职员的分配，却不等重这些最紧要的条件，这是学生团体失败的一个大原因。

此外还须注意团体生活最不可少的两种精神：（1）容纳反对党的意见，现在学生会议的会场上，对于不肯迎合群众心理的言论，往往有许多威压的表示，这是暴民专制，不是民治精神。民治主义的第一个条件就是要使各方面的意见都可以自由发表。（2）人人要负责任，天下有许多事都是不肯负责任的"好人"弄坏的。好人坐在家里叹气，坏人在议场做戏，天下事所以败坏了。不肯出头负责任的人，便是团体的罪人，便不配做民治国家的国民。民治主义的第二个条件是人人要负责任，要尊重自己的主张，要用正当的方法来传播自己的主张。

第三，社会服务的生活。

学生运动是学生对于社会国家的利害发生兴趣的表示，所以各处都有平民夜学，平民讲演的发起。我们希望今后的学生继续推广这种社会服务的事业。这种事业，一来是救国的根本办法，二来是学生的现力做得到的，三来可以发展学生自己的学问与才干，四来可以训练学生待人接物的经验。我们希望学生注意以下几点：（1）平民夜校。注重本地的需要，介绍卫生的常识，职业的常识，和公民的常识。（2）通俗讲演。现在那些"同胞快醒，国要亡了""杀卖国贼""爱国是人生的义务"等空话的讲演，是不能持久的，说了两三遍就没有用了。我们希望学生注重科学常识的讲演。改良风俗的讲演。破除迷信的讲演。譬如你今天演说"下雨"你不能不先研究雨是怎样来的，何以从天上下来；听的人也可以因此知道雨不是龙王菩萨洒下来的，也可以知道雨不是道士和尚求得下来的。又如你明天演说"种田何以须用石灰作肥料"，你就不能不研究石灰的化学性，听的人也可以因此知道肥料的道理。这种讲演，不但于人有益，于自己也极有益。（3）破除迷信的事业。我们希望学生不但用科学的道理来解释本地的种种迷信，并且还要实行破除迷信的事业。如求神合婚、求仙言、放焰口、风水等等迷信，都该破除。学生不来破除迷信，迷信是永远不会破除的。（4）改良风俗的事业。我们希望学生用力去做改良风俗的事业。譬如女子缠足的，现在各处多有。学生应该组织天足会，相戒不娶小脚的女子。不能解放你的姊妹的小脚，你就不配谈"女子解放"。又如鸦片烟与吗啡，现在各处仍旧很销行，学生应该组织调查队、侦探队，或报告官府，或自动的捣毁烟间与吗啡店。你不能干涉你村上的鸦片吗啡，你也不配干预国家的大事。

以上说的是我们对于学生的希望。

学生运动已发生了，是青年一种活动力的表现，是一种好现象，决不能压下去的；也决不可把它压下去的。我们对于办教育的人的忠告是："不要梦想压制学生运动；学潮的救济只有一个法子，就是引导学生向有益有用的路上去活动。"

学生运动现在四面都受攻击，五四的后援也没有了，六三的后援也没有了。我们对于学生的忠告是："单靠用罢课作武器是下下策，可一而再再而三的么？学生运动如果要想保存五四和六三的荣誉，只有一个法子，就是改变活动的方向，把五四和六三的精神用到学校内外有益有用的学生活动上去。"

我们讲的话，是很直率，但这都是我们的老实话。

学习化的社会:现在和未来

——《学会生存·后记二》

联合国教科文组织国际教育发展委员会

要把培养正常的人当作一种成就，
而宇宙就是用来支持这种成就的。

教育活动起初是分散的、片断的并为少数杰出人才服务的。这些教育活动，从各个时代和无数历史对比看来，不可避免地倾向于同一个结论，即建立一种具有普遍使命的、结构坚固而权力集中的学校体系。然而，当这些机构似乎接近完成的时候，出现了或再度出现了越来越多的校外活动与校外机构，其中大部分往往跟正规的、官方的教育没有任何有机联系。这些正规的、官方的教育十分狭隘，十分死板，以致它们不能包括这些校外活动与校外机构。于是一些开明人士企图用合并学校与校外体系的办法来补救这个不和谐的缺点。但是正当他们在理论上(即使没有在实际上)赢得胜利的时候，又出现了别的见解。新的现实和潜力已经丰富了生活。当前的社会——更不必说未来的社会——的前景已不限于建立一些可以任意扩大和分隔这栋教育大厦，把各种各类的教育加在一起并组合起来的体系。我们必须超越纯体系的概念之外，来考虑对事物的另一种安排。

教育，如果像过去一样，局限于按照某些预定的组织规划、需要和见解去训练未来社会的领袖，或想一劳永逸地培养一定规格的青年，这是不可能的了。教育已不再是某些杰出人才的特权或某一特定年龄的规定活动:教育正在日益向着包括整个社会和个人终身的方向发展。

但还有一些人,从同样的前提出发,最后都得出一个激进的结论:废除体系。

看来,在一个空前要求教育的时代,人们所需要的不是一个体系,而是"无体系"。

教育正在越出历史悠久的传统教育所规定的界限。它正逐渐在时间上和空间上扩展到它的真正领域——整个人的各个方面。由于这些方面过于广泛而复杂,以致无法包括在任何"体系"之内,如果"体系"是指一种静止的、无进展的东西的话。在这一领域内,教学活动便让位于学习活动。虽然一个人正在不断地受教育,但他越来越不成为对象,而越来越成为主体了。他并不认为,他所受的教育似乎是他的保护人,即那些有权势的人们,送给他的礼物或者是对他所履行的一种社会义务。他是依靠征服知识而获得教育的。这样,他便成了他所获得的知识的最高主人,而不是消极的知识接受者。

未来的学校必须把教育的对象变成自己教育自己的主体。受教育的人必须成为教育他自己的人;别人的教育必须成为这个人自己的教育。这种个人同他自己的关系的根本转变,是今后几十年内科学与技术革命中教育所面临的最困难的一个问题。

教育虽然建立在从最近的科学数据中抽取出来的客观知识的基础上,但它已不再是从外部强加在学习者身上的东西,也不是强加在别的人身上的东西。教育必然是从学习者本人出发的。

我们今天把重点放在教育与学习过程的"自学"原则上,而不是放在传统教育学的教学原则上。

社会不能通过一个单独的机构对它的所有一切组成部分(无论在任何领域内)发挥其广泛而有效的作用,不管这个机构多么广大。如果我们承认,教育现在是,而且将来也越来越是每一个人的需要,那么我们不仅必须发展、丰富、增加中小学和大学,而且我们还必须超越学校教育的范围,把教育的功能扩充到整个社会的各个方面。学校有它本身的作用而且将有进一步的发展。但是我们越来越不能说,社会的教育功能乃是学校的特权。所有的部门——政府机关、工业、交通运输——都必须参与教育工作。地方共同体和国家共同体都显然是具有教育作用的机构。正如普拉塔奇所说,"城邦是最好的教师"。而且特别当这个城市保持它的人口比例不变时,它的确包含有巨大的教育潜力;这里面,它的社会结构、行政结构和它的文化网都具有这种巨大的教育潜力;——不仅是由于它进行的交流具有活力,而且是因为这个城邦就是一所培养公民感情和相互了解的学校。

在雅典,教育不是一种独自分隔的活动,不是在一定的时间内,在一定的地点,在人生的某一个时期进行的。教育是整个社会的目的。这个城邦就教育着人。雅典人是通过文化、通过教仆对儿童的教育而受到教育的。教育之所以可能这样做,是由于奴隶制度。……机器已经能够替每一个现代人做到了奴隶曾为雅典少数有钱人所做的事情。

当然,如果我们在合适的社会条件之下使用机器,机器是能够做到这一点的。而且我们可以肯定,社会作为一个整体将有更重要的教育作用。但是这种看法,由于散布得越来越广,将产生许多后果,每一个单独的机构都需要有所改变,以便更有效地适应人的新需要。新型的组织将会产生。人们必须加强研究获取知识的间接方法,必须增加这些方法的效率,也必须对它们的结果作出客观的评价。需要和要求正在迫使现有的机构考虑日益增加的各种选择途径和各种入学、退学和转学的方式——这是教育真正民主化的强大运动的第一个阶段。社会已经连续不断地巩固和改组它们的结构,这些结构是人们的"生存权利"的必要基础,社会已经创造了物质财富。这是人类"追求富有的权利"所需要的。在整个历史过程中,这些就是社会的根本目标。现在社会难道不应该把"学习实现自我",即人的教育,放在最优先的地位吗?

不要把教育的权力交给一个单独的、垂直的、有等级的机构,使这种机构组成社会中的一个独特团体。相反,所有的集体、协会、工联、地方团体和中间组织都必须共同承担教育责任。……那些不言而喻的观念正在失去它们的意义。例如,积极的生活与消极的生活之间的区别,或大众现有的观点和政府当局的法令之间的区别等都在丧失它们的意义。从今以后,一些专门人员以外的人们从事教育活动是可能的了;垂直的区划正在消失;学校的领域和所谓平行学校的分界关系,国家与私人事业之间,官方的或正式订有契约的教学专业人员和那些临时担任教学任务的人们之间的区别等也都已经不再有任何意义了。

不管系统变革多么急骤,上述这种情况已经使我们远远地超出了简单的系统变革。社会与教育的关系,在其性质方面,正在发生变化。一个社会既然赋予教育这样重要的地位和这样崇高的价值,那么这个社会就应该有一个它应有的名称——我们称之为"学习化的社会"。这样一个社会的出现,只能把它理解为一个教育与社会、政治与经济组织(包括家庭单位与公民生活)密切交织的过程。这就是说,每一个公民享有在任何情况之下都可以自由取得学习、训练和培养自己的各种手段,因此,从他自己的教育而言,它将基本上处于一个完全不同的地位。教育不再是一种义务,而是一种责任了。

从这个意义讲来,未来的教育必须成为一个协调的整体,在这个整体内,社会的一切部门都从结构上统一起来,这种教育将是普遍的和继续的。从个人的观点来说,这种教育将是完整的和富于创造性的,因而也是个别化的和自我指导的。这种教育既是保障专业活动、促进专业活动的动力,又是文化中的堡垒和推动力。这个教育运动是不可抗拒的和不可逆转的。这是我们时代的文化革命。

这是一种空想吗? 是的。我们知道,任何旨在改变人类命运的基本条件的事业势必包含有一些空想成分。从这个意义上讲,这是一种空想。而且即使这个强有力的运动在不久的将来即将出现,即使产生这种变化的手段也恰巧具备了,但这个运动还不可能在一两天之内发生。从这个意义来讲,这也是一个空想。但是发展这种教育的前景看来不仅符合当前世界的基本需要和革命的主要方向,而且也适合于各种社会经济结构和各个经济发展水平不同的国家所出现的许多现象。从这个意义来讲,这种教育就不是一个空想了。此外,如果我们说,没有空想的预见,就不会有好的策略,这句话也没有什么荒谬之处。可以说,每一个远见都可能被指责为空想主义。如果我们想要采取坚决而明智的行动,我们的目光就必须放得远些。

说得过分些,我们甚至可以大胆地说:首先,一个哲学家越是容许在他的思想中有空想的地位,他就越要承认教育的重要性;其次,他越是意识到空想的地位,他就越要强调训练的自由。

教育上任何革新的想法当然都会遭到困难和缺乏资源。我们时常需要采取激烈的措施,这些措施包括建设发展的基础结构时所需要的纪律、严肃性和一致性。我们要把创造性和自由接受的纪律联系起来。我们要在贫穷的限制中为个人求得幸福而准备财富。特别在发展中国家里这也许是一种公正的道德。但教育革新,无论是有意的还是无意的,无论是实际的还是抽象的,都肯定要遭到强烈的抗拒,这一点也是确实的。这种阻力既来自被它的反对者称为过时的传统主义者,也来自被传统主义者称为空想主义的对未来进行推测的理论家;既来自内部的教育结构,也来自外部的政治方面的反应。这种阻力可能是借口由于儿童心理机制脆弱所引起的合理的担忧,也可能是借口由于真正革新后的混乱思想所产生的不合理的紧张。在响亮的词句下宣称要为实现一个学习化的社会而"斗争",这是徒劳无益的。充其量,这也许只是在一次粗暴的政治、社会和文化战争中写在旗帜上的一个口号。为导致客观条件的产生,这种口号也只是一种要求人们作出努力、从事想象、大胆思想与行动的呼吁。但是,一个学习化社会将会在一个天气晴朗、组织完备、设备充足、闪闪发光的情况下出现于人间。

你考虑能够办得到这一点吗？……第一步是由政治家们来严肃地考虑这个问题——全部的问题，这是哲学上的一次挑战。谁先开始？

不错，我们要问："谁先开始？"然后我们再问："怎样办？"

回答第一个问题不是我们的任务。国家和政府在实践中将会答复这个问题。关于第二个问题，我们将在下面的篇幅中试图提出部分的答案。

华东师范大学比较教育研究所　译

我们有责任送儿童入学

马丁·路德[1]

演讲的第二部分将重点谈谈关于支持或是忽视学校,对世俗带来的好处和危害。首先,像圣·保罗说的,世俗机构或权力是无法与神圣的教会相比的。因为前者不是通过耶稣基督的血和死而获得的。因此,它不能履行和做出伟大的工作的奇迹,有如教会所做出的那样。世俗当局的工作都是属于世俗和暂时存在的,如保护人身、妻子、儿女、住宅、物品和荣誉,以及其他属于生活所需要的事物,而不属于永久的精神生活。精神生活优于世俗生活,因此,神圣教会优于世俗当局。它们一个是实质,一个是影子。世俗权力是影子,是耶稣权力的影子和映像。因为教会的职责(它的存在是上帝命定的)给人们带来永久的和平和不朽的生活,正像圣·保罗在《两个科林斯人》[2]第四章所说的那样。可是世俗政府只能维持短暂的和平、法律和生活。

神圣的法令是上帝最好的赠物。人们希望获得它,把它当做人类必需的幸福来保存。因为没有它,人类将不能共同生活,就像野兽一样,一个吃掉一个。

……

假如你善于使用你的钱财,送你的儿子去上学吧,并引导他去为国家服务,像一个帝国的使者、皇帝的传道士、世俗和平的基石,那么他将成为一个有用的人。这对你来讲,不是一件很光荣和愉快的事吗? 要知道,上帝正注视着这种灵光,当然他会得到报答的。去做这些工作,虽然不能证明和保证能拯救我们,可

---

① 马丁·路德(1483—1546),德国宗教改革家。
② 科林斯为古希腊著名城邦。

是它仍然是一件令人喜悦的事。因为做这些工作,上帝是很高兴的,特别是对于基督王国中的信徒们。我们要感谢他的恩惠、贡献和高度服务的精神。

假如你希望你的儿子成为一个帮助皇帝维持他的统治、王冠和宝剑——帮助王子掌管他的领土、城市和国家,帮助保护每个人的人身、妻子、财产和荣誉的人,可是,你却不送他去学校,并培养他担任这种工作,那么,你就是一个无感觉的和忘恩负义的人,一个畜生。请告诉我,所有教士会、修道院与此相比做得如何呢?在我看来,在这方面,一个正直、公正的法官和秘书的工作,要胜过僧人、修士和修女的工作。假如这样的好事不能打动你,那么上帝的荣誉和期望将要打动你。这样,你将对上帝表示感恩,并帮他做了这件美好的事。上帝认为,你若不带领你的孩子去做卓越的和神圣的事,而只强调他们的食欲和贪婪,只教他满足食欲,好比一头猪永远用它的鼻子在污秽中找东西吃,而不带领他们去做这种有价值的事,那将是一种耻辱的打算。你要不是无感觉的畜生,就是不爱你的孩子。

进一步讲,假如上帝决定你的孩子去做那样的事,你怎么办呢?你要知道,你有义务去维护国家法令。现在,假如人们不教育其子女,那么国家法令就无法维护了,因为公民职务比教士职务更需要智慧,更需要最聪明的儿童。因为教会的工作在圣灵,但在公民政府,人们必须用理智来教导(这就是人类法律的来源),因为上帝置世俗政府和物质的国家于理智之下,而不把传授圣灵作为目的。所以公民当局的职责比教会更艰巨、更困难,因为意识是不能统治的,它必须有所行动,如讲话。

假如现在你有一个孩子能学习,你能送他去学校,而你不这样做,你不过问世俗政府的法令、和平,等等,那么你就在某种程度上像一个残暴者反对公民当局,像个魔鬼。因为,这样做你就原则上从帝国、城市、挽救者、安慰者、柱石和助手中退了出来。于是,皇帝失掉了宝剑和王冠,国家失掉了抵抗与和平,没有人能保护你的人身、妻子、儿女、房子和财产,这都是由于你的过错。你把他们都奉献给屠夫集团,给人们以堕落成为残忍者的机会,最后互相残杀。你要一定这样做,特别是出自关心你孩子的物质需要的目的,从这样一个有益的岗位上退出来,那么,你难道是社会上一个可敬的和有用的人吗?你每天享受国家的好处,但作为报答却抢劫了你的孩子,让他去贪婪,使你不能全力维护政府、法律与和平。虽然通过世俗的权力保障了你的人身、生活、财产和荣誉,但是你破坏了社会秩序。

你,对你的报答怎么想呢? 这还值得踌躇吗? 上帝给你孩子和财产,你应该感恩,你应奉献你的孩子为他服务。他在公民政府帮助维护上帝的命令,是否是为他服务呢? 现在你忽视这个服务,好像与你无关,或好像你架于众人之上,可以自由地不与为上帝服务相关。你擅自随你所愿来对待你的孩子,不管世俗的和上帝的精神王国会灭亡。可是与此同时,你却享受别人保护和平和帝国的法律的功劳,让教士和上帝、《圣经》为你服务,使上帝成为你的仆人。你滥用所有这些好处,把你的孩子拉到你身边,教他为财神服务。

你没想到上帝将宣布关于你的追求名利的判决吗? ——那就是你毁灭了你的孩子和财产。你的心里不害怕你的盲目、轻视上帝、忘恩负义会毁灭了国家和上帝的法令,并伤害了所有的人吗? 好,我告诉你,好处和危害二者你可以随意地选择,但是上帝肯定要回答你的。

那么不要忧虑,送你的孩子去学习吧。假如他在一个时候需要面包,你就给他上帝的食物吧,将来他会成为贵族的。事实上,你的孩子和我的孩子,也就是说,普通人们的孩子,将要统治世界,精神世界和世俗世界,像《诗篇》证明的那样。有财富的俗人不能做到这点,他们是财神的教士和僧侣。天生下来就是王子和贵族的人也不能做到,特别是不能担任教士的精神职务。在世界上,精神的和世俗的政府都在普通人和他们的孩子手中。

财神的信徒们经常表示轻视文化。所以他们说"假如我的孩子能够读、写和算就够了,因为我让他将来做个商人。"但到商人感到困扰时,他才用他的手指去挖掘一个在地下十码深的有学问的人。所以我们正义的讲道和管理不能停止。我知道得很清楚,我们必须保留理论家和法学家,否则,所有职业将要不可避免地失败。什么地方没有了理论家,什么地方就消失了上帝的天堂,于是留下的只有未开化的人和魔鬼。当法学家消失,法和和平也将消失,留下的只有强盗、杀人犯、暴行和强权——野兽的统治。当和平消失后,商人会得到什么呢,让他的账目来告诉他吧;当传道停止后,他如何使用他的财产呢,让他的良心告诉他吧。

我要在此提起注意,在医学界和其他职业中需要很多有知识的人来写一本书和用半年时间来宣讲。假如我们不学习文学艺术,我们的宣讲者、法学家和医生从哪里来呢? 他们都来自学习。简言之,勤劳的、虔诚的教师,他们热心地训练和教育儿童,他们没有得到充足的报酬。没有钱给他们,像异教的亚里士多德说的。这件事在我们中间并没引起重视,好像没事儿一样,可是我们还自称为基督徒!

假如我放弃虔诚和我的其他职责,我将愿意去当教师,因为我知道教师位置是最有用的,最重要的,可是,我不能确信哪一个更合适。因为让一条老狗驯顺和老流氓虔诚是很困难的,虽然这是教士必须做的事情,不过大部分是失败的。小树虽然在其生长过程中可能被折断,但它是可塑的、容易培植的。因此,我认为,在世界上最高的美德是忠实地去教育别人的孩子。但是这个责任,很少家长能做到。

......

我的教育信条

杜 威①

第一条 什么是教育

我相信——

　　一切教育都是通过个人参与人类的社会意识而进行的。这个过程几乎是在出生时就在无意识中开始了。它不断地发展个人的能力，熏染他的意识，形成他的习惯，锻炼他的思想，并激发他的感情和情绪。由于这种不知不觉的教育，个人便渐渐分享人类曾经积累下来的智慧和道德的财富。他就成为一个固有文化资本的继承者。世界上最形式的、最专门的教育确是不能离开这个普遍的过程。教育只能按照某种特定的方向，把这个过程组织起来或者区分出来。

　　唯一的真正的教育是通过对于儿童的能力的刺激而来的，这种刺激是儿童自己感觉到所在的社会情境的各种要求引起的，这些要求刺激他，使他以集体的一个成员去行动，使他从自己行动和感情的原有的狭隘范围里显现出来；而且使他从自己所属的集体利益来设想自己。通过别人对他自己的各种活动所做的反应，他便知道这些活动用社会语言来说是什么意义。这些活动所具有的价值又反映到社会语言中去。例如，儿童由于别人对他的呀呀的声音的反应，便渐渐明白那呀呀的声音是什么意思，这种呀呀的声音又逐渐变化为音节清晰的语言，于是儿童就被引导到现在用语言总结起来的统一的丰富的观念和情绪中去。

　　这个教育过程有两个方面：一个是心理学的，一个是社会学的。它们是平列并重的，哪一方面也不能偏废。否则，不良的后果将随之而来。这两者，心理学

---

① 约翰·杜威（1859—1952），美国哲学家、教育家。

方面是基础的。儿童自己的本能和能力为一切教育提供了素材,并指出了起点。除了教育者的努力是同儿童不依赖教育者而自己主动进行的一些活动联系的以外,教育便变成外来的压力。这样的教育固然可能产生一些表面的效果,但实在不能称它为教育。因此,如果对于个人的心理结构和活动缺乏深入的观察,教育的过程将会变成偶然性的、独断的。如果它碰巧能与儿童的活动相一致,便可以起到作用;如果不是,那么它将会遇到阻力、不协调,或者束缚了儿童的天性。

为了正确地说明儿童的能力,我们必须具有关于社会状况和文明现状的知识。儿童具有自己的本能和倾向,在我们能够把这些本能和倾向转化为与他们的社会相当的事物之前,我们不知道它们所指的是什么。我们必须能够把它们带到过去的社会中去,并且把它们看作是前代人类活动的遗传。我们还必须能把它们投射到将来,以视他们的结果会是什么。在前一个例子中,正是这样能够在儿童的呀呀的声音里,看出他将来的社会交往和会话的希望和能力,使人们能够正确地对待这种本能。

心理的和社会的两个方面是有机地联系着的,而且不能把教育看作是二者之间的折中或其中之一凌驾于另一个之上而成的。有人说从心理学方面对教育所下的定义是空洞的、形式的——它只给我们以一个发展一切心能的观念,却没有给我们以怎样利用这些心能的观念。另一方面,又有人坚决认为,教育的社会方面的定义(即把教育理解为与文明相适应)会使得教育成为一个强迫的、外在的过程,结果把个人的自由隶属于一个预定的社会和政治状态之下。

假如把一个方面看作是与另一个方面孤立不相关而加以反对的话,那么这两种反对的论调都是对的。我们为了要知道能力究竟是什么,我们就必须知道它的目的、用途或功能是什么;而这些,是无法知道的,除非我们认为个人是在社会关系中活动的。但在另一方面,在现在情况下,我们能给予儿童的唯一适应,便是由于使他们充分发挥其能力而得的适应。由于民主和现代工业的出现,我们不可能明确地预言二十年后的文化是什么样子,因此也不能准备儿童去适合某种定型的状况。准备儿童使其适应未来生活,那意思便是要使他能管理自己;要训练他能充分和随时运用他的全部能量;他的眼、耳和手都成为随时听命令的工具,他的判断力能理解它必须在其中起作用的周围情况,他的动作能力被训练能达到经济和有效果地进行活动的程度。除非我们不断地注意到个人的能力、爱好和兴趣——也就是说,除非我们把教育不断地变成心理学的名词,这种适应是不可能达到的。

总之,我相信,受教育的个人是社会的个人,而社会便是许多个人的有机结合。如果从儿童身上舍去社会的因素,我们便只剩下一个抽象的东西;如果我们从社会方面舍去个人的因素,我们便只剩下一个死板的没有生命力的集体。因此,教育必须从心理学上探索儿童的能量、兴趣和习惯开始。它的每个方面,都必须参照这些考虑加以掌握。这些能力、兴趣和习惯必须不断地加以阐明——我们必须明白它们的意义是什么。必须用和它们相当的社会的事物的用语来加以解释——用他们在社会事务中能做些什么的用语来加以解释。

第二条 什么是学校

我相信——

学校主要是一种社会组织。教育既然是一种社会过程,学校便是社会生活的一种形式。在这种社会生活的形式里,凡能最有效地培养儿童分享人类所继承下来的财富以及为了社会的目的而运用自己的能力的一切手段,都被集中起来。

因此,教育是生活的过程,而不是将来生活的预备。

学校必须呈现现在的生活——即对于儿童来说是真实而生气勃勃的生活。像他们在家庭里、在邻里间、在运动场上所经历的生活那样。

不通过各种生活形式,或者不通过那些本身就值得生活的生活形式来实现的教育,对于真正的现实总是贫乏的代替物,结果形成呆板而死气沉沉的局面。

学校作为一种制度,应当把现实的社会生活简化起来,缩小到一种雏形的状态。现实生活是如此复杂,以致儿童不可能同它接触而不陷于迷乱;他不是被正在进行的那种活动的多样性所淹没,以致失去自己有条不紊的反应能力,便是被各种不同的活动所刺激,以致他的能力过早地被发动,致使他的教育不适当地偏于一面或者陷于解体。

既然学校生活是如此简化的社会生活,那么它应当从家庭生活里逐渐发展出来;它应当采取和继续儿童在家庭里已经熟悉的活动。

学校应当把这些活动呈现给儿童,并且以各种方式把它们再现出来,使儿童逐渐地了解它们的意义,并能在其中起着自己的作用。

这是一种心理学的需要,因为这是使儿童获得继续生长的唯一方法,也是对学校所授的新观念赋予旧经验的背景的唯一方法。

这也是一种社会的需要,因为家庭是社会生活的一种形式,儿童在其中获得教养和道德的训练。加深和扩展他的关于与家庭生活联系的价值的观念,是学校的任务。

现在教育上许多方面的失败,是由于它忽视了把学校作为社会生活的一种形式这个基本原则。现代教育把学校当作一个传授某些知识,学习某些课业,或养成某些习惯的场所。这些东西的价值被认为多半要取决于遥远的将来;儿童所以必须做这些事情,是为了他将来要做某些别的事情;而这些事情只是预备而已。结果是,它们并不成为儿童的生活经验的一部分,因而并不真正具有教育作用。

道德教育集中在把学校作为一种社会生活的方式这个概念上,最好的和最深刻的道德训练,恰恰是人们在工作和思想的统一中跟别人发生适当的关系而得来的。现在的教育制度,就它对于这种统一的破坏或忽视而论,使得达到任何真正的、正常的道德训练变为困难或者不可能。

儿童应当通过集体生活来使他的活动受到刺激和控制。

在现在的情况下,由于忽视了把学校作为社会生活的一种方式这个概念,来自教师的刺激和控制是太多了。

教师在学校中的地位和工作必须按同样的基本观点来加以阐明。教师在学校中并不是要给儿童强加某种概念,或形成某种习惯,而是作为集体的一个成员来选择对于儿童起作用的影响,并帮助儿童对这些影响作出适当的反应。

学校中的训练应当把学校的生活作为一个整体来进行,而不是直接由教师来进行。

教师的职务仅仅是依据较多的经验和较成熟的学识来决定怎样使儿童得到生活的训练。

儿童的分班和升级的一切问题,都应当参照同样的标准来决定。考试不过是用来测验儿童对社会生活的适应能力,并表明他在哪种场合最能起作用和最能接受帮助。

第三条　教　材

我相信——

儿童的社会生活是他的一切训练或生长的集中或相互联系的基础。社会生活给予他一切努力和一切成就的不自觉的统一性和背景。

学校课程的内容应当注意到从社会生活的最初不自觉的统一体中逐渐分化出来。

我们由于给儿童太突然地提供了许多与这种社会生活无关的专门科目，如读、写和地理等，而违反了儿童的天性，且使最好的伦理效果变得困难了。

因此，学校科目相互联系的真正中心，不是科学，不是文学，不是历史，不是地理，而是儿童本身的社会活动。

教育不能在科学的研究或所谓自然研究中予以统一，因为离开了人类的活动，自然本身并不是一个统一体；自然本身是时间和空间里许多形形色色的东西，要自然本身使它自己作为工作的中心，那便是提供一个分散的原理，而不是集中的原理。

文学是社会经验的反映和阐明；因此，它必须产生在经验之后，而不是在前。因此，它不能作为统一体的基础，虽然它可以成为统一体的总和。

再次，历史就它提供社会生活和生长的各个方面来说，是具有教育价值的。它必须参照社会生活而加以控制。假如只简单地作为历史来看，它便陷于遥远的过去而变成僵死的、毫无生气的东西。历史如被看作是人类的社会生活和进步的记录，那就成为有丰富意义的东西了。但是我认为，除非儿童也被直接引入社会生活中去，否则对于历史是不可能这样看的，所以教育最根本的基础在于儿童活动的能力，这种能力是沿着现代文明所由来的同一的总的建设路线而活动的。

使儿童认识到他的社会遗产的唯一方法是使他去实践那些使文明成其为文明的主要的典型的活动。

因此，所谓表现和建设的活动便是相互联系的中心。

这便给予学校中烹调、缝纫、手工等的地位以一个标准。

这些科目并不是附加在其他许多科目之外，作为一种娱乐、休息的手段，或者作为次要的技能的特殊科目而提出的。我更相信它们是代表社会活动的类型和基本形态的;而且,通过这些活动的媒介把儿童引入更正式的课程中,这是可能的,也是值得向往的。

科学研究就它显示了产生现代社会生活的各种资料和方法而言,是具有教育意义的。

目前科学教学的最大困难之一是:这种资料以纯客观的形式提供出来,或者作为儿童能加于他已有经验之上的一种新的特殊经验。其实,科学之所以有价值正因为它给我们一种能力去解释和控制已有的经验。我们不应当把它作为新的教材介绍给儿童,而应当作为用来显示已经包含在旧经验里的因素,和作为提供更容易、更有效地调整经验的工具。

现在我们丧失了许多文学和语言科目的价值,这是因为我们抛弃了社会的因素。在教育学著作里,差不多总是把语言只当作思想的表现。语言固然是一种逻辑的工具,但基本的、最重要的是一种社会的工具。语言是一种交往的手段,是一个人用以分享别人的思想和感情的工具。如果只是把它当作个人获得知识,或当作表达已经学到的知识的工具,那么就会失去它的社会的动机和目的。

因此,在理想的学校课程中,各门科目并不是先后连贯的。如果教育即是生活,那么一切生活一开始就具有科学的一面、艺术和文化的一面以及相互交往的一面。因此,一个年级的固定科目只是阅读和写字,而较高的年级里却开设阅读、文学或科学,这是不正确的。进度不是在于各门科目的连贯性,而是在于对经验的新态度和新兴趣的发展。

最后,教育应该被认为是经验的继续改造;教育的过程和目的是完全相同的东西。

如要在教育之外另立一个什么目的,例如给它一个目标和标准,便会剥夺教育过程中的许多意义,并导致我们在处理儿童问题时依赖虚构的和外在的刺激。

第四条 方法的性质

我相信——

方法的问题最后可以归结为儿童的能力和兴趣发展的顺序问题。提供教材和处理教材的法则就是包含在儿童自己本性之中的法则。由于情况正是这样,我认为下面的论述,对于决定教育所赖以进行的那种精神是极端重要的。

(1) 在儿童本性的发展上,自动的方面先于被动的方面;表达先于有意识的印象,肌肉的发育先于感官的发育,动作先于有意识的感觉;我相信意识在本质上是运动或冲动的;有意识的状态往往在行动中表现自己。

对于这个原理的忽视便是学校工作中大部分的时间和精力浪费的原因。儿童被置身于被动的、接受的或吸收的状态中,情况不允许儿童遵循自己本性的法则;结果造成阻力和浪费。

观念(理智的和理性的过程)也是由行动引起的,并且为了更好地控制行动。我们所谓理性,主要就是有顺序的或有效的行动法则。要发展推理的能力、判断能力,而不参照行动方法的选择和安排,便是我们现在处理这个问题的方法中的一个重大错误。结果是我们把任意的符号提供给儿童。符号在心智发展中是必需的,不过它们的作用在于作为节省精力的工具;它们本身所表现出来的乃是从外部强加的大量毫无意义的和武断的观念。

(2) 表象是教学的重要工具。儿童从他所见的东西中所得到的不过是他依照这个东西在自己心中形成的表象而已。

假如将现在用以使儿童学习某些事物的十分之九的精力用来注意儿童是否在形成适当的表象,那么教学工作将会容易得多。

目前对于课业的准备和提出所费的许多时间和注意力,可以更明智地、更有益地用来训练儿童形成表象的能力,使儿童将经验中所接触的各种东西不断地形成明确、生动和生长中的表象。

(3) 兴趣是生长中的能力的信号和象征。我相信,兴趣显示着最初出现的能力,因此,经常而细心地观察儿童的兴趣,对于教育者是最重要的。

这些兴趣必须作为显示儿童已发展到什么状态的标志来加以观察。

它们预示着儿童将进入那个阶段。

成年人只有通过对儿童的兴趣不断地予以同情的观察,才能够进入儿童的生活里面,才能知道他要做什么,用什么教材才能使他工作得最起劲、最有效果。

这些兴趣不应予以放任,也不应予以压抑。压抑兴趣等于以成年人代替儿童,这就减弱了心智的好奇性和机敏性,压抑了创造性,并使兴趣僵化。放任兴趣等于以暂时的东西代替永久的东西。兴趣总是一些隐藏着的能力的信号;重要的事情是发现这种能力。放任兴趣就不能从表面深入下去。它的必然结果是以任性和好奇代替了真正的兴趣。

（4）情绪是行动的反应。力图刺激或引起情绪而不顾与此情绪相应的活动，便等于导致一种不健全的和病态的心理状态。

只要我们能参照着真、善、美而获得行动和思想上的正确习惯，情绪大都是能够约束的。

除了死板和呆滞，形式主义和千篇一律之外，威胁我们教育的最有害的东西莫过于感情主义。

这种感情主义便是企图把感情和行动分离开来的必然结果。

第五条　学校与社会进步

我相信——

教育是社会进步及社会改革的基本方法。

改革仅仅依赖法规的制定，或是惩罚的威胁，或仅仅依赖改变机械的或外在的安排，都是暂时性的、无效的。

教育是达到分享社会意识的过程中的一种调节作用，而以这种社会意识为基础的个人活动的适应是社会改造的唯一可靠的方法。

这个概念对于个人主义和社会主义的理想都予以应有的重视。它恰恰是个人主义的，因为它承认某种品格的形成是合理生活的唯一真正基础。它是社会主义的，因为它承认这种好的品格不是由于单纯的个人的告诫、榜样或说服所形成的，而是出于某种形式组织的或社会的生活施加于个人的影响，社会机体以学校为它的器官，决定道德的效果。

在理想的学校里，我们得到了个人主义和集体组织的理想之间的调和。

因此，社会对于教育的责任便是它的至高无上的道德责任。通过法律和惩罚，通过社会的鼓动和讨论，社会就会以一种多少有些机遇性和偶然性的方式来调整和形成它自身。但是通过教育，社会却能够明确地表达它自己的目的，能够组织自己的方法和手段，因而能明确地和有效地朝着它所希望的前进目标塑造自身。

当社会一旦承认了朝着这种目标前进的可能性以及这些可能性所赋予的义

务,人们便不可能去设想听任教育者随意地使用时间、注意力和金钱等资源。

为了提醒社会认识到学校奋斗的目标,并唤起社会认识到给予教育者充分设备来进行其事业的必要性,坚持学校是社会进步和改革的基本的和最有效的工具,是每个对教育事业感兴趣的人的任务。

作这样设想的教育是标志着人类经验中所能想象得到的科学和艺术最完善、最密切的结合。

这样形成人类的各种能力并使它们适应社会事业的艺术是最崇高的艺术;能够完成这种艺术的人,便是最好的艺术家;对于这种事业,不论具有任何见识、同情机智和行政的能力,都不会是多余的。

心理学事业的发展增长了对于个人的心理结构和生长的法则的观察能力;社会科学的发展增长了我们关于正确组织个人的知识,一切科学的资源都可以为教育的目的而使用。

当科学和艺术这样携手以后,支配人类行动的最高动机已经达到了,人类行为的真正动力将被激发起来,人类本性中可能达到的最好的事业便有保障了。

最后,教师不是简单地从事于训练一个人,而是从事于适当的社会生活的形成。

每个教师应当认识到他的职业的尊严;他是社会的公仆,专门从事于维持正常的社会秩序并谋求正确的社会生长的事业。

这样,教师总是真正上帝的代言者,真正天国的引路人。

赵祥麟　译

数 学 与 生 活

丘成桐①

今日很高兴和诸位谈谈我个人成长、处世和决策的经验。这些经验不一定局限在数学的研究,我希望它对年轻的学生会有帮助。

介　　绍

我首先描述一下我的家庭背景,这对于我的成长影响很大。我出生在一个受过良好教育但贫寒的家庭。我的父亲曾担任几所大学的教授,包括香港中文大学崇基学院。我的父亲做了很多哲学和中国历史的研究。不过,他大学时的专业是经济学,并在崇基学院讲授经济学课程。他也曾经在朋友的赞助下尝试创办银行,但以失败告终。在我 14 岁时父亲英年早逝。我们全家顿时陷入极大的困境。这段经历使我认识到资源对于家庭、社会乃至国家的重要性。

我们家一共有 8 个兄弟姊妹。父亲去世后,照顾家庭的重担落在我的母亲和姊姊身上。父亲的去世和家庭遇到的困难对年幼的我是很大的震撼。这时候,母亲和姊姊做出了对我一生至关重要的决定——让家中年幼的孩子在学校继续读书和完成学业。

但是,这也意味着母亲和姊姊要付出巨大的代价。我的舅舅曾受过我的父母的抚养和帮助,他的家境还算小康。他提出要帮助我们家从事养鸭子谋生。但他的条件是:所有的孩子必须放弃学业。母亲对我们的未来有更高的要求,拒绝了她弟弟的建议。在这非常困难的环境下,她的信念和忍耐起了决定性的作

---

① 丘成桐(1949—　),美籍华裔数学家、哈佛大学教授。

用。虽然我得到政府奖学金的资助，我在闲暇时还须靠辅导学童挣钱。生活虽然很艰难，但我却学会如何去应付这些困境，并从中取乐。我知道我必须在学业上出人头地，但对我来说这是一条不归路。我必须有所作为：为我自己和我的家人走出一条康庄大路。不成功的话，就没有前途了。

严峻的现实促使我成熟和坚强。我认识到我需要依靠自己的力量。在父亲去世前，我从未有过这种经验。父亲是家庭的领导者，他健在时我们丝毫不担心自己的未来。但现实毕竟是残酷的，再不靠自己就没有希望了。

苦 难 与 成 熟

我之所以提到这些经验，是为了说明经历过不幸之后，人们往往会变得更加成熟。在人类历史上，有许多本该拥有辉煌前程的人却最终被困苦的生活压垮，但是也有很多著名的伟人在克服困难之后取得成功的故事。

让我举一个我熟悉的例子。就是伟大的中国数学名家周炜良（1911—1995年）。周炜良20世纪30年代在德国学习。学成归来后，开始时是在中央大学任教，继而管理他的家族企业。第二次世界大战摧毁了他的财富，他决定重新回来做数学研究。他搬到普林斯顿居住，并向一位著名数学家所罗门·莱夫谢茨学习。在这段时间里，他做出了开创性的工作，代数几何学中有许多成果以他的名字命名，他大部分著作将会永载史册。

历经苦难最终导致伟大发现的过程，非常类似于打磨钻石。苦难让人成熟和进步。它教会人们如何快速作出正确的决定。在很多情况下，人们没有时间改变自己的决定，甚至没有时间犹豫或者后悔，所以做决定时往往得依靠我们的经验。翻开史册，我们发现企业或者国家的领导人如果有过艰辛的磨砺，往往能够比一般在优厚环境中长大的领导者更胜一筹。

在教育方面，我觉得让学生学会独立思考以及应对艰难情况的能力是极为重要的事情。学生应该主动学习丰富的知识，而教师应该尽量为他们创造良好的学习和咨询的环境。因此我组织每周约9小时的学生讨论班。我要求我的学生阅读一些可能与他们的论文课题并不直接相关的文章，包括一些超过他们当前学识的高深课题。

报告各自领域之外的困难文章让学生们备受挑战。但读懂了这些文章之后,他们会有质的飞跃。对某些课题甚至会比我有更好的理解。有些学生则试图欺骗和隐藏他们的无知,这些学生通常无法真正掌握推动学科进步思想的精髓。我相信我们如果不理解前人如何开创学问的蓝图,我们将会难以提出自己的创见。我相信这种经验并不局限于做学问:在社会上做事或者经营企业,假如没有亲身经历过挑战,就会缺乏经验,而难以施展才华。

困难的环境可以令人变得更加成熟。但是反过来说,长久的为生计奔波,对学者的成功却可能是有害的。毕竟,学者需要在一个稳定的环境下成长和发展,才能完成有深度的成果。我观察到历史上的伟大数学家之中,顶多百分之五的人在其整个职业生涯中都身处穷困。在历史上,我们看到一个社会,一个国家,在百战之余,都需要休养生息,才能成长。

建 立 目 标

要成为一个大学者,我们必须建立一个宏大而有意义的长远目标。这个目标的一个非常重要的特征是要确保在我们追求它的道路上,即使遇到挑战,我们也还会感到愉悦。我本人的目标就是在数学研究上有深入的贡献。我并不是一个天生的数学家,但是父亲的教导让我很敬佩那些对人类作出永恒贡献的学者。我一生都为对数学有贡献而有着无比的欢愉。

因为我来自一个贫困的家庭,我没有太多的出路。但是数学并不需要太多金钱的投入,所以是一个比较容易的选择。但更重要的是,我着迷于数学的优雅和魅力。况且伟大的数学理论可以持续数千年,至少它可以影响好几代人。

我也知道数学可以极为实用,可以解决人类社会中任何需要推理的问题,甚至华尔街的金融投资都可以利用数学的工具。我的许多朋友在各行各业都取得了巨大的成功,其中包括大名鼎鼎的吉姆·西蒙斯。

我第一次遇到吉姆·西蒙斯是在 42 年前纽约州立大学的石溪分校。我当时惊讶于他对数学研究的痴迷。他已经在几何学中做出了很重要的工作,但是对新的数学发展还是兴奋不已。不过他也说,他非常喜欢金钱。最后他辞去数学教授,到纽约华尔街去创建投资公司。他极为成功,现在已经从他的公司退休,并决定重新再从事数学研究。显然,他现在做研究并不是因为金钱。他的生活是由兴趣所主宰,他的研究依然充满力量。

在我读高中的时候,我也有过从事研究中国历史的想法,部分是由于父亲的教导,另外一方面也是因为历史是我钟爱的科目。直到现在它依然是我的一大爱好。不过,我决定研究数学,不仅是因为我对它感到兴趣,我的志向是在数学上创造历史,而不仅仅是记录或解释历史。况且由于教学的需要,以及工商业极为需要有分析思维能力的职员,数学家比历史学家更易谋生。另一方面,我毕生从未想过赚取很多金钱,但在从事数学研究时,却自得其乐。我读伟大数学家高斯或黎曼的文章时,往往兴奋莫名,而自道:大丈夫,当如是!在数学上,我能与古人神交。这应当是我选择数学为我一生专业的理由罢。

数学带给我的兴趣已经远远超出我的想象。历史和数学都教会我做理性的思考。我记得第一次感受到数学的美是在初中二年级学习平面几何的时候。从简单的公理出发,可以推导出复杂有趣的定理,着实令我着迷。我听说,在古希腊时期,市民喜欢在大街上辩论。严谨的逻辑推理思维得到了发展,并被有效地应用到辩论之中。

在推理的学问里,我们需要建立一个假设,它必须来自我们对周围环境的观察和体验。从我们所作的假设,我们可以基于逻辑推导出许多结果。我们需要的逻辑推理其实很简单。如果 A 蕴含 B 并且 B 蕴含 C,那么 A 蕴含 C。虽然这看似简单,但是建立一个良好的假设是创建任何坚实理论的重要根基。如何寻找命题 B 和 C 更是对一个良好数学家的考验。

也许你听说过约翰·纳什关于经济学的均衡理论的著名工作。他建立了一些简单的假设并由此推导出重要的结论。由于这项工作,他获得 1994 年诺贝尔经济学奖。约翰·纳什将博弈论应用于经济学,并引入新的均衡概念,他改革了亚当·史密斯(1723—1790 年)的经典理论。他和其他经济学家将这些新兴的数学理论应用于经济学的研究,影响至今。

建立品味与文化

无论是从事科学研究或者经商,成功的研究所或企业应当体现出研究员或公司创始人的品味与个性。建立其内在的优雅文化是必要的。因为数学的工作都是基于严谨的逻辑推理,一台计算机就可以承担大部分推理的工作得到一些结果。然而,好的数学结果与不好的数学结果之间有着关键的区别。一台计算机可以生产出大量正确的命题,但如果没有人类思维的指引,绝大多数命题并无价值。在一般的情形下,它们无法构造可以加深我们对自然界的了解或有用的命题。计算机无法判断什么是重要或者是有趣的命题。

这带来了一个重要的问题:数学家如何发现重要而有深度的定理?

一个重要定理的证明通常由一系列复杂的推理所组成。如果我们看不清前进的方向,那么几乎不可能创造出这样的推理。

当数学家开始着手研究一个问题时,一方面需要有一个好的规划。正如画家需要从画的类型来决定所采用的技术和媒介。另一方面,研究数学是一个动态的过程。很多时候,当新数据或新见解出现时,我们可能需要改变研究的规划。

众所周知,科学由许多科目组成。在探索自然的过程中,会诞生许多新的课题。有趣的是,许多新的研究课题往往来自于两个或多个古老科目的融合。非常类似于两家大公司的合并。如果我们了解这两家公司的文化,那么这很可能会是一个巨大的成功。反之,如果对两方的了解都不透彻,合并的结果,也可能是一个灾难。

爱因斯坦(1879—1955年)曾经成功地将狭义相对论与牛顿引力理论相结合建立了广义相对论。这是物理学的巨大飞跃。爱因斯坦能够这样成功是因为他对这两个领域的精通超过任何同时代的物理学家。因此,我总是建议我的学生至少同时掌握两门不同领域的知识,并努力将不同的科目结合起来。这个建议可能对其他学科也适用。

无论是在科学,文学或社会学,我们都需要有广博的知识,这样才能开拓新的课题。在大学里,我们学习的知识可能取决于每所大学的要求。好的学校,比如哈佛,会要求学生学习许多不同领域的知识,打下良好的核心基础。哈佛大学的大部分学生不但学习刻苦,也经常互相交流,选修不同学科的课程。我有一位朋友的儿子,在哈佛大学读本科时主修埃及文学。我以为他会是一个学究。但他毕业一年后,开创了一间相当成功的高科技公司,由此可见通才教育成功的地方。

但是,当涉及更具体的事情,大学教育还是不够的。我们需要进入研究生院深造,到公司实践学习,参加技能培训。无论身在何处,都有学习的机会。就我个人而言,我一生都在研究数学。但我也同时研究物理学,从我的博士后那里了解物理学前沿,并与他们一起工作。我的许多博士后拿的是物理学而非数学的博士学位。我选择物理学博士,是因为我需要向接受过物理学专业训练的年轻人学习。我觉得这一点很重要,我们不能仅仅学习了一门学科表面的东西,就以为自己掌握了这门学科。

如果没有足够的知识积累,很难找到合适的研究方向。

决　策

我们都知道,在我们的职业生涯中决策能力的重要性。这通常取决于许多因素,如个性、能力和外界的约束。为了选择我们的研究方向,我们需要权衡众多可能的影响因素:例如我们要考虑所需要的资源、可能产生的后果和团队的个性情感等问题。我们在做研究或创业的时候,往往需要当机立断,这需要一种直觉。这种直觉需要建立在知识的基础之上,与朋友讨论有助于拓宽这些知识和澄清疑点。经过足够的磋商,饱读相关的材料,权衡不同的利弊,都能帮助我们做出最终的决定。但是最重要的因子来自以下的直觉:如何更好地实现在研究或生活中早已设立的长远目标。

屈原说:"亦余心之所善兮,虽九死其犹未悔。"有时候人们会为了短期的目标,而迷失了人生的终极目标。在这方面,道德教育发挥了极为重要的作用。我非常感谢我的太太,她总是提醒我要坚持自己的理想。我们不能放任自己,为了短期的收益而忘记了初始的目标。即使我们生活的目标是为了赚钱,也需要考虑到社会结构已经发展到了一个非常复杂的状态,没有人可以不依赖别人的帮助或者不去帮助别人而获得成功。就如高科技的专利权——政府的法律保护和企业的互相尊重同等重要。

美国人擅于开发新技术的原因有很多,但保护知识产权也许是最重要的一条。知识产权不受到保护,就意味着工程师的成果很容易被人窃取。没有奖励,科学家和工程师很少愿意花费多年的努力去开拓新的研究!一般来说,中国企业家不太信任家庭成员以外的人,大多数私人公司由家人接班。遗憾的是,许多企业经过两三代的传接后就失败了。原因当然有很多,其中一个是因为他们的后人有着巨大的财富,流于安逸而丧失了动力或者对经商的兴趣。但是更重要的是对家族以外的人不信任,家族企业找不到最有能力的人来管理,这点也与法律不健全有关。在研究的领域里,也会出现类似的问题。一般中国学者只相信自己的学生或系里的老朋友。造成这个现象的原因除了中国人的传统学派观念外,主要还是由于中国学术界存在剽窃的风气。在我接触到的学者和编辑的杂志中,我发觉中国数学界剽窃的问题比国外严重。至于其他学科也常听闻同样的问题。有些学者,甚至有的院士,他们在修饰文字后,将别人的想法放进自己的文章里头,由于不是搬字过纸,一般学者并不认为这是抄袭。一些机构却往往重用这些学者,这些山寨学者已经严重地影响到千人计划、重大项目的评选和院士选举等,甚至起了控制作用。有人缺乏认识,有人不敢抗拒他们的欺诈,被迫跟他们合作,这是很不幸的事情。机构领导对此尚无认知,常年用少数的这种学者管事,确是中国数学未达世界一流的原因之一!

一般来说,美国高校和研究所富有浓郁深厚的学术气氛。但学者最终能否取得成功,仍然取决于研究人员是否能作出正确的选择和决定。让我举一些亲自经历的例子。我在加州大学圣地亚哥分校工作了三年。从 1980 年开始,我带了不少研究生。1985 年那一年,有 15 名研究生在我指导下学习。他们中有些成为了非常出色的数学家。许多中国大学的学生想到加州大学圣地亚哥分校来学习,我都尽力帮助他们,无论他们最后是否成为我的学生。其中有一位来自北京大学的申请的学生希望学习数论。我安排他师从一位杰出的数论学家哈罗德·斯塔克,他是加州大学圣地亚哥分校和麻省理工学院的双聘教授。但当时的北京大学校长也许出于个人原因,没有同意他来加州大学。那个学生被派往普渡大学,学习并非他最感兴趣的代数几何。尽管他在博士论文中取得了进展,他仍然无法在毕业时找到合适的工作。经过很多年艰苦的生活,他在一个朋友的帮助下,成为新罕布什尔大学的一个暂聘讲师。虽然环境并不尽如人意,他还是坚持做他心爱的数论研究。大约在两个月前,他解决了数论中最困难的问题之一。20 多年的努力终于有了回报。虽然他的薪水不高,他却很享受研究的乐趣和所取得的成果。这位学生就是现在极负盛名的张益唐教授。

另一方面,我有一位在圣地亚哥任教时带的学生,他跟随我来到哈佛大学继续做研究。在我的指导下,他完成了几何学中几项重要的工作,但是他对事物有自己的看法,他在选择工作方面不接受我的建议。他毕业时,很多名校邀请他为助理教授。我的朋友汉米尔顿是大名鼎鼎的几何学家，也可以说是这个学生的偶像，他在圣地亚哥分校为这个学生安排了一个预备终身制助理教授的职位。这是一个极好的职位，因为这个位置很快就可以变成终身职，但这位学生拒绝了。他选择了普渡大学，因为他觉得普渡可以为他解决签证问题。他没有和我商量他的决定，事实证明这是一个严重的错误。三年后他被迫离开普渡大学，其实那些年中，他的工作还是做得很出色，但他不懂得系里的人事关系，被系中的教授排挤而离去。他因此觉得累了，不想再继续从事科研。他虽然曾经做出杰出的工作，但因为疲惫和失望，他选择放弃数学，为此我深感遗憾。

这两个例子表明，每个人在生活中都会遇到困难。但个人的能力和性格会造成截然不同的结果。我们如何克服困难是一个很重要的挑战。坚持不懈对于研究来说是非常重要的，但最重要的还是能从所做的事情中获得欢愉和成就感。我在上面提到的那个学生在他研究生涯的最后阶段时告诉我：他对研究已经逐渐失去了兴趣。我想这就是这两位数学家之间最主要的区别，遗憾的是，他们的人生也是截然不同的。不过，我还是希望我那位学生振作起来，前途还是光明的。

另一方面，我也见到很多早熟的年轻人，一早成名，却往往一念之差而开始沉沦。在我的指导下，有另外一位学生在毕业时，读书读得不错，解决了我提出的一个有名问题的第一步。由于我的提拔，他受到数学界同仁的重视。但是几年后，他开始发表充满漏洞的数学文章，又依靠剽窃来获取本不属于他的荣誉，很快他就沉溺在虚伪的生活中，兴趣也从学术研究转到追逐名利，甚至联群结党，不择手段地去欺负年轻学者。这种现象已经严重地影响到中国数学的前途。看了他和政府官员的谈话和向媒体的宣传，我才对孔子说的"巧言令色，鲜矣仁"有比较深入的了解。屈原说："何昔日之芳草兮，今直为此萧艾也。"至于何时他才能迷途知返，从既得权利的巅峰返回，做一些踏实的学术研究，是一个有趣而又可悲的问题。在这个浮华和追逐名利的社会，这需要无比的勇气，我希望我的学生都能向张益唐学习。所以我们必须牢记正途并坚定不移地去追寻真理。从这个故事来看，过早成名往往需要更严格的自律。来自同行的竞争压力，无知家长和有野心学长的期望，可以毁掉一个年轻人的光明前途。

中国家长都望子成龙，却常常没有顾及孩子成长时，除了学业和道德的教诲外,还需要有良好的伴侣,并得到年轻人应有的乐趣。从前有一个才20岁的年轻人跟我做博士后。刚开始时,我没有注意到他的年龄,他的工作也算出色,和我及其他博士后一同发表了一篇还算不错的文章。但是有一天,我在中国访问时,突然接到一个电话,说他在家里不停地尖叫,被警察捉到精神病院去了。我才了解到他的情形:他在马来西亚长大时,极负盛名。他12岁中学毕业,就到加州理工大学读书,三年后完成学业,到康奈尔大学完成博士学位。这是中国家长都羡慕的年轻人。但是他进医院后,只有他的妹妹来看望他。据他妹妹说,他学业进步太快,没有任何朋友,连父母都没有办法跟他交流。过了大半年,我第一次见到他的父亲,我感到失望,他的父亲还继续对他施加学业上的压力。他回到新加坡后,过了两年,竟然自杀了。我为这件事感到惋惜。所以我总想奉劝家长们,在教导小孩时,不宜操之过急。让孩子们多交一些益友,让他们知道生命的乐趣。

我的学生中,有成为一代大师的,例如在斯坦福任教的理察·孙就是,我和他一同成长,互相勉励,因此他在学问上深受我影响,但我也从他那里学习了使我一生受用不尽的学识。华裔学生还没有他这个水平。但是,李骏和刘克峰都在数学上有极重要的贡献,比我上述的在玩政治时呼风唤雨的学生贡献大得多。当时李骏在上海参加改革开放后第一次数学比赛,得到第一。我孤陋寡闻,当李骏来美国做我的研究生时,我没有特别注意到他的辉煌历史。直到一个我从上海来的外甥指出有这么一号的天才时,我才知道这个事情。我想这是一件好事。他循规蹈矩、严谨治学,我送他到加州大学洛杉矶分校跟我一个老朋友学习代数几何,脚踏实地地学习两年后,他现在已经是这个学科的带领人,比我那位出名的学生做的工作重要得多。刘克峰也是在哈佛大学读书时博览群书,不单在几何上取得杰出的成就,对弦论也有深入的贡献。

除了我自己的学生外,我也看着一些用功的年轻人成长。其中有复旦大学的傅吉祥,在晨兴数学所的几个年轻数论学者和最近在清华大学的李海中,他们虽然受到某些有权势的院士排挤,仍然做出国际一流的工作,使我觉得兴奋。尤其是田野在数论上的工作,在国际上得到认同,得到三年一次的晨兴数学金奖,在众多高手竞争中,脱颖而出,成为中国大陆第一次得到金奖的得主。数论在他从前读书的大学已渐衰微,但出于兴趣,他坚持了下来,完成了大陆学者这三十年来最重要的工作,真是值得庆贺的事情。比田野年轻的有徐浩,他刚毕业时,我担任哈佛大学数学系的系主任,哈佛大学数学系以等同助理教授的职位聘请他四年,中国某些对他的工作毫无认识的院士却欺负他,连最基本的奖励都不愿意给他。由于哈佛数学系多年来不设助理教授这个职位,网上竟然有人质疑他在哈佛的职位。他还是很努力,解决了弦论数学上的重要问题,今年得到晨兴数学银奖。晨兴奖由十个国际知名的数学大师评审,其中三个大师是菲尔兹奖的得主,其他都是美国、德国、俄罗斯或英国的院士。这两位得奖的年轻人的成绩都值得我们庆贺。

所以急于求成,往往失败。而坚定不移的学习始终是做研究的不二法门!

结　论

艾萨克·牛顿(1642—1727 年)曾说过一句名言:如果我比别人看得更远,那是因为我站在巨人的肩上。或许我们还应该注意到这些巨人们是站在他们之前的那些巨人的肩上!任何想要获得成功的人,都必须学会向前辈伟人学习。很难相信如果不是站在这些巨人的肩上,我们能够取得超越他们的成就。要知道,在他们的年代,这些巨人也曾经被认为是天才,摆在我们面前的是,几代天才刻苦钻研所积累起来的成果。

我相信这个道理同样适用于商人,他们应该在建立企业之前学习了解他们所经营行业的基本概况。决策的制定要快而果断,当然前提是事先做过充分彻底的调研并集思广益。所以美国人说:世上没有免费的午餐!每个人都应该不断探索新的思路和新的方向,只有如此才能胜人一筹。我们应该知道,创新基于广泛的知识,开阔的思维和辛勤的工作。我们应该学会从不同的来源汲取知识,包括那些我们一直没有涉猎的科目,并且以无比的毅力和耐心向伟大的目标进发。

本文系作者 2013 年 6 月 10 日在香港中文大学的演讲

教　育　与　对　话

陈嘉映①

最近读朋友送给我的书，有好几本都跟教育有关，这里想谈谈程广云、夏年喜所著《作为公民教育和对话教育的哲学教育》（以下简称《哲学教育》）和汪丁丁所著《教育是怎样变得危险起来的》（以下简称《危险》）。前两年我读过汪丁丁另一本专论教育的书《跨学科教育文集》（东北财经大学出版社，2009 年），相比之下，眼下这一本读起来比较容易些，用作者序的题目说，是本"普通人写给普通人"的书。

我没研究过教育，但这一辈子，不是当学生就是当教师，对教育并不陌生，尤其深知教育之难。这些难处，很多来自现行教育体制，如教育的行政化、官僚化、政治化。这些难处，这两本书谈得不少，别的著作文章也谈得很多，我不重复了。撇开这些，教育的内在难处也不少。单从教育的效果来说吧。一个明显的难处，教育是远效的。造出两辆自行车，哪辆好骑好看，几乎立见分晓，即使有些一时不易判明的优劣，半年一年后就会得出究竟。教育的效果却至少十年二十年才看得出。用《危险》里的话说，教育"成功与否，只能从它所培养的学生在未来几代人的时间里逐渐表现出来的后果得到评价"（24 页）。孩子学钢琴利大于弊吗？蔡元培小时候背古书，大些了觉得全无用处，成年后回过头来看，幼时背诵的诗书存在脑子里，随时可用，觉得小时候背书也蛮好。古谚"十年树木，百年树人"，一语道尽这难处。在我们这个本质上急功近利的时代，这难处自然愈发难了。今天很多遭人诟病的措施，例如分数至上，多与这个难处相连——教育的效果，只有考得的分数立见分晓。

---

① 陈嘉映（1952—　），学者、华东师范大学教授。

人人都知道,考试成绩最多只是教育效果的一个参考。的确,不管长效短效,我们用什么标准来判断教育的效果,横竖都是难事,尤其事涉人格和品德。造自行车的工人,大致知道什么样的自行车是好的,可教师不一定知道什么样的人是"好"的。该把学生教育成谦谦君子呢,还是该把他教育成职场上的凶悍竞争者? 这个难处,如《危险》反复说到的,在传统社会不那么显著,在西方"稳态社会"也较轻些,关于何为善好,那时那地的标准比较稳定。而在我们这种"转型社会",方方面面变化很快,没有一套明确稳定的价值标准,更让"教出什么样的人"成为大难题。

《危险》总结说,教育有三方面的目的。一、核心价值观的灌输。二、社会与工作技能的培养。三、批判性思考能力的开发(75页)。历来的教育都有前两项内容,只是我们这个时代,价值观纷繁多样,关于何为核心价值难免多有争论,社会发展迅速,科技进步日新月异,今天学到的社会技能和工作技能,明天就可能过时。于是第三项在今天突出出来:无论你被灌输了什么价值观,最后还是得在多元价值中去独立判断;你固然需要学习已有的技能,但更重要的是培养不断学习的能力。《危险》最重视的也是这第三项:"21世纪的教育是什么? 是思考力的教育,要培养批判性的思想的能力。"(5页)

批判性思考能力的内容,主要是对话与自省,前者更多来自古希腊,后者更多来自古代东方(126页)。无独有偶,这一条,尤其是对话这部分,构成了《哲学教育》的主题。

像《危险》一样,《哲学教育》也是本论文集,但这些论文相当自然地构成了一个系统。其中第一篇是"哲学何以多元",既然哲学是多元的,自然就不是一家说了算,不是去灌输,而是去对话。于是到了第二篇,"《论语》与对话",阐明孔子不是以先知、教主的身份出场,一部《论语》里,夫子多半在与弟了们答问对话;作者进而拿《论语》对照《柏拉图对话集》,分析中西对话方式的同与异。顺理成章有第三篇,"对话的三个向度"。《哲学教育》后面各部分,如"孔子教育思想三题""柏拉图、亚里士多德哲学教育思想三题"阐论通识教育、公民教育的重要性,也讨论了另一些论题,而"对话"这一主题贯穿始终。正是以对话为主线,本书论证了哲学教育的重要性。

历来有论者强调哲学教育的重要性,例如尼采曾说:"人被最严肃、最困难的问题包围着,因此,如果他通过适当的方式被引向这些问题,就会及早接触到那种持久的哲学性的惊异,惟有基于这种惊异,就像植根于一片肥沃的土壤,一种深刻而高贵的教育才能生长起来。"《哲学教育》的取向则另有新意:哲学教育重要,因为从根本上说,哲学教育即是对话教育。作者表明,对话教育的理念针对独白教育而发。独白教育要做的,"是将现成的知识体系和价值体系传授给学生",而像这样"用这样一种权威式的独白教育代替了古典教育中的自由式的对话教育"恰是"现代教育的真正弊端"(158 页)。作者力倡从这种独白教育"回到古典教育"。近年来,提倡"回到古典教育"的学者不少,但本书作者所力倡的回归有其独到之处——既不是单纯回归到西方的古典学,也不是回归到中国经典,而是回归到古典教育的根本精神:对话教育(128 页)。

这种"回到"与其说是怀旧的,不如说是前瞻的:对话教育不是用来培养臣民的,而是用来培养现代公民的。公民最基本的素质是独立思考和独立判断,这些能力不是通过灌输形成的,而是通过对话形成。培养这些能力正是哲学的宗旨,"在现代条件下,哲学……不提供任何现成的知识体系和价值体系……而是引导人们对于现成的一切进行批判和反思。在这种省思中,人们不断提升自己的精神境界,不断发展自己的人格个性。"(150—151 页)在这个基本点上,《哲学教育》与《危险》不谋而合。依凭这一内在理据,《哲学教育》的作者得出了"哲学教育是公民教育的最高形态"(120 页)这一结论。

我很愿附议这两部著作的大致思路及很多论点。没有定于一尊的哲学,哲学实质上总是由对话构成,"对话是哲学的精神和本质"(《哲学教育》,11 页),我自己也就这些想法唠叨过一些,例如在 2011 年出版的《说理》(编者注:华夏出版社 2011 年 5 月)一书中,这里不赘述。书中的个别论断,我觉得还有商榷的余地。权威式的独白是不是现代教育的"真正弊端"我不知道,但权威式教育显然不是现代特有的,我们须做的,似乎不是把以往的教育刻画成对话性质而把今天的教育刻画成权威式的,倒是去研究为什么权威式教育在今天更容易产生弊端。这就把我们带到一个比较宽泛的问题,对话与"灌输"的关系问题。

如上所述,两本书都强调对话,并指出对话的基本条件是"人们以平等的条件参与"(例见《危险》127 页)。然而,说到教育,难免有教师和学生,教师并不总在与学生平等对话,教育总带点儿权威性甚至强制性,带点儿独白式的"灌输"。即使把教育刻画成一场对话，师生之间的对话也不是完全平等的，这一点，小学和中学很明显，但大学和研究院里其实也一样。深的且不说，至少学生是付了钱来对话，教师是领了工资来对话。

这里不是要像布迪厄那样从权力场域之类入手来分析这种不平等关系，我想的是差不多每个家长、每个老师平平常常都会碰上的问题：一方面，我们希望孩子更多自由成长，一方面，教师不可避免要传授给学生不少"现成的知识"，要用既有的价值观影响学生；从学生的角度着眼，如维特根斯坦反复指出，如果他一开始什么都不接受，他就无可反思，无可批判。由于"灌输"这个词不那么好听，把"传授"改叫做"灌输"，固然有利于树立批判的靶子，伸张自己的主张，同时却也容易掩盖教育过程中的复杂实情。教育总有强制的一面，没有完全的"自由教育"。斯普林格（Joel Springer）说："给孩子不学习的自由会限制孩子未来的自由和幸福。"带过孩子的都深知这一点。平等、自由、让孩子开心就行，这些话说说也罢，为人师为人父母的难处却无法就此打发掉。平等自由开心若不只是说说而已，是需要真货色来支持的。

要传授，我们自己就先得有。只有善者才能把孩子教善，就像只有钢琴师才能教会孩子弹琴。但我们自己善吗？我们也许能把孩子教成自己这样，却不敢说把孩子教善。考诸实际，只有极少数超强自恋的父母非要把孩子教成自己那样。很少有谁不知道自己有一堆毛病和弱点，很少有父母愿用这些来教自己的孩子。好在，尽管我们自己远非尽善，但我们大致能够识别善恶，就像我自己不会弹琴，但大致听得出别人弹得好坏。我们因此可能择其善者而教之，弃其不善者而不教之。如果要教的善好是我们自己身上没有的，可以让具有这种善好的人来教，例如让钢琴老师来教孩子弹琴。

这仍然是把自己的、自己这一代的好坏强加给了孩子吗？在相当程度上，这是无法避免的，而且，在一个颇深的意义上，这是必需的，因为天下大多数的事情，脱离了传统和继承，就没有好坏之分。《危险》说："如果我们不知道人类未来的走向，谁都没资格办教育。"（2页）但我们谁知道人类未来的走向呢？作者自己也承认没谁知道。在我们这个剧烈变化的时代，更其如此。但教育并不只是面向未来的，脱离了传统，我们并没有未来。

当然，我们并非只有一个单一的传统，我们无可避免地会以自己所在的传统来影响下一代,就像我们无可避免地会带着自己的眼光来判断各种各样的事情。当代的确是个价值多元时代,但这不意味着我们自己可以站在这多元之外以同样的热情拥抱每一种价值。实际上,惟当我们特有自己钟爱的价值,反思、对话、批判才有意义。我同意《哲学教育》的论点,哲学并不是要提供任何现成的知识体系和价值体系,但我还是愿补充说,这并不意味着哪一种哲学可以是无立场的,不携带特定的知识背景和价值取向,泛泛地"引导人们对现成的一切进行批判和反思"。只有镶嵌在特定的知识背景和价值取向之中,我们才能"引导人们"批判和反思,当然,首先是引导自己批判和反思。反过来说,批判和反思总是有针对性的,并没有"对一切进行批判和反思"这回事。

我们不必过于担心自己教给孩子的是些既有的知识和价值。还不仅仅因为这原本无可避免,更在于,他不只在你我这里受教育,他会自然生长,在生长过程中还从社会现实受到教育。随着孩子慢慢长大,这一点愈发突出。我们都读过薄伽丘那个故事,老僧告诉小僧那些女人只是些鹅,又怎么样呢?小僧就喜欢上鹅了。这类故事实际上已经提示我们,应该从哪里去寻找强制教育的方向与限度。我们在孩子尚不懂事时"硬行"教给他的那些内容,日后受教育者回顾,大体上应能认可它们是其自我的发展的一部分。钢琴训练须从小开始,可几乎没有哪个孩子满心欢喜地接受这些枯燥训练,但我们仍可希望,他长大后会发现自幼学钢琴是有益的,就像蔡元培回顾他幼时背诵经典。当然,这些不可一概而论,如果孩子抵触甚剧,在我看,家长就不必强求。

至于向孩子,尤其向已经接近成年的大学生反复宣讲那些明显悖于社会现实和人情常理的观念,我不知该说它可恶还是可笑。强加的种类、方式、程度,存乎一心,总体说来,则须着眼于受教育者在未来生长过程中统合他学到的东西,从而能够保持心智的统一、人格的统一,而不是变成一些断片,或变成任人捏成各种形状的泥团。正因此,传授之侧,须逐步增强反思力与批判力的培养,传授逐步让位于引导,教育与受教育逐步化入平等的对话。

我同意,哲学教育非常重要。然而,正是由于我认为哲学教育的主旨在于"培养批判性的思想的能力",同时又认为并没有游离于特定知识背景和价值取向之外的反思和批判,所以我一方面主张在高中和大学就应该开始通识性的哲学教育,但另一方面则反对在研究生阶段之前开设哲学专业。

站住讲台的力量

我是教师

We Shi Jiaoshi

欲懂教师之名，须明教师之实。"师"名由古而来，"师"理由西而生，"师"实由己而成。

说起老师，今天的人会说："啊，原来是教书先生啊"；古人会说："天地君亲师，一日为师终生为父"；尊者会说："国将兴，必贵师而重傅"……其实，每个人所说的"师"是很不同的事情。

在汉语里，"师"有两个词性：作动词谓"效法"；作名词谓"值得效法的人"，原是对社会中有特殊身份或技能的人的尊称。所谓"传道、授业、解惑"，也是在这样的意义上对师者提的要求。现代教育为了提升施教者的身份和地位，遂有"教师"之称谓。然而，从教者是否拥有"值得效法"的地位，却是另外一回事。这是古人关于"师"之本义的初时认识。

现代教育是西学的产物，建基于制度化教育，其荦荦大者乃通过知识培植理性的力量，进而形成认知与道德实践的自觉。其中，唯知识授受的形式与古代中国教书先生的行为有近似之处（中西知识观差异巨大，恕不赘述），总体而论由知识而理性、由理性而道德之影响途径与方式是传统中国教育所缺失的，故而今天我们讨论教师职业，既需要感受陈从周先生的大叶老师的"温而厉"，还需要懂得唐德刚先生所谓的"research"；既需要体悟钱理群先生感受到的"手温"，又需要走进贝得勒的世界懂得成就学生的意义，由此才能理解罗素、小原国芳等对教师作用的认识。否者，虽头冠"教师"之名，却身无受人尊重、使人效法之实，那就连教书先生也不如了。

如此，师者可实至名归。

童年的老师

陈从周①

　　年龄大了,看到了孙辈,常常从他的身上想到了自己的童年。我的外孙在小学念书,星期天上我家来,我见了他,仿佛我自己也回到了他的时代,我忘却了我们之间的辈分,将我的感情倒流到50多年前去。他现在三年级了,我进小学念书,是从三年级开始的。我记得我在5岁向孔夫子叩了头,破蒙后,开始算是读书了,因为体弱多病,实际到8岁才入私塾。10岁的这年春天插班三年级。那是一所镇上的基督教会小学,校舍与设备也比较完备,与我家相隔一条河,可是去读书,却要走过三座桥,因此路远了一些,中午在学校午餐。我整天生活在学校中,我的那位级任女老师就时刻与我们在一起。她的音容,和女子独赋的那种温柔、慈爱,施之于我们这群天真无瑕的小孩身上,这是宇宙间的伟大,人类的自豪,世界上再也不能磨灭的师生之爱,纯洁,高尚,晶莹得透明,看不出一点的尘埃。

　　由私塾的那种自清晨坐到傍晚的旧式教育,一旦进入新式的学校,仿佛到了另一世界,新奇、活泼。我们的级任老师姓叶,她们两姐妹,姐姐同学们称她为大叶先生,妹妹称为小叶先生,妹妹担任二年级的级任。两姐妹是在同一所教会女中师范科毕业,毕业后便由我们的这所小学聘来,年龄在20岁左右,淡蓝色的圆角上衣,下面衬着一条黑色裙子,冬装时围一块长围巾。那时正是大革命的一年,小孩们天天在唱:"打倒列强,打倒列强,除军阀,除军阀,国民革命成功,国民革命成功,齐欢唱,齐欢唱。"镇上整批整批的革命军跑过,小孩子们太高兴

① 陈从周(1918—2000),古建筑园林艺术专家,同济大学教授。

了。我们对那些十几岁的小军人，看了他们身上背着枪，腰挂手榴弹，感到神奇，向往，心定不下，不好好回教室去。而老师呢？她抑制了热情，那么静娴、柔和的态度，将我们引入到课堂中去，开始她那细致、周到、体贴，如牧羊人那样爱护小羔的心情来上我们的课。我们是从来没有见到她重语训我们一次，总是用尽各种各样的方法，循循善诱。她是严师，亦是慈母，温而厉，有如宗教家的那般感化人。今日回想起来。她是受了欧美的师范教育，同时亦是有着宗教信仰。在她的身上，就是教好我们这班孩子，是天赋之责。她没有怨，也没有恨，我们的成长，是她良心上唯一的安慰，得到灵魂深处的平安。我想如果她那时没有这样的品德，50多年后的我早也将她抛到九霄云外去了，师生之情，如同蚕的作茧那样，千丈万丈绕住这母体啊！

我记得第一次学写信，是她教我们的，她要我们同学间互相通信，学校中有个同学办的小小邮局，轮流着做邮务员。她指导得非常认真，信的格式如何，信封怎样写，信纸怎样折，都是与西洋的规格一样，不能有丝毫的不符规格。我是个信札比较多的人，垂老在书写时，脑海里还是浮起她的印象。我们平时对她的一举一动，虽然是个小孩子，但是耳濡目染，随时注意着她。她的服装整洁，朴素，可是并不因没有浓妆而掩盖了少女的风韵。她对孩子们不知道有怒颜厉色，但我们对她是不愿有所越轨而使她不愉快。她外美与内美织成了如一朵白莲，受孩子们敬爱、学习，感化了每一个小小的心灵。她不迟到，不早退。她的办公桌上，同学们的作业放置得整整齐齐，毛笔、砚台、铅笔、小刀，都井井有序，而那花瓶中的几朵从校园中采来的草花，又安排得那般妥帖。雅洁的环境，是她学养的象征。后来我入中学进大学，看见那些拥有的衔头比她大，更懂得怎样虚张声势、卖弄知识的教师和教授，可在德的方面，是无法与这位质朴无华、淡得如素云一样的小学教师可比。

她每星期要上学生家来一次，我妈对她有如对我的姐姐那样，谈了我的学习、生活等外，再谈家常。妈是位热情好客的人，总要备点点心招待她。她如我姐姐一样，没有虚伪的一套，愉快而大方地餐毕，带着轻松而天真的神情回校去，我妈与我送她出门，宛如我姐姐上学去那样。

这样的老师与家长们融洽在一起，今日想来，这其中蕴藏极神秘，极复杂，不是单纯的几条教条可以促使的教育境界。

她空闲下来喜欢弹琴,校园中传出她悠扬的琴声,我们总驻足静听,从窗帘中看她那种悠闲的神情。上课时教我们唱《麻雀与小孩子》,我还记得:"假如我不见了,我的母亲怎么样?"在音乐中,灌输给我以爱动物的美德,我如今钟情小鸟、小动物,这些都是在那时不知不觉中所陶冶的。

童年的梦是一去不复返了,这位叶老师如今又不知天南地北所向何方了。那时的学生,如今也满头白发,还在昏灯之下,追忆着,沉思着,有如山谷中的泉水,这感情是永远流不尽的。一个人不论地位高低,只要你能真心诚意地待人,像我这样一个已逝去50多年年华的小同学,我还未能忘情。生的伟大,教育事业的光荣,误人子弟,还是乐育英才,是泾渭分明了。

终身受益的小学教育

焦菊隐①

我父亲原先把我送到王家家馆去寄读，那是一个新派的冬烘，我的学习成绩很好，老师也很高兴，只是我对老师极不满的一点是他瞧不起我，因为我家穷。他对于王家和其他阔人家的子弟却一再从宽、放纵；有钱的富家子弟欺侮我，他反而狠狠地责骂我。因此，我回家以后，哭着、喊着说再也不上王家家馆了。我父亲没办法，只好叫我停学，并托人送我进一家小学去读书。这就是直隶省立第一模范小学。校长名叫刘寿慈，号竺笙。他是前清的举人，当时是教育救国论的一派新的人物。这个小学对我幼年教育起过良好的作用，同时这家小学的校长也是值得表扬的。

这所小学的校舍很大，设备很好，教师的教学水平很高，教学认真严肃。

在学校的大门外有两个相当大的运动场。一个是篮球、足球运动场，另一个是田径运动场。校内还有一个室内运动场，当时称为"风雨操场"。校长刘竺笙是非常重视体育锻炼的，除了一般体操和各种运动外，我们还要学军操，学校的走廊下，一排一排地放着许多"教育枪"。

学校有三四进的大院子，每个院子都是长方形的，中间是土地，四周靠教室是高出地面约二尺的走廊。这本是从前的一座营盘，是砖瓦结构的洋房，很结实。校门是三个铁栅栏门，有传达室。经过一道小院，进上门过道，第一进院内，西边的南房是几间相通的大会客室，同时也是"成绩展览室"；东边南房就是"风雨操场"。平时，一摇预备铃，各班学生就得按班级高低成二人行列队，各班教

---

① 焦菊隐(1905—1975)，戏剧家、翻译家，北京人民艺术剧院的创建人。

员也都来到各班学生面前，操场上鸦雀无声。等到第二遍铃一响，由"大学长"向全体学生发号令："立正，向左转，开步走！"通过"风雨操场"，学生各进自己的教室。"大学长"总是由全校最高年级的班长兼任，是各班班长的头目。我入学的时候，"大学长"是现在天津总医院和天津医学院院长朱宪彝。后来，到毕业前夕，"大学长"就是我。

校舍里教室很多，也很大，敞亮、干净。桌椅很讲究。黑板非常高大，大约有两个人那样高，是两块大黑板，能上下拉动的，写完第一块，把它往上一推，上边那块黑板就和下边的交替地落下来。黑板旁边还有挂图的架子。

除了教室以外，还有挂图室。室内存有很丰富的日本印刷的中外地图，动植物、矿物挂图，还有生理解剖挂图。校内还有标本室，物理化学试验室，当时称为"博物试验室"，我们当小学生的时候，已经动手在试验室看看显微镜、玩玩幻灯、做做最简单的理化试验了。我们还有音乐教室，即是一个小礼堂，摆着钢琴、风琴和各种乐器，兼做音乐课室。此外，还有教员宿舍、教员预备室。下课的时候，除了正面几个大庭院外，学生们还另外有"游戏操场"。全部都是十分干净、整洁的，没有一点儿乱纸和灰尘。

这所小学在组织行政上，有一个最突出的特点。

全校的人事，除了教员以外，只有一位校长和几位工友（当时称为"堂役"）。这种人事的简化和机构的经济化，不但是后来国民党的学校不能比的，就是在当时，也是很突出的。校长刘竺笙一心想把学校办好，教育出好学生来，好使国家走上日本式的富强地位。不管他的想法在今天看来有多么幼稚、可笑，但他确是为了他的理想，把全部精力都放在这个学校上了。他有家庭，但他长年累月都住在学校。很奇怪，这个学校没有办公室！校长的宿舍（一共里外两间屋子）就同时是办公室。一切文件的拟稿和抄写，都是校长亲自动手；会计收支，也是校长亲自登记出纳；购置和修理，由校长做出决定，委托工友去办，校长监工。每个年级班级的教学内容、进度和教法，他心中都有清清楚楚的一本账。每一位教员的水平、个性、教法，他都清楚。每一堂课，他都轮流到各班去"查堂"，听教员讲课，观察学生学习情况。放学以后，他会找个别教员去谈，指出他的教学缺点，或讨论一些问题。

上面说过，每一堂课前，"一打预备铃，学生和教员就要站队"，这时，校长早已经在"风雨操场"等候了。有时,我们必须长长地等上5分钟。而这5分钟在小学生心理上是够长久的,何况又是那样的寂静!这时候,校长就检查学生的衣服和手脸是否整洁。如果学生穿得不够暖或太多,他也对学生讲,回家后要请家人给换添。他规定教员和学生一律得穿制服上课。学校里一律不准穿中式长袍。学生夏天是白制服,冬天是黑制服。戴着有硬铁丝衬顶子的警察式的帽子。教员则夏天穿黄布的、冬天穿黑布的。上身是中国式对襟的小褂或短棉袄,下身是中国式裤子,扎裤口,外边穿一双薄底青布面短布靴。我记得,我时常看见不住校的教员,夹着包袱很早来到学校,在教员预备室里换穿短衣,下午放学以后,教员再换上长衣回家。

校长对教员和学生都是十分和蔼的。上课时,他的神色很严肃,一到下课,他就混在欢蹦乱跑、又打又闹、吵成一片的小学生中间,和这个说说,和那个笑笑。学生们都喜欢他,和他很亲近。因此,每个学生的情况,包括家庭的情况,他都了如指掌。全校几百个学生,他没有一个叫不出名字的,也没有一个说不出家长的姓名和职业的。一到中午和下午放学的时候,他就站在学校铁栅栏门口,等着列好队的学生出来,最小的班次在前,立定在他面前,他一定一个一个地叫着学生的名字,把孩子交到来接的家长手里。大班的学生,他也一定看着个个都过了街道,他才进去。一年四季,每星期六天,天天如此。

刘校长非常关心学生家中的经济情况。他认为,没有钱的家庭是很难送子弟入学的。但必须叫孩子们尽量得到学校教育。因此,他的学校每学期只收铜元26枚。当时,"官立"学校也收学费,常常因为官方的教育经费不足,学校的一切开支都要出在学费上。因此,学费都相当高,有的一学期要几角钱。有的要一两块大洋。当时1枚银洋大约能换100左右铜元。这所模范小学,学生虽然很多,但每人只收26枚铜元,当然是不能维持的。但刘竺笙却坚持这样收,来照顾穷苦的孩子们。他一方面尽力节约,另一方面向省教育当局要钱。为了这个,省当局常和他吵架,有的竟下令叫他增收学费,他都抗拒回去。他在群众中声誉很高,省方又不好撤换他。一直到我上了大学,那时每1银元已能换到三四百个铜元,可是,我回到天津一问,刘校长仍在坚持收费26枚铜元!

最有趣的是考试。每逢大考(学期考试和学年考试),上课以后,教员和学生都静坐在教室内等候。等一会儿,校长进来,恭恭敬敬地向教员双手奉上一个小信封,然后退出教室,教员立时把接到的信封拆开,取出这一门课的考试题目,写在黑板上,学生再做答题。全校每班每课的大考题都是校长出,连教员事先都不知道。

每到毕业班大考以后,校长总要用一两个小时的时间赠送每个学生一个"号"。当时,每人除名字外,还要有一个"号",社会上彼此尊称号而不直呼人名。校长从不作训话、演讲诸如此类的事。但到毕业班学生要离校的时候,他就只赠送"号"来做赠言。我的学名叫焦承志,他送了我一个"号"叫"亮俦"。我还记得很清楚,他对我说过这样的话:"你名叫承志,可是承什么志呢?你不应当承做官发财的志,或者争光耀祖的志,你应当以救国为己任,承强国强种之志,但你不能同流合污。你应当学习诸葛孔明。诸葛亮躬耕南阳,刘备请他去做官,他不要做官。等到他确实知道刘备的确是想救民于水火,才鞠躬尽瘁,死而后已。我送你'亮俦'这个别号,不是叫你学诸葛亮那样去做大官,而是要你能和他一样安心务农。"

我的小学校所给我的思想上的影响是很大的。它首先灌输给我极深厚的民族主义的爱国主义思想。刘校长认真、严肃、刻苦、勤劳、朴实的工作作风和生活作风,也给我强烈的身教作用,使我逐步树立起我的个人奋斗的目标。

在学习的内容上,这所小学的水平也是超过当时一般小学的。学校都是"春季始业",即学年从旧历年初开始。后来,改行"秋季始业",我们在冬季毕业的小学生,要等上半年才能在夏天去考中学。因此,小学多留我们上半年学,就拿这半年的"国文"课内容来说,是相当深的。我还能记得的,甚至还能背诵的有,比如《国语》《战国策》《史记》,等等。当时我们读起来都不觉得吃力。历史课着重讲近百年史。历史老师是一位当时的"维新派",我们每个学生都能深刻地记得:在他讲到"义和团"的时候,他咬牙切齿地说:"李鸿章这个王八蛋(原词一字不错),借来了外国的洋枪队,打了我们中国人……"小学对于学生的理科知识很重视,除了"国文""历史"以外,十分强调"地理""算术"(包括珠算)和"博物"课。此外,又十分重视体育。到后来,我上中学的时候,总觉得"国文"比小学时所学的还浅,而理科课程也是学来全不吃力的,我想,这是小学打的基础好的缘故吧!

"算术"老师给人印象很深。我已经忘了他的名字,但他的容貌和他的外号

"吕二大爷",还清清楚楚印在我的记忆中。上课时,他把教学内容记得烂熟,能把枯燥的算术课讲得使每个学生都感兴趣。一直到我中学毕业,我的数学课程成绩都是挺好的。

我上小学和将要从小学毕业的时候,正是"五四"运动的前夕。这是一个启蒙运动的初期,夹杂着封建的爱国主义思想。我们的老师受了这种思想影响,我们每个学生也受了这种思想的影响。

社会的动态也直接影响了我们。反帝反封建的社会活动日益多起来。首先是南开新剧社在1915年、1916年左右所演的反封建、反阶级压迫的新剧运动,它的力量也冲击到小学里来。当时,我们也组织了一个新剧社,轮流到各家中去演出。还能记得的一次或几次在刘以讷家中,许多次在南门里一个姓朱的同学家中。剧本都是自编的,内容以反封建、反压迫为主。但是,当时又认为演新剧不是一件正经的事业,因此,每个人都用"艺名"出名扮演角色。这些艺名,都是由年纪较大的同学或"团长""社长"之类的人"派"送的。我被派名叫"菊影",后来因为这太像演文明戏的名字,又改为"菊隐",这个名字一直被称呼到今天,想改也无法改了。

当时演戏用的布景都是请"冥衣铺"(给死人糊纸人、纸马、纸房子去烧的作坊)用纸糊的。道具、服装都是借的。大幕是大家凑钱买的一种很厚的"爱国布"。当时的国货,都冠以"爱国"二字。到毕业的时候,戏团散伙,大家把大幕撕成平均的若干块,分给每个成员。我分了有一米见方的一大块,上中学的整个期间,我都用它当书包。

一方面,我在小学受着这种教育——培养成为一个文明人,将来好富国裕民,强国强种;另一方面,我的实际家庭生活和所接触的实际社会人物又是很悲惨的。学校教育是一种空想,现实生活是一种实际。这二者,在我的思想意识上矛盾着,摆动着,同时在相互争取着我。我就是在这种矛盾中成长着的。

我家那时的经济情况很坏。我父亲大概只赚十几块钱。大姐已经出嫁,三姐由于无法抚养,寄养到外婆家去。我大哥投考天津邮局,当一名见习的"邮务生",大约也只有十几块钱。我四姐和我两个人上小学。开支不够,我母亲经常向邻居借钱,最初是三块、五块,以后是十元、八元,一直积累到几十元。每月我父亲和大哥交来的工资,绝大部分要先交给邻居还利息。我哥、姐和我,对这事很是气愤,可是,我母亲非常感激债主,认为她是个恩人,逢年过节还要设法送礼,平日极尽奉承,生怕得罪了这位"财神爷",全家就无法过活。可是,我们的生活却一天比一天苦,一天不如一天,到后来弄得冬天去典当夏天的衣服,夏天再去典当冬天的衣服。

我上小学的情况是很苦的。由我家到小学,大约有三里路,每天来回走四趟,中午回家吃饭。早晨,家里给一个大枚(即一个大铜板,作两个铜元用),作为点心费。我在上学的路上,遇到卖"切糕"的,买一个小铜板的吃,或者去吃一碗"嘎巴菜"。到大约十点钟,肚子里就咕噜咕噜叫个不停。冬天就更受罪,只有一身空心穿的棉裤袄(即里边没有贴身的衬衣)。母亲又因我逐年长个子,做得总是很大,一身衣服可以穿几年。这样一来,冷风吹进身子,十分难受。家里只生一个小炭碴儿盆(即煤屑)取暖,全部保温,仰仗两顿饭由锅内冒出的蒸汽。每到冬天,我不但脚冻烂了,冻得时常连袜子都脱不下来,而且连手也冻了。我的一个手指,从指尖往下数的第三节,全部冻烂,出脓出血,最后见到白骨。那些伤疤,直到今天还历历在目。

我到今天没有吃零食的习惯。从小时起,没有钱去买零食吃。每天中午,由学校急步回家,吃完窝头或是"嘎嘎汤"(用玉米面做的"疙瘩汤"),赶快再走回学校去上课。冬天下多大的雪,也是如此。记得我毕业考试那一年,在考"博物"的那天,正是我的生日,大雪纷飞下了三尺厚,路上实在难走,脚下不好拔腿,上边大风吹得不能喘气,只好倒着身子退着往前走。结果,到了学校迟到了几分钟,我一着急,一跑,跌倒在校园里,把鼻子、嘴巴都摔破了,血一流出就冻成冰,整个脸都肿了,但是,仍在万分疼痛中考完了那一科。遇到夏天下大雨,家里就给四个大枚,叫我在学校附近吃午饭。四个大枚是没有法子吃馆子的。小学校的堂役,每遇下大雨,就出卖烧饼油条。我还可以节省下一大枚。到后来,有些要好的同学,劝我出去吃小馆,我坚决不去。可是,他们说去吃"打卤面"并不贵,一大枚一大碗,又热乎又好吃。我终于去试试。果然,比吃那冷烧饼、软油条就着学校的白开水要好吃得多。从此,我每次就去吃两碗"打卤面",再也不节约那一大枚了。

吃面的小馆是一间门面的馆,掌柜兼跑堂的是一位在我那时看起来约有40岁的妇女,又高又胖,小脚,人人称她为"九花娘",她也泰然答应。在我常去到

"九花娘"家吃面的时候,最初心里总是有一种不安,觉得我太浪费了,我不应该过这样的生活。可是,久之,也就若无其事了。再到后来,就又羡慕一些阔家子弟的生活了。那些阔家子弟,都聚在一家四五间门面的小饭馆内,叫炒菜吃,一吃就是一二十个铜元。有一位同学叫刘以讷,总在劝我陪他去吃那个小馆,我虽口头拒绝,但心里却很想去尝尝。我之所以没有去,只是因为口袋里没有钱。有一天,刘看我态度十分勉强,并答应借给我钱,我坚持不住了,和他吃了一顿这个小馆。结果,欠了刘以讷十六个铜板,一直还不上。后来,这个同学跑到我家去要账,被我的干妈知道,把我好打一顿。她骂我没有出息,骂我穷人和阔人打交道,学败家子的样儿。她替我还了债。从此,我再也不去吃好的了。

就是这样的生活,使我自己常常想,我是一个全校最好的学生,可是,为什么生活这样苦,而那些不好好用功的学生,却活得那样舒服?我的结论是:他们是有"好"父亲,是有家传的产业的。可我没有,我得自己努力。一方面,我越发看不起阔家子弟,另一方面,增强了刻苦求学的意志,唯一理想就是个人奋斗,改变现实。

为青年说弘一法师

　　弘一法师于去年 10 月 13 日在泉州逝世,至今已有 5 个多月。傅彬然先生曾有关于他的一篇文章登在本刊上,而我却沉默了 5 个多月,至今才写这篇文字。许多人来信怪我,以为我对于弘一法师关系较深,何以他死了我没有一点表示。有的人还来信向我要关于弘一法师的死的文字,以为我一定在发起追悼大会,或者编印纪念刊物,为法师装"哀荣"的。其实全无此事。我接到泉州开元寺性常师打来的报告法师"生西"(就是往生西方,就是死)的电报时,正是去年 10 月 18 日早晨,我正在贵州遵义的寓楼中整理行装,要把全家迁到重庆去。当时坐在窗下沉默了几十分钟,发了一个愿:为法师造像(就是画像)一百尊,分寄各省信仰他的人,勒石立碑,以垂永久。预定到重庆后动笔。发愿毕,依旧吃早粥,整行装,觅车子。

　　弘一法师是我的老师,而且是我生平最崇拜的人。如此说来,我岂不太冷淡了吗? 但我自以为并不。我敬爱弘一法师,我希望他在这世间久住。但我确定弘一法师必有死的一日。因为他是"人"。不过死的时日迟早不得而知。我时时刻刻防他死,同时时刻刻防我自己死一样。他的死是我意中事,并不出于意料之外。所以我接到他的死的电告,并不惊惶,并不恸哭。老实说,我的惊惶与恸哭,在确定他必有死的一日之前早已在心中默默地做过了。

　　我去冬迁居重庆,忙着人事及疾病,到今年 1 月方才有工夫动笔作画。1 月中,我实行我的前愿,为弘一法师造像。连作 10 尊,分寄福建、河南诸信士。还

---

①　丰子恺(1898—1975),散文家、画家、音乐与美术教育家。

有 90 尊,正在接洽中,定当后续作。为欲勒石,用线条描写,不许有浓淡光影。所以不容易描得像。幸而法师的线条画像,看的人都说"像"。大概是他的相貌不凡,特点容易捉住之故。但是还有一个原因:他在我心目中印象太深之故。我自己觉得,为他画像的时候,我的心最虔诚,我的情最热烈,远在惊惶恸哭及发起追悼会、出版纪念刊物之上。其实百年之后,刻像会模糊起来,石碑会破烂的。千万年之后,人类会绝灭,地球会死亡的。人间哪有绝对"永久"的事!我的画像勒石立碑,也不过比惊惶恸哭、追悼会、纪念刊稍稍永久一点而已。

读了傅彬然先生的文章之后,我也想来为读者谈谈,就写这篇文章。

距今 29 年前,我 17 岁的时候,最初在杭州贡院的浙江省立第一师范学校里见到李叔同先生(即弘一法师)。那时我是预科生,他是我们的音乐教师。一年中我见他的次数不多。因为他常常请假。走廊上玻璃窗中请假栏内,"音乐李师"一块牌子常常摆着。他不请假的时候,我们上他的音乐课,有一种特殊的感觉:严肃。摇过预备铃,我们走向音乐教室(这教室四面临空,独立在花园里,好比一个温室)。推进门去,先吃一惊:李先生早已端坐在讲台上。以为先生还没有到而嘴里随便唱着、喊着,或笑着、骂着而推进门去的同学,吃惊更是不小。他们的唱声、喊声、笑声、骂声以门槛为界限而忽然消灭。接着是低着头,红着脸,去端坐在自己的位子里。端坐在自己的位子里偷偷地仰起头来看看,看见李先生的高高的瘦削的上半身穿着整洁的黑布马褂,露出在讲桌上,宽广得可以走马的前额,细长的凤眼,隆正的鼻梁,形成威严的表情。扁平而阔的嘴唇两端常有深涡,显示和蔼的表情。这副相貌,用"温而厉"三个字来描写,大概差不多了。讲桌上放着点名簿、讲义,以及他的教课笔记簿、粉笔。钢琴衣解开着,琴盖开着,谱表摆着,琴头上又放着一只时表,闪闪的金光直射到我们的眼中。黑板(是上下两块可以推动的)上早已清楚地写好本课内所应写的东西(两块都写好,上块盖着下块,用下块时把上块推开)。在这样布置的讲台上,李先生端坐着。坐到上课铃响出(后来我们知道他这脾气,上音乐课必早到。故上课铃响时,同学早已到齐),他站起身来,深深地一鞠躬,课就开始了。这样地上课,空气严肃得很。

有一个人上音乐课时不唱歌而看别的书,有一个人上音乐课时吐痰在地板上,以为李先生不看见的,其实他都知道。但他不立刻责备,等到下课后,他用很轻而严肃的声音郑重地说:"某某等一等出去。"于是这位某某同学只得站着。等到别的同学都出去了,他又用轻而严肃的声音向这某某同学和气地说:"下次上课时不要看别的书。"或者:"下次痰不要吐在地板上。"说过之后他微微一鞠躬,表示"你出去吧"。出来的人大都脸上发红,带着难为情的表情(我每次在教室外等着,亲自看到的)。又有一次下音乐课,最后出去的人无心把门一拉,碰得太重,发出很大的声音。他走了数十步之后,李先生走出门来,满面和气地叫他转来。等他到了,李先生又叫他进教室来。进了教室,李先生用很轻而严肃的声音向他和气地说:"下次走出教室,轻轻地关门。"就对他一鞠躬,送他出门,自己轻轻地把门关了。最不易忘却的,是有一次上弹琴课的时候。我们是师范生,每人都要学弹琴,全校有五六十架风琴及两架钢琴。风琴每室两架,给学生练习用,钢琴一架放在唱歌教室里,一架放在弹琴教室里。上弹琴课时,十数人为一组,环立在琴旁,看李先生范奏。有一次正在范奏的时候,有一个同学放一个屁,没有声音,却是很臭。钢琴,李先生及十数同学全都沉浸在亚莫尼亚气体中。同学大都掩鼻或发出讨厌的声音。李先生眉头一皱,自管自弹琴(我想他一定屏息着)。弹到后来,亚莫尼亚气散光了,他的眉头方才舒展。教完以后,下课铃响了。李先生立起来一鞠躬,表示散课。散课以后,同学还未出门,李先生又郑重地宣告:"大家等一等去,还有一句话。"大家又肃立了。李先生又用很轻而严肃的声音和气地说:"以后放屁,到门外去,不要放在室内。"接着又一鞠躬,表示叫我们出去。同学都忍着笑,一出门来,大家快跑,跑到远处去大笑一顿。

李先生用这样的态度来教我们音乐,因此我们上音乐课时,觉得比其他一切课更严肃。同时对于音乐教师李叔同先生,比对其他教师更敬仰。他虽然常常请假,没有一个人怨他,似乎觉得他请假是应该的。但读者要知道,他的受人崇敬,不仅是为了上述的郑重态度的缘故;他的受人崇敬使人真心地折服,是另有背景的。背景是什么呢? 就是他的人格。他的人格,值得我们崇敬的有两点:第一点是凡事认真,第二点是多才多艺。先讲第一点:李先生一生的最大特点是"凡事认真"。他对于一件事,不做则已,要做就非做得彻底不可。他出身富裕之家,他的父亲是天津有名的银行家。他是第五位姨太太所生。他父亲生他时,年已 72 岁。他堕地后就遭父丧,又逢家庭之变,青年时就陪了他的生母南迁上海。在上海南洋公学读书奉母时,他是一个翩翩公子。当时上海文坛有著名的沪学会,李先生应沪学会征文,名字屡列第一。从此他就为沪上名人所器重,而交游日广,终以"才子"驰名于当时的上海。所以后来他母亲死了,他赴日本留学的时候,作一首《金缕曲》,词曰:"披发佯狂走。莽中原暮鸦啼彻,几株衰柳。破碎河山谁收拾,零落西风依旧。便惹得离人消瘦。行矣临流重太息,说相思刻骨双红豆。愁黯黯,浓于酒。漾情不断淞波溜。恨年年絮飘萍泊,庶难回首。二十文章惊海内,毕竟空谈何有!听匣底苍龙狂吼。长夜西风眠不得,度群生那惜心肝剖。是祖国,忍孤负?"读这首词,可想见他当时豪气满胸,爱国热情炽盛。他出家时把过去的照片统统送我,我曾在照片中看见过当时在上海的他:丝绒碗帽,正中缀一方白玉,曲襟背心,花缎袍子,后面挂着胖辫子,底下缀带扎脚管,双梁厚底鞋子,头抬得很高,英俊之气,流露于眉目间。(读者恐没有见过上述的服装。这是光绪年间上海最时髦的打扮。问你们的祖父母,一定知道。)真是当时上海一等的翩翩公子。这是最初表示他的特性:凡事认真。他立意要做翩翩公子,就彻底地做个翩翩公子。

后来他到日本,看见明治维新的文化,就渴慕西洋文明。他立刻放弃了翩翩公子的态度,改做一个留学生。他入东京美术学校,同时又入音乐学校。这些学校都是模仿西洋的,所教的都是西洋画和西洋音乐。李先生在南洋公学时英文学得很好;到了日本,就买了许多西洋文学书。他出家时曾送我一部残缺的原本《莎士比亚全集》,他对我说:"这书我从前细读过,有许多笔记在上面,虽然不全,也是纪念物。"由此可想见他在日本时,对于西洋艺术全面进攻,绘画、音乐、文学、戏剧都研究。后来他在日本创办春柳剧社,纠集留学同志,共演当时西洋著名的悲剧《茶花女》(小仲马著)。他自己把腰束小,把发拖长,粉墨登场,扮作茶花女。这照片,他出家时也送给我,一向归我保藏,直到抗战时为兵火所毁。现在我还记得这照片:卷发,白的上衣,白的长裙拖着地面,腰身小到一把,两手举起托着后头,头向右歪侧,眉峰紧蹙,眼波斜睇,正是茶花女自伤命薄的神情。另外还有许多演剧的照片,不可胜记。这春柳剧社后来迁回中国,李先生就脱出,由另一班人去办,便是中国最初的"话剧"社。由此可以想见,李先生在日本时,是彻头彻尾的一个留学生。我见过他当时的照片:高帽子、硬领、硬袖、燕尾服、史的克(手杖)、尖头皮鞋,加之长身、高鼻,没有脚的眼镜夹在鼻梁上,竟活像一个西洋人。这是第二次表示他的特性:凡事认真。学一样,像一样。要做留学生,就彻底地做个留学生。

他回国后,在上海《太平洋报》报社当编辑。不久,就被南京高等师范请去教图画、音乐。后来又应杭州浙江两级师范学校(就是我就学的浙江第一师范的前身。李先生从两级师范一直教到第一师范)之聘,同时教两地两校,每月中半个月住南京,半个月住杭州。两校都请助教,他不在时由助教代课。这时候,李先生已由留学生变为"教师"。这一变,变得真彻底:漂亮的洋装不穿了,却换上灰色粗布袍子、黑布马褂、布底鞋子。金丝边眼镜也换了黑的钢丝边眼镜。他是一个修养很深的美术家,所以对于仪表很讲究。虽然布衣,形式却很称身,色泽常常整洁。他穿布衣,全无穷相,而另具一种朴素的美。你可想见,他是扮过茶花女的,身材生得非常窈窕。穿了布衣,仍是一个美男子。"淡妆浓抹总相宜",这诗句原是描写西子的,但拿来形容我们的李先生的仪表,也最适用。今人侈谈"生活艺术化",大都好奇立异,非艺术的。李先生的服装,才真可称为生活的艺术化。他一时代的服装,表出着一时代的思想与生活。各时代的思想与生活判然不同,各时代的服装也判然不同。布衣布鞋的李先生,与洋装时代的李先生、曲襟背心时代的李先生,判若三人。这是第三次表示他的特性:认真。

我二年级时,图画归李先生教。他教我们木炭石膏模型写生。同学一向描惯临画,起初无从着手。40余人中,竟没有一个人描得像样的。后来他范画给我们看。画毕把范画揭在黑板上。同学们大都看着黑板临摹。只有我和少数同学,依他的方法从石膏模型写生。我对于写生,从这时候开始发生兴味。我到此时,恍然大悟:那些粉本原是别人看了实物而写生出来的。我们也应该直接从实物写生入手,何必临摹他人,依样画葫芦呢?于是我的画进步起来。有一晚,我为级长的公事,到李先生房间里去报告。报告毕,我将退出,李先生喊我转来,又用很轻而严肃的声音和气地对我说:"你的图画进步快。我在南京和杭州两处教课,没有见过像你这样进步快速的人。你以后可以……"当晚这几句话,便确定了我的一生。可惜我不记得年月日时,又不相信算命。如果记得,而又迷信算命先生的话,算起命来,这一晚一定是我一生中一个重要关口。因为从这晚起,我打定主意,专门学画,把一生奉献给艺术,直到现在没有变志。从这晚以后,我对师范学校的功课忽然懈怠,常常逃课学画。以前学期考试联列第一,此后一落千丈,有时竟考末名。幸有前两年的好成绩,平均起来,毕业成绩犹得第二十名。

这些关于我的话现在不应详述。且说李先生自此以后，与我接近的机会更多。因为我常去请他教画，又教日本文。因此以后的李先生的生活，我所知道的更为详细。他本来常读性理的书，后来忽然信了道教，案头常常放着道教的经书。那时我还是一个毛头青年，谈不到宗教。李先生除绘事外，并不对我谈道。但我发现他的生活日渐收敛起来，像一个人就要动身赴远方时的模样。他常把自己不用的东西送给我。后来又介绍我从夏丏尊先生学日本文，因他没有工夫教我。他的朋友日本画家大野隆德、河合新藏、三宅克己等到西湖来写生时，他带了我去请他们吃一次饭，以后就把这些日本人交给我，叫我引导他们（我当时已能讲普通应酬的日本话）。他自己就关起房门来研究道学。有一天，他决定入大慈山去断食，我有课事，不能陪去，由校工闻玉陪去。数日之后，我去望他。见他躺在床上，面容消瘦，但精神很好，对我讲话，同平时差不多。他断食共17日，由闻玉扶起来，摄一个影，影片上端由闻玉题字："李息翁先生断食后之像，侍子闻玉题。"这照片后来制成明信片分送朋友。像的下面用铅字排印着："某年月日，入大慈山断食17日，身心灵化，欢乐康强——欣欣道人记。"李先生这时候已由"教师"一变而为"道人"了。学道就断食17日，也是他凡事认真的表示。

　　但他学道的时候很短。断食以后，不久他就学佛。他自己对我说：他的学佛是受马一浮先生指示的。出家前数日，他同我到西湖玉泉去看一位程中和先生。这程先生原来是当军人的，现在退伍，住在玉泉，正想出家为僧。李先生同他谈得很久。此后不久，我陪大野隆德到玉泉去投宿，看见一个和尚坐着，正是这位程先生。我想称他"程先生"，觉得不合。想称他法师，又不知道他的法名（后来知道是弘伞）。一时周章得很。我回去对李先生讲了，李先生告诉我，他不久也要出家为僧，就做弘伞的师弟。我愕然不知所对。过了几天，他果然辞职，要去出家。出家的前晚，他叫我和同学叶天瑞、李增庸三人到他的房间里，把房间里所有的东西送给我们三人。第二天，我们三人送他到虎跑。我们回来分得了他的"遗产"，再去望他时，他已光着头皮，穿着僧衣，俨然一位清癯的法师了。我从此改口，称他为"法师"。法师的僧腊（就是做和尚的年代）24年。这24年中，我颠沛流离，他一贯到底，而且修行功夫愈进愈深。当初修净土宗，后来又修律宗。律宗是讲究戒律的。一举一动，都有规律，做人认真得很。这是佛门中最难修的一宗。数百年来，传统断绝，直到弘一法师方才复兴，所以佛门中称他为

"重兴南山律宗第十一代祖师"。修律宗如何认真呢？一举一动,都要当心,勿犯戒律(戒律很详细,弘一法师手写一部,昔年由中华书局印行的,名曰《四分律比丘戒相表记》)。举一例说:有一次我寄一卷宣纸去,请弘一法师写佛号。宣纸很多,佛号所需很少。他就要来信问我,余多的宣纸如何处置。我原是多备一点,由他随意处置的,但没有说明,这些纸的所有权就模糊,他非问明不可。我连忙写回信去说,多余的纸,赠予法师,请随意处置。以后寄纸,我就预先说明这一点了。又有一次,我寄回件邮票去,多了几分。他把多的几分寄还我。以后我寄邮票,就预先声明:多余的邮票送与法师。诸如此类,俗人马虎的地方,修律宗的人都要认真。有一次他到我家。我请他藤椅子里坐。他把藤椅子轻轻摇动,然后慢慢地坐下去。起先我不敢问。后来看他每次都如此,我就启问。法师回答我说:"这椅子里头,两根藤之间,也许有小虫伏着。突然坐下去,要把它们压死,所以先摇动一下,慢慢地坐下去,好让它们走避。"读者听到这话,也许要笑。但这正是做人认真至极的表示。模仿这种认真的精神去做社会事业,何事不成,何功不就? 我们对于宗教上的事情,不可拘泥其"事",应该观察其"理"。

如上所述,弘一法师由翩翩公子一变而为留学生,又变而为教师,三变而为道人,四变而为和尚。每做一种人,都十分像样。好比全能的优伶:起老生像个老生,起小生像个小生,起大面又很像个大面……都是"认真"的缘故。以上已经说明了李先生人格上的第一特点。

李先生人格上的第二特点是"多才多艺"。西洋文艺批评家批评德国的歌剧大家华葛纳尔[瓦格纳](Wagner)有这样的话:"阿普洛[阿波罗](Appolo,文艺之神)右手持文才,左手持乐才,分赠给世间的文学家和音乐家。华葛纳尔却兼得了他两手的赠物。"意思是说,华葛纳尔能作曲,又能作歌,所以做了歌剧大家。拿这句话批评我们的李先生,实在还不够用。李先生不但能作曲,能作歌,又能作画、作文、吟诗、填词、写字、治金石、演剧。他对于艺术,差不多全般皆能。而且每种都很出色。专门一种的艺术家大都不及他,要向他学习。作曲和作歌,读者可在开明书店出版的《中文名歌五十曲》中窥见。这集子中载着李先生的作品不少。每曲都脍炙人口。他的油画,大部分寄存在北平[北京]美专,现在大概还在北平。写实风而兼印象派笔调,每幅都很稳健,精到,为我国洋画界难得的佳作。他的诗词文章,载在从前出版的《南社文集》中,典雅秀丽,不亚于苏曼殊。他的字,功夫尤深,早年学黄山谷,中年专研北碑,得力于《张猛龙碑》尤多。晚年写佛经,脱胎化骨,自成一家,轻描淡写,毫无烟火气。他的金石,同字一样秀美。出家前,他的友人把他所刻的印章集合起来,藏在西湖上西泠印社的石壁的洞里。洞口用水泥封好,题着"息翁印藏"四字(现在也许已被日本人偷去)。他的演剧,前已说过,是中国话剧的鼻祖。总之,在艺术上,他是无所不精的一个作家。艺术之外,他又曾研究理学(阳明、程、朱之学,他都做过工夫。后来由此转入道教,又转入佛教的)。研究外国文,……李先生多才多艺,一通百通。所以他虽然只教我音乐图画,他所擅长的却不止这两种。换言之,他的教授图画音乐,有许多其他修养作背景,所以我们不得不崇敬他。借夏先生的话来讲:他做教师,有人格作背景,好比佛菩萨的有"后光"。所以他从不威胁学生,而学生见他自生敬畏。从不严责学生(反之,他自己常常请假),而学生自会用功。他是实行人格感化的一位大教育家。我敢说:自有学校以来,自有教师以来,未有盛于李先生者也。

青年的读者,看到这里,也许要发生这样的疑念:李先生为什么不做教育家,不做艺术家,而做和尚呢?

是的,我曾听到许多人发这样的疑问。他们的意思,大概以为做和尚是迷信的、消极的、暴弃的,可惜得很! 倘不做和尚,他可在这僧腊24年中教育不少的人才,创作不少的作品,这才有功于世呢。

这话,近看是对的,远看却不对。用低浅的眼光,从世俗习惯上看,办教育,制作品,实实在在的事业,当然比做和尚有功于世。远看,用高远的眼光,从人生根本上看,宗教的崇高伟大,远在教育之上。——但在这里须加重要声明:一般所谓佛教,千百年来早已歪曲化而失却真正佛教的本意。一般佛寺里的和尚,其实是另一种奇怪的人,与真正佛教毫无关系。因此世人对佛教的误解,越弄越深。和尚大都以念经念佛做道场为营业。居士大都想拿佞佛来换得世间名利恭敬,甚或来生福报。还有一班恋爱失败,经济破产、作恶犯罪的人,走投无路,遁入空门,以佛门为避难所。于是乎,未曾认明佛教真相的人,就排斥佛教,指为消极、迷信,而非打倒不可。歪曲的佛教应该打倒;但真正的佛教,崇高伟大,胜于一切。——读者只要穷究自身的意义,便可相信这话。譬如:为什么入学校? 为了欲得教养。为什么欲得教养？为了要做事业。为什么要做事业？为了满足你的人生欲望。再问下去，为什么要满足你的人生欲望？你想了一想，一时找不到根据，而难于答复。你再想一想，就会感到疑惑与虚空。你三想的时候，也许会感到苦闷与悲哀。这时候你就要请教"哲学"和他的老兄"宗教"。这时候你才相信真正的佛教高于一切。

所以李先生的放弃教育与艺术而修佛法，好比出于幽谷，迁于乔木，不是可惜的，正是可庆的。

弘一法师逝世（1943 年 10 月 13 日）后

第 167 日作于四川五通桥旅舍

我还感觉到他的手温

钱理群①

　　人们一入老境，便时时有"怀旧"之想。今年以来，我就一直陷入对老师的怀念中不能自拔，总想写些什么，却又不知从何写起。而且我要坦白地承认，我最急于偿还的还不只是指引我走上学术研究道路的王瑶师的恩情；我要向我的一位中学语文老师献上我的感激与忏悔。他的声名远没有王瑶师那么显赫，他至今还默默无闻地在一间小屋里作着生命的最后挣扎，除了少数亲友、学生，人们很少谈论他；但在我，他却是挺立高山之上的伤痕累累的一株大树，并时时给我以心灵的重压……

　　他，便是曾在南京师范大学附属中学、幼儿师范任教的卢冠六先生。

　　记得是刚进入初中二年级的那学期，班上同学风传将要调来的语文老师是一位儿童文学作家，这在崇拜名人的中学生中自然引起了许多猜想。但久久期待后终于出现在我们面前的卢冠六先生，却使我们有几分失望：矮矮胖胖的身材，朴素的衣着，都与我们想象中的"作家"不大相符；只有那高度近视的眼镜，以及时时露出的慈祥的微笑，让人想起儿童读物中经常出现的"讲故事的老人"。但我仍不敢接近他，不知道是因为敬畏还是胆怯。在一次作文课上，卢老师出了"慰问皖北受灾小朋友"的作文题后，按惯例在教室里来回巡视，走到我面前，突然停住了，指着我在稿上写的一行字："可恶的西北风呀，我恨你，你让我的小朋友挨饿受冻。"问我："你在写诗?"我大吃一惊，因为在我的心目中，写诗是大人的事，与我是怎么也联不上的，连忙站起来说："不，不，我……"大概我

---

　　① 钱理群（1939—　），学者，北京大学教授。

当时脸涨得通红,卢老师笑了,温和地说:"是呀,只要稍微改一改,押上韵,就像首儿歌了。"我很快醒悟过来,没等老师走开,就急切地坐下来,心中涌动着创造的激情,手不停笔地"刷刷刷"写下去,不到下课时间,一首题为《可恶的西北风》的儿歌写成了,兴冲冲地交上去以后,就陷入了难耐的等待中。一个星期以后,作文发下来了,只略略改了几个字,篇末竟是一大篇热情洋溢的鼓励之词!我兴奋得不能自持,好几个星期都晕晕乎乎地,只是不停地写着,写着……终于抱着一堆"诗稿",怯怯地敲开了先生住所的门,却又立刻被先生房间里堆满的书吸引住了。先生指着桌上的书稿告诉我,他正在为上海的几家书店编写"革命导师的故事"及其他儿童故事。我自然不敢翻动,却瞥见文稿上写着"乐观"两个字,心里直纳闷:老师明明叫"卢冠六",为什么又自称"乐观"呢?卢老师大概看出了我的疑虑,解释说,"乐观"是他的"笔名"。接着又补上一句:"你将来写文章发表时,也可以用笔名嘛!"我的脸又"刷"地一下红了,心跳得厉害。大概就从此刻起,我开始做起"作家、学者梦"来,一直做到今天。这在当时却是埋在心底的秘密,不敢向任何人述说。不料有一天,卢老师突然把我和另外一位同学叫到他的办公室里,郑重其事地对我们说:"你们俩合写一本书吧,我已经与上海的书店联系好了,题目就叫'一个少年儿童队员的日记'。"我简直不敢相信自己的耳朵,冲口而出:"我们能行吗?"老师又笑了:"怎么不行? 就跟平时作文一样写,当然,也还需要一点'虚构''想象'。"卢老师仿佛故意不注意我们的惊喜、疑虑,只是像平时讲课那样,细细地给我们讲授起创作基本常识来。我于是在卢老师的具体指导下,如痴如迷地写"书"了。从此,在我的面前展开了一个新的天地,我于是时时沉浸在难言的创造的发现与喜悦中。尽管这本书后来因为书店的变迁没有能够出版,但这创作的,也是生命的全新体验却永远地刻在我的心上,从此与"笔耕生涯"结下了解不开的情缘。

　　不知从什么时候起,在学校老师与同学心目中,我成了卢老师的"得意门生"。但谁能料到这种亲密关系竟会引出灾祸。记不得是1954年下半年,还是1955年上半年,学校领导突然找我谈话,正色告诉我:卢老师在肃反运动中受到审查,并且态度顽固,不肯交待问题,组织上要求我以先生最喜爱的学生的身份在大会上发言,对卢老师进行"规劝"。这对我无异晴天霹雳,对所说的一切,我不敢相信,却也不能不相信。一边是卢老师,一边是组织,我的选择必然是悲剧性的:我终于出现在批判卢老师的大会上。记不清我当时说了什么,只记得在我"发言"以后,卢老师被迫站起来表态,表示"感谢同学对我的帮助",但我却从他偶然扫向我的眼光里分明看出他的"失望",我慌忙溜了出来,并且再也不敢接近卢老师。他那失望的一瞥鞭打着我幼稚的心灵,从此失落了少年时代的单纯与快活,蒙上了抹不掉的阴影。后来卢老师调离了我们学校,只听说他的境遇越来越坏,我却始终没有勇气去看望老师,却又因此而不断谴责自己的软弱。这生平第一次心灵的受伤,似乎永远也无法治愈……

　　以后的路是漫长而痛苦的。我时时想念被我无情无义地伤害了的恩师,却再也没有和他通过一次信。直到……前几年我们在他那间破旧的小屋再见时,他已双目失明。但他一听见我的声音,就立刻"认"出了我,紧紧地拉住我的手,絮絮地告诉我,这些年他如何到处打听我的消息,仿佛已经忘记了不愉快的过去。我却不能忘记,一边听老师讲话,眼前浮现的却是那难堪的一幕。老师却看不见我悔恨的若有所失的神情,继续兴奋地告诉我,他已经平反;解放前夕,他听从地下党的指示,劝说上海许多中小学校长留在大陆是有功的;又突然说起他当年的创作生涯:早在 20 年代末,他就写过《自学成功者》等故事和三卷《小学剧本集》(与他人合作);30—40 年代,先后出版了《昆虫的生活》《晨钟之歌》《胜利之歌》等儿童故事、诗歌;50 年代,又编写了大量儿童故事、谜语,并受教育部委托,起草了师范学校儿童文学教学大纲;直到现在,还在写回忆性散文,收在《金陵野史》一书中……他说得这样急切,怕我听不懂;又用笔在纸上写着,尽管字迹互相重叠,几乎无法辨明,但他仍然塞给我,要我好好保存……看着这位从 20 年代起就为中国儿童文学事业和教育事业奋斗不息的老人,想着我对他的伤害,我说不出一句话。拿着他手写的创作目录,有如捏着一团火烧灼着我的心。我依然是"逃"了出来,老人还追在背后呼唤我"再来"……

　　去年的深秋,我们又见了一面:老人神志已经不甚清楚,但仍然记着我,用他干枯的手握住我久久不放。此刻,我仿佛还感觉到他的手温,和他永远赐给我的爱。而我将何以报答呢? 我只能如实地写下我的过失与悔恨,以此告诫年轻一代的朋友——

　　千万不要伤害你的老师! 不管用什么形式,自觉还是不自觉,那将是永远不能原谅的罪过!

教我做 research 的启蒙师

唐德刚①

在海内外大中学里教授文史学科,简直就教了一辈子。行有余力则以撰文;以中英两文着书写稿,至今也在千万言以上。不知老之已至,还在不断涂鸦。引句时髦话,说我自己是个"职业史学工作者"(professional historian),大致也不算过分。毕竟搞了一辈子嘛。

俗话说:"家有黄金万两,不如一技随身。"我这个"职业"史学工作者,如果啖饭维生,也有"一技随身"的话,想来想去,这个"一技",就应该是英语里的 research 了。

research 这个英文单字,近日几乎成为现代学人的口头禅。小至在学术上情窦初开的大一大二的在学青年;老至白发盈头的国学大师,大家忙个不停,都是在"做 research"。但是 research 究竟是什么通义,翻译成汉语,可不大容易。

我个人最初对这一辞汇发现翻译上的困难,那还是大学一、二年级的事。那时我阅读"西洋通史"班上的英语教科书,学会了这个词。但是翻查所有的英汉辞典,都把这个词译成"研究""探索"……一类的意思。其实"研究""探索"等等,均不能涵盖这个 research 的英文单字。

"research"是个很具体的治学的法则与程序;而"研究"(正确英译应为 study)则是空泛的抽象名词。正如我们日常口语常说的,对某件事物要研究、研究。意思是探索、探索,讨论、讨论。这就不是 research 了。

research 是近代西方科学兴起以后的研究法则和研究程序的总名称。这种

---

① 唐德刚(1920—2009),美籍华裔学者、历史学家。

法则和程序,在我国传统学术里有一些与它有关的零星名词,如"考据""训诂""由约及博"(演绎)、"由博返约"(归纳)等等,而没个涵盖一切的总名称。

所以"做 research"的完整程序,就要包括胡适的"大胆假设、小心求证";就要包括傅斯年的"上穷碧落下黄泉,动手动脚找东西"。如今时近 21 世纪,胡、傅之说已早嫌不足。在当前的"行为科学"里,还有个"概念化"(conceptualization)的程序。然后再找出,大至宇宙发展,小至社会里的酒色财气等等运行的"规律"(law or rules)。严格地说起来,这一整套的法则和运作的程序,才叫做 research。聪明的胡适把这一套简化成"科学实验室的方法";这也就是他宣传一辈子的现代化的"治学方法"。虽然以偏概全,也不太离谱。

适之先生说,他学会这套"治学方法",是他在康奈尔大学读书时,翻阅《大英百科全书》,无意中翻到的。以后就受用了一辈子。

顾颉刚先生说,他学会这套"治学方法",是看胡适的《水浒传考证》,看出来的。

郭廷以先生学会这套"方法",显然是在清华大学读研究院时,受了蒋廷黻和罗家伦两人的影响。罗是清华校长;蒋是历史系主任。他两位对郭老师都是最赏识的。蒋是哥大的博士,与胡适一个山门出来的。罗则是胡的学生,讴歌胡适一辈子。

我自己开始学"做 research",则是在大学二年级,上郭廷以老师中国近代史一课,逐渐摸索出来的。那时我已知道这套治学方法和程序叫作"做 research"。但是怎样翻译成中文呢? 我就苦思不得其解了。

原来在比较文化学上,两种语言的互译,一般都是具体翻译易,而抽象翻译难。例如我国道德观念里的"仁""义"二字,尤其是"义"这个词,在英语里就无法直译。《三国演义》上说关云长"义薄云天"。这个"义薄云天"简直就无法翻译。因为在西方的道德范畴里,没有"义"这个概念。因此英文里就没有这个同义字了。要把"义薄云天"这宗汉语道德观念,译成英文,你就得嚅嚅苏苏,转弯抹角,讲它一大片了。

research 这个西方概念,也没个汉语同义字,因为我们原先没这套东西。我学了这套东西,是在郭老师课堂里摸索出来的。

我记得他上堂时,总是抱着大宗讲义和参考书,另加拐杖一支。他面目森严地讲起课来更是一章一节,有板有眼,一丝不苟的讲下去。他老人家手既不舞、脚也不蹈,声音亦无阴阳顿挫。他有条有理地口述下去,我们记笔记的,也就头也不抬,眉也不皱,奋笔疾书,他讲啥、我记啥。只要你记得快,笔记并不难记,因其章节分明也。日子久了,功夫到家,老师咳个嗽,我们也可照样记下,不爽丝毫。一学期下来,厚厚的一本笔记,便是一本很详尽的"中国近代史教科书"。

我特别记得他讲甲午战争,黄海之役那一段。老师说:"……刘步蟾忽然下令开炮,定远舰上四炮齐发,把天桥震断,丁汝昌被摔下桥去,受了重伤……"他讲得像背书一样,声调既无节奏,内容似乎也平淡无奇,但这桩故事,我们记笔记的人听来,可说是惊心动魄。尤其是上一堂课才听的"汉唐明"一锅煮;下一堂课,则是"四炮齐发"——二者之间的"史学"距离,未免太大了。

听中国传统史学听惯了,对汉唐明一锅煮,不觉稀奇;但是在"四炮齐发"之后的结果如何? 就有"且听下回分解"的迫不及待的求知欲了。

郭老师讲这节课时,不但念出他讲义上的正文,并在黑板上写出他的小注和中西文参考书。我们急于要听下回分解的人,就真的去翻阅参考书了。——中文参考书阅览之不足,为着求知欲,也是为着时髦,也就真的去碰碰洋书了——老师不是说过,开炮的原是洋炮手? 原始故事,也出自洋书?

我个人那时便是郭师班中几个好奇者之一。尤其是我的祖先曾当过淮军,到过台湾,到过高丽。对他们当年的故事,我自幼即耳熟能详,但永远是一知半解。这一下好了,在郭老师班上愈陷愈深,兴趣愈浓,我就真的跑到松林坡顶的图书馆中,想借阅那些洋书了。谁知这些洋书自南京装箱运至重庆后,迄未开箱。当那个图书馆员拿到我的"借书条",口中喃喃自语说"尚未开箱、尚未开箱"时,图书馆范(?)馆长适自他身边走过。他便把我的借书条顺手递给范馆长。馆长见条,未加考虑便说"开箱、开箱"! ——这倒使我这个并不认真的借书者感到过意不去。我并不那么认真要读此书。劳师动众,私衷何敢?

后来我才知道这原是出于罗家伦校长的条论。他说在空袭无常的时代,珍贵图书,能不开箱,便不开箱。但若有师生要借阅,则务必开箱。——这小事也可看出有功中大的罗校长的学术眼光与气魄。为我这位大二的小萝卜头,无意中的要求,大学图书馆竟为我劈锁开箱,把两本大洋书让我借出。——书既已出箱,我就不得不借,既借了,纵使看不懂,心理上也不得不看——真是大错错已成,追悔莫及。

这是我治中国史征引西书的破题儿第一遭。书看得似懂非懂,但是郭老师讲义上那许多故事,却都被我找到了。并且还找到一些郭师未引用的故事。真是别有天地,眼界大开。因而我把我课堂上所记的笔记,也大事补充了一番,并注明出处,真是得意非凡。

这时我有一位中学历史老师刘次辰先生,他刚从国立第八中学升入国立社会教育学院作讲师。该院新成立,图书设备全缺。刘老师苦无教科书可用。他知道我在沙坪坝,乃专程访我取经。他看到我那本中国近代史笔记,竟如获至宝。他借去之后乃将练习簿拆散,叫他班上学生每人各抄敷页,拼起来,便成为一本厚厚的中国近代史讲义了。此后他隔周必至。我那两学期的笔记,也就变成他现炒现卖的教科书了。

刘老师抄得得意之余,曾力劝我将此册笔记出版,他保证有销路。但是这是郭廷以老师的讲义,我何能据为己有加以出版呢?!不过刘老师对我的鼓励,倒启发出我另外一种灵感——我自己为何不能另起炉灶,自着其书呢?!既有这样的灵感,我也想找个好题目来"上穷碧落下黄泉,动手动脚找材料",自著其书了。——这一个构想与筹划,也就是我个人"学做 research"的开始,而这个起步,则是自郭廷以老师的"中国近代史"班上得到启发的。

说做就做。我真的选了个海军史的题目作期终作业,"动手动脚找材料"的写了起来。

我在试撰中国海军史时,遇到很多困难,我想只有郭老师可以指导解决。不幸在当年大陆上受高等教育的旧传统里,师生的距离太远,学生对老师是可望而不可及。有"学"而无"问"。我们自己在做些什么研究,老师全不知道。我们也不敢告诉他们;更不敢问他们。——十余年后,我个人教读海外,我看到外国大学里,师生融融乐乐、不分彼此、打成一片的情形,才了解到我们旧传统里"程门立雪"那一套师生关系,太可恨了。——那是学术界被官僚作风所污染,不能自拔的结果。

话说回头,那时我虽然未敢去找郭老师,而郭师对我们倒颇为关心。一次我和数学友嬉笑于松林大道之上,忽见老师手拄巨杖自坡顶施施而下。我们赶紧收起笑声,肃立道旁让路。老师走近了,忽然停下,用手杖指指我,说:"唐德刚你那篇文章写得不错,嗯。"他说得我好脸红,无言苦笑以对。老师走了,我们就嘻嘻哈哈地跑掉了——这要在美国,我们就和老师一齐嘻嘻哈哈了。郭老师本来就很严肃,再加上个严肃的师生传统,使我们见到他正如小鬼见阎王一般。他说了一句话就走了。我们立刻开溜,溜着好轻松。

郭老师的一句评,当然对我也是个大鼓励,因为在课堂上,批评其他名作家是习以为常的。海军史的尝试是我写长篇的处女作。其时我与那《海军整建月刊》的主编通信频频,都是用老腔老样的文言文写的,使他把我误认为"中大教授"。我想去函更正,但是我系中一些臭皮匠好友,一致认为"犯不着"。因此做了一阵假教授,真是可鄙之极。

我 是 老 师

约翰·维妮·斯克拉特

我是老师。

我诞生于当一个问题从孩子的嘴里蹦出的那一刻。

我曾经是许许多多地方的许许多多的人。

我是苏格拉底,激励雅典的年轻人通过不断提问探索真理。

我是安妮·沙利文,在海伦·凯勒伸出的手中划写出宇宙的奥秘。

我是伊索,是汉斯·克里斯汀·安徒生,用一个个生动的故事揭示真理,启迪心灵。

还有许许多多的人曾经从事过老师这一职业,他们的名字享誉天下,昭示博爱之心佛陀(佛教徒对释迦牟尼的尊称)、孔子、摩西,还有耶稣。

我还是这样一群人,他们的名字与脸庞或许早已被忘却,但他们的谆谆教诲和人格魅力将会永远被铭记在他们的学生所取得的成就之中。

我曾在昔日学生的婚礼上喜极而泣,在他们的孩子出生时开怀大笑,也曾站在一些英年早逝的学生的坟墓前俯首默哀,肝肠寸断。

一天当中,学生们需要我成为演员、朋友,护士兼医生、教练、失物寻找者、借款人、出租车司机、心理医生、临时父母、售货员、政治家和遵守诺言的人。

尽管我教给学生地图、图表、公式、动词、故事和课本,但实际上我没有什么是可以真正向他们传授的,因为他们真正要学习要了解的只是他们自己:我也知道,只有投入社会才能清楚地了解自己。

我是一个矛盾体。我最善于倾听,也最能高谈阔论。我心甘情愿并满怀感激地接受学生予我的回报,这是我能收获的最伟大的礼物。

物质财富根本就不是我的目标,但我又堪称是一个称职的财富探求者,因为我既要不断为学生探寻新的机会让他们尽情发挥才智,又要不断寻找那些可能会埋没在自我挫败中的人才。

　　我是所有劳动者当中最幸运的一个。

　　医生的工作是在一个神奇的时刻将新生命引领到这个世界上来。而我的工作是见证这个生命日新月异的变化,看着他们每天提出新的问题,产生新的想法,结识新的朋友。

　　建筑师知道,如果他在工作时巧运匠心,他的建筑物可以岿然屹立几个世纪。而老师知道,如果他将爱心与真理融入教育事业当中,那么他的成就可以世代永续。

　　我还是一个战士,每天要与压力、消极态度、恐惧心理、墨守成规、偏见、无知和冷漠作斗争。但所幸我有众多盟友:智慧、求知欲、家氏的支持、个性、创造力、信任、爱,还有欢笑,他们都是我坚强的后盾。

　　有幸能经历这样精彩的人生,我该感谢谁呢?是社会,是家长。是你们给了我这样的荣誉,信任我,把你们此生最大的贡献——你们的孩子交给了我。

　　唯其如此,我的过去才充满了丰富美好的回忆。而我的现在既有挑战和风险,又充满欢乐,因为我能够与我们的未来——学生们日日相伴。

　　我是老师,我每天都感谢上帝让我成为老师。

我为什么要当教师

你为什么要当教师呢？当我的朋友问我这个问题时，我告诉他我不想被认为是处于达官显赫的这样一个境地。使他迷惑不解的是。我所抛弃的显然正是所有的美国孩子自幼所一直被教导去追求的人生成功之路：金钱和权力。

我当然不想当教师，因为教书对我来说简直太难了。在我妄想赖以谋生的所有职业中，像推土机手，木匠，大学管理人员，作家——当教师是最难的了。对我来说，教书意味着"熬红的双眼"，因为我从未对自己的备课满意过，上课的前一天晚上我总是准备到深夜。"汗湿的手心"，因为当我走进教室的时候永远是紧张的，生怕又会被发现犯了傻。"沉重的心情"，因为当我一小时后走出教室时，可能又被认为上了一堂比以前更令人乏味的课。

我不想当教师，因为我认为我总是知道答案，或者我总想把我所知道的那些知识强让我的学生去接受。有时我简直怀疑我的那些学生们真的在课堂上把我所教给他们的都记下了吗？

那么，我为什么还要当教师呢？

我要当教师因为我喜欢学校工作日历所提供的生活节奏。六月、七月和八月的假期，给了我一个机会去思索、研究和写作——为今后的教学总结我的心得。

我要当教师因为教学永远是一个变化无穷的工作。甚至当我的教材是同样的，我总是改变着教学方法，然而更重要的是，我的学生总是在变化。

我要当教师因为我喜欢有出错的自由，有吸取教训的自由，有激励我自己和

---

① 彼得·基·贝得勒，美国隶哈尔大学教授。

我的学生的自由。作为一个教师,我就是我自己的老板。即使我要求我的一年级新生去编一本如何写作文的教科书,谁又敢说不呢? 这样的课程可能会完全失败,但我们都能从失败中学些什么。

我要当教师因为我喜欢提出那些学生必须尽力思索才能回答的问题。这世界充满着对蹩脚古怪问题的正确答案。在教学中,我有时有意回避那些正统的提问。

我要当教师因为我喜欢学习。确实,我之所以感到我的教师生涯还颇有活力,是因为我总是不断地学习。我人生事业中最重要的发现之一就是,我之所以是最好的教师,不是因为我懂得多少,正相反是我酷爱学习。

我要当教师因为我以我能设法将我自己和我的学生从象牙塔式的传统封闭式的学习中解脱出来而进入外面的真实世界。我曾经教过一门称之为"在高科技社会中自我生存"的课程。我的十五位学生读过爱默生、梭罗和豪士利的作品。他们坚持记笔记。他们写出了学期论文。

然而我同样创建了一个公司,从银行贷款买下了一幢便宜的房子,经过同学们自我动手实践进行装修改造,在学期结束,我们卖掉了房子,还清了贷款,上交了所得税并且分了红利。

当然这绝不是你所想象的一般性的英语课。但十五位未来的律师、会计师及商人突然发现他们正在用一个全新的眼光看待梭罗的"沃而登"(《瓦尔登湖》)一书。他们懂得了为什么他要去森林,他如何建立起他的木屋,而且为什么他如此欣赏他的经历以至于他要将此公布于世。他们同样也明白了为什么他最后终于离开了森林。他已经尝到了沃而登湖水的滋味。现在该是去品尝另一种饮料的时候了。

我要当教师因为教学给了我许多的饮料去品味,许多森林去进入和离开,许多好书去阅读,许多象牙塔般高深领域和现实世界的经历去探索。教学给了我前进的步伐,多变的人生和挑战以及不断学习的机会。

尽管如此,我还是忘了说我为什么要当教师的最重要的理由。

我的第一位博士生名叫维姬。她是一个十分有能力的年轻人,她一度由于未能通过文学课而使她申请奖学金受挫。但她勤奋不懈地研究撰写了一篇关于一位鲜为人知的十四世纪的诗人的论文。她终于完成了论文,并将它寄到著名的杂志予以发表。除偶尔请教了我几次,这几乎完全是由她自己完成的。当她完成了论文,通过了论文答辩,获得了一份工作并且赢得了哈佛大学的一笔奖学金用于将其论文写成一部专著时,使我感到欣慰的是,作为我的学生,她茁壮地生根、发芽成长起来了。

我的另一位学生名叫乔治。他是我所教过的最聪明的学生之一。他一开始学的是工程学,而后他转学英语因为他终于认识到他对人比对物更感兴趣。他一直在校学习直到他获得硕士学位。现在他在一所高级中学教英语。

还有一位学生名叫吉娜。她曾一度辍学,但她的一些同学把她找了回来,因为他们希望她能看到自我实现课题的结局。她回来了,她还是我的学生。作为她的老师,她告诉我她后来变得对城郊穷人的状况十分感兴趣,她致力于这个课题成为一名人权律师。

另有一位学生名叫杰卡。她是一个十分爱整洁的人而且有着一种绝大多数哪怕学过分析学的人所不能及的学习天分。杰卡决定停止高中的学习而直接进入大学。

这些就是我为什么要当教师的理由。这些学生在我眼前成长、变化着。当一名教师就好比在创造生命,我可以看到我所孕育的泥人开始呼吸。没有什么能比能那么近地亲眼看到生命的呼吸更令人激动的了。

不当教师,我或许可以得到地位、金钱和权力,但我是有钱的。我从我所乐意去做的事情中得到了报酬:读书学习,和人们交谈,去发现或者去提出像这样的一个问题,"什么才是真正的富有?"

我也有权力。我有权力去提请别人注意,去展开有趣的话题,去问那些难以回答的问题,去表扬一个大胆的回答,去谴责掩盖真理,去向学生推荐书籍,去指出前进的道路。我还会去在乎其他什么权力吗?

但是当教师也确实提供了一些除了金钱和权力之外的东西:它提供了"爱"。不仅仅是对学习的爱,对书本的爱,对思想的爱,而且是作为一个教师所能感受到的那些难得的学生步入教师的生活并开始呼吸的爱。或许"爱"用在这儿并不尽意,用"神奇"一词更为恰当。

我当教师是因为我生活在那些开始呼吸的人们中间,我有时甚至能感受到他们的气息中也有我自己的气息。

教师的作用

罗　素[1]

　　一百年来,教育这个职业比其他大多数职业的变化都大,它已由一个为少数人服务的、高水准的职业转变为庞大的、为公众服务的重要机构。教育有着伟大、光荣的传统,从历史之初一直延续至今,当代社会中任何受过先辈师长的理想激励的教师可能都会明确地意识到:教师的职责不是自己想到什么就教什么,而是灌输其上司认为有用的信仰与偏见。从前,人们期望教师博学、富有智慧,对其教导,人们恭听若命。在古代,教书是一个无组织的行当,谁也不过问他们讲授的内容。诚然,他们往往因其离经叛道之说而遭受惩罚。苏格拉底曾被处死,柏拉图据说曾被投入监牢,但是这类事件并没影响其学说的传播。真正具有教师气质的人更希望在自己的著作中长存,而非依赖自己的躯体。精神上的独立感对于教师履行职责至关重要,因为他的职能在于传授知识、培植理性,以形成公众舆论。在古代,除了来自暴君或暴徒偶尔间断而无教的干预外,教师履行职责未受过阻碍。中世纪时期,教育成为社会的专有特权,其后果是知识与社会几乎都停滞不前。随着文艺复兴的到来,对学问的普遍尊重给教师带来相当程度的自由。虽然宗教法庭迫使伽利略公开认罪,并将布鲁诺置于火刑柱烧死,但是上述二人在被惩罚之前都已完成了自己的工作。教条主义者在很大程度上控制着像大学这类的机构,因而绝大多数杰出的研究工作往往是独立的学者完成的。在英国,尤其接近 19 世纪末期,除牛顿外,几乎没有任何第一流的学者与大学有过联系。但是,当时的社会制度对于学者们的活动及其能力的发挥阻碍

---

　　[1]　伯特兰·罗素(1872—1970),英国哲学家、数学家、逻辑学家、历史学家。

甚小。

在日益高度组织起来的社会里，我们都面临一个新的问题。一种称作"教育"的东西被要求提供给每个人，通常由国家提供，有时由教会提供。在大多数情况下教师成了公仆，不得不执行那些并不具有他的文化教养的人的命令，这些发号施令者没有接触学生的经验，他们对教育采取了宣教主义者的态度。在这种情况下，很难看到教师能够发挥他们的作用与特长。

国家教育显然必要，同样明显的是这会涉及一些危险，对此应有预防措施。那些令人不寒而栗的罪恶，在纳粹统治下的德国充分暴露了出来，今天在苏联仍可看到。那些邪恶得逞的地方，谁也无法从事教学，除非他赞成教条主义的准则，可是具有自由思想的人不可能由衷地接受它。而且他不仅得赞同那种教义，还得容忍那些令人可憎的事物，小心谨慎地避免对时事谈他的真实看法。如果他只教字母表和九九表之类不引起争论的内容，教条的官方也许不干预他的教学；但即使教这些基本知识，在集权主义的国家里，教师也不能使用他所认为最有教学效果的方法，相反，要求学生无异议地服从其权威，向学生灌输恐惧、奴性和盲目服从。一旦教完这些简单的基础知识，教师必须在一切具有争议的问题上采取官方的观点。其结果是，在过去的纳粹德国及现在的苏联，青少年都变得狂热偏执，不了解自己国家以外的世界，根本不习惯自由讨论，也不明白别人有可能毫无恶意地对其意见提出争议。尽管这种现状十分糟糕，可因它灌输的教条未像中世纪的天主教教义那样风靡世界各国，其危害不至于那么强烈。然而，当代的教条主义者否认国际文化这一概念，他们在德国、意大利、俄国、日本，各自鼓吹一套不同的教条。在上述那些国家里，对青少年的教育都注重培养狂热的民族主义，其后果是一个国家的人与另一个国家的人毫无共同立场，共同文明的任何概念都抵挡不住好战的残忍。

自第一次世界大战以来，文化的国际主义一直以不断增长的速度衰退。1920年我在列宁格勒遇见一位教纯数学的教授，他是好几个国际组织的成员，对伦敦、巴黎及其他首都均很熟悉。如今，俄国的学者很难获准进行这样的旅行，因为担心他们会将其所见所闻与其国内状况进行不利的比较。在其他国家，民族主义的教育没有如此极端，但不管在哪里，它的影响要远远超过以往。在英国有这样的趋势（我相信在美国也如此），即让法国人教法文，德国人教德文。

委任教师时考虑其国籍而不考虑该人的胜任与否的做法有害于教育,也违背国际文化的最终目的,这恰好是罗马帝国及天主教会的余孽,目前却正被来自于内部而非外部的新的野蛮侵吞所淹没。

在民主国家里,上述邪恶尚未达到类似的程序,但是必须承认:教育潜伏着同样恶化的严重危险;只有那些信仰自由意志的人警觉起来,保护教师不受思想束缚,这一危险才能避免。也许,首先必须理解教师能为社会大众履行的种种职能。各国政府都认为,传播明确无误的知识是教师最不重要的职能之一,我也同意这一看法。诚然,这是教师发挥其他作用的基础,而在我们这样的技术文明社会里,它无疑十分有用。现代社会必须拥有足够数量的掌握技术技能的人员,来操作那些舒适的物质生活所依赖的机器。显然,如果占人口很大比例的人都不能读和写,事事均不方便,为此我们都赞成实行普遍的义务教育。然而政府发现在教育过程中,易于灌输对于一些有争议的问题的观点,易于培养于当权者有利或无利的思维习惯。教师与军队一样掌握着所有文明国家的防务。不同的是,在集权主义国家里保家卫国的观念是适宜的,教育服务于防务这一事实本身不应成为批评的理由,只有在国家依靠愚民政策和无理性的狂热来保卫的情况下,才会引起批评。在任何值得保卫的国度里,上述方法完全没有必要。然而现在的自然趋势是,没有直接受过教育的人才倾向于采用上述方法。有一种广泛流行的看法:统一舆论,压制自由,便可使国家强大。尽管自 1700 年以来,所有重大战争的胜利都属于更为民主的一方,人们还是反复听到战时实行民主会削弱国家的说法。使国家衰败的原因往往是坚持狭隘的教条的一致性,而非自由讨论或对不同意见的容忍。世上的教条主义者都相信:尽管真理明明白白,但一旦让人有机会听到双方的争论,他们就会陷入谬误。这种观点导致这样或那样的不幸:要么是一群教条主义者攻克不同的区域,宣扬相互仇恨的信条。前一种邪恶存在于中世纪,后者则见于宗教战争,以及在当今世界的重新出现。前者使文明停滞不前,后者则可能完全破坏文明。教师应成为反对上述两种现象的主要卫士。

很明显,有组织的党派精神是我们时代最严重的危险之一。以民族主义为形式的党派精神导致国家之间的战争,以其他形式出现的则导致内战。教师应努力培养青少年的客观探索习惯,引导他们按事物本来的面目判断问题,避免他们接受片面之词,只看事物的表面。无论是动乱分子或是官方的偏见,教师一概不得迎合。他的职业道德表现在随时公平地对待各方,努力超越争端,进入冷静的毫无偏见的科学调查的领域。如果他的调查结果对某些人不利,人们应该保护教师不受那些人憎恨,除非有证据表明教师介入了不正当的宣传,散布了可证实的谎言。

然而,教师的作用不仅仅在于缓和眼前争论的紧张气氛。他有许多更积极的作用要发挥,除非他有发挥这些作用的愿望,否则就不配成为一名优秀的教师。与其他行业相比,教师更是文明的卫士。他们应该深刻地意识到什么是文明,并愿意培养学生的文明态度。这样一来,我们又会面临一个问题:一个文明的社会由什么构成?

对于这一问题的回答,人们会不约而同地单纯指向物质的检测数据。一个国家若拥有大量机器,许多汽车,不少带盥洗室的住所,无数快速的驱动设施,它就是文明的国度。我认为大多数现代人把上述事物看得过于重要。以更重要的意义来说,文明是思想范畴的东西,而不是从属于实际生活方面的物质条件。文明乃部分由知识、部分由情感构成。就知识而言,人们应该意识到自身的渺小以及他所处的环境与世界在时间与空间方面的关系。他不该仅仅把他的国家看成是祖国,而且它还是世界上众多国家之一,每个国家的人都有同等的生存、思想和感觉的权利。他应该看到他所处的时代与过去和未来的关系,应该意识到当今时代的争论在未来时代看来,恰如过去时代的争论在今人眼里同样显得荒诞不经。从更广阔的视野来看,他应该感到亘古之远,沧海之深;而且他还应该意识到,所有这一切不是作为压垮每个人的人性的重荷,而是作为一个广阔的全方位的视角,从而扩展人们认识世界的能力。就情感方面而言,倘若人要变得真正的文明,同样需要在纯粹的自我基础上扩展他的情感。一个人从生到死,有时高兴,有时悲哀;有时慷慨,有时小气吝啬;有时勇敢,有时怯懦卑下。对于从总体来看人生过程的人来说,有些事物尤其值得景仰。有些人被热爱人类之心所激励;有些人以卓越的才智帮助我们了解我们所生存的世界;另一些人则以其罕见的敏感创造了美。这些人造就了具有积极意义的成果,其影响远远超越了长长的残酷、压制和迷信的纪录。这些人全力以赴,使人生更加美好,而不致重现野蛮人骚乱时刻的情形。当文明人遇到无法接受的事物时,他们努力去理解、发现并消除产生邪恶的客观原因,而不仇恨那些被邪恶控制的人。上述这一切都应当深深地印在教师的心间,只有这样,他才会在教学中让受其教育的青少年也明白这一切。

只有那些对自己的学生满腔热情,并且真正渴望将他所认为的有价值的知识传授给学生的人,才能成为优秀的教师。这绝非是宣传说教者的态度。对于宣教者来说,他的学生只是他的后备军而已。学生们必须为自己生活之外的目标效劳,这种效劳并非为了每一个超越自我的高尚目标,而是说学生们得为不合理的特权或暴政卖力。宣教者不希望他的学生探索世界,也不希望他们自由选定他们所认为有价值的目标;而像一个灌木修剪工匠那样,去修剪学生们的成长,使之符合园林主人的意图。在阻挠学生自然成长的同时,他很容易破坏学生们的全部旺盛活力,而以嫉妒、破坏和残酷取而代之。谁也没有必要变得残酷,相反,事实使我相信,残酷大多源于早年受挫,尤其源于对美好事物的阻挠。

压制与迫害的狂热十分常见,而目前世界的状况更足以证明这一点。但这并非是人性中不可避免的组成部分。恰恰相反,我相信它往往是某种不幸的结果。教师的作用之一便是将广阔的前景展现在学生的眼前,向他们指出进行那些既愉悦又有益的活动的可能性,从而使其释放出善良的冲动,防止因自身丧失了欢乐而竟然剥夺他人欢乐的欲望。许多人反对把追求幸福作为目标,无论是为了自己或为了他人,人们可能怀疑这些人是因为自己得不到幸福的缘故。为了公众而放弃个人的幸福是一回事,而把广义的幸福说成微不足道则完全是另外一回事。可是经常有人以假冒英雄主义而这么做。采取这种态度的人身上,一般都有某种残酷的性情,尽管可能基于无意识的嫉妒;这种嫉妒心通常在儿童或青少年身上就可以见到。教育工作者的目标应使成年人摆脱这种心理上的不幸,不要老想着剥夺他人的幸福,因为他们自己的幸福从未被人剥夺。

目前的状况是许多教师无法尽力从事他们有能力进行的工作。这有种种原因,有些原因多少带些偶然性,其他原因则非常根深蒂固。先谈前种原因。大多数教师工作过度,十分劳累,被迫为其学生参加考试作种种复习准备,无法对他们进行自由开阔的思维训练。而那些不熟悉教学的人——其中几乎包括所有的教育当局人士——根本不了解这样做所付出的精神代价。人们未曾期待牧师每天布道几个小时,可却要求教师每天讲课几个小时。其结果是许多教师被弄得烦恼不安,不了解他们所教授的科目的最新成果,无法使学生为增长见识感到喜悦,为获取新知感到振奋。

　　然而,这还不是最严重的问题。在大多数国家里,某些意见被公认为正确,另外一些意见则被认为危险。持有所谓不正确意见的教师得沉默不语。如果他们谈出自己的意见,那就被视为宣传,而谈述正确的意见则是理所当然的正确讲授而已。结果,探索好问的青少年不得不经常从课外去发现当代最活跃的头脑正在思考的问题。美国有一门学科叫做《公民学》,这门课要比其他课程的教学更易使学生误入歧途。它向学生们照本宣讲公众事物该如何处理,谨慎地避开公众事物实际上处理的真情。其结果是学生们长大发现真实情况后,往往会变得十分愤世嫉俗,从而失去所有的公众理想;倘若能在学生小的时候,认真地向他们讲授实情,适当地加以评论,他们也许会了解邪恶的存在,成为反击邪恶的斗士。

　　制订教育计划的人常常重犯的罪过之一便是认为假话具有教诲作用。我个人认为,只有那些具有坚定的决心,决心在其教学过程中不隐瞒真理的人,才能成为优秀的教师。以避开实情而培植起来的美德是脆弱的,它一接触现实就不复存在。世界上有许多值得钦慕的人,教学生了解他们被钦慕的各个方面是件好事,可若教学生去崇拜那些缺点已被掩盖起来的人物则是件坏事。有人认为,了解了事物的实情会导致愤世嫉俗,倘若这种了解来得突然、令人震惊,才会产生这样的后果。但是,若能启发学生了解真理的愿望,使其进行科学探索,渐渐地在探索中了解实情,并适当地掺插何谓是非的讲授,就不会产生上述后果。学生们无法检验他们所听到的事物之真伪,向他们讲假话在道义上是不堪一击的。

　　倘若民主要存在下去,教师应该努力教育学生们学会容忍,教导学生们努力理解不同于自己的人们。或许以恐惧与厌恶来看待与自己习惯相异的做法与习俗,属于人的自然的冲动。蚂蚁与野蛮人将外来者置于死地。那些未曾旅行过或未有阅历的人们,往往难以容忍其他民族或其他派别或政党的奇异的信仰与离奇的做法。这种无知的褊狭与文明的世界观相对立,也是我们这个过于拥挤的世界所面临的最重大危险之一。应该设立能够改变这种状况的教育制度。然而,目前为此目标所做的努力甚少。民族主义情绪在各个国家都得到赞许,向学生们灌输其他国家的人们智力上、道德上都不如学生们所居住的国家的人们,而学生们对此又太易轻信。集体的歇斯底里是人类情感中最疯狂、最残酷的部分，它非但没得到抑制，反而得到助长，促使学生们相信其经常听到的说教，而不是相信含有理智基础的内容。所有这些弊端均非教师之过。他们不能教授其愿意教授的内容。而教师却最直接了解学生的需要，教师在日常接触中开始关心学生，然而却不是由教师来决定教学内容和教学方法。学术性职业应有比目前更大的自由，此类职业应有更多的自决机会，更多的独立，而免受官僚与教条主义者的干预。在我们的时代，无人同意让无医疗专长的当局控制医务人员，由它们决定如何为病人治疗，除非医务人员违反拯救病人的医疗宗旨而犯罪。教师的职业性质类似于医生，教师的目的是诊治幼稚，但却不允许他根据自己的经验来决定最合适的方法。几所具有历史名望的大学因其声望所致，已获实际上的自治，但大多数教育机构正受那些不懂教育工作、可又有权力进行干预的人的阻碍与控制。在高度组织起来的世界里，防止集权主义的唯一方法就是使从事有益于公众工作的机构获得一定程度的独立，而在这些机构中，教师的独立性应该居于首位。

同艺术家、哲学家和作家一样，教师只有感到自己是一个独立的、受内在创造性冲动指导的个人，而不受外界的控制与束缚，才能尽职尽责。在当今世界，很难找到个人的一席之地。集权国家的独裁者或是具有大型产业集团的国家的财阀巨头可以高高在上，但在思想领域中个人却越来越难以摆脱控制无数男女生活的高度组织起来的势力而保持独立。这个世界若不想失去从其精华那儿获得利益，则必须不顾组织化的现状而找到一些给予他们机会与自由的方法。这就涉及努力限制当权者的作用，自觉地认识到必须给予一些人自由的机会。文艺复兴时期的教皇对待这一时代的艺术家尚能有此认识，而当今权势当局似乎在尊重杰出人才方面有着更大的困难。我们时代的动荡有害于文化之精华。现在普通民众充满恐惧，因而不愿容忍他认为无必要的自由。也许我们必须等待安定一些的时代的到来，届时，文明的主张才能重新压过党派精神。与此同时，重要的是至少要有一些人继续认识组织化所带来的局限。每一制度都应允许余地与例外，因为若不如此，其结果将会摧残人的所有优秀的才能。

李淑贤　译

教师论（节选）

小原国芳①

　　我们不是要侈谈教师问题，而是为真正彻底改进教育教学现状才强调教师问题的，至少对现在那些懒惰的教师有强调的必要。

　　前边我们提出了灵感、自觉、火花、探究精神等。这绝不是忽视繁难的教学方法，相反，我们认为教学方法也很重要。但是，今日的教育过于依赖教学方法了。与方法相比，毋宁需要我们教师的内在努力，这是根本性的问题。奥斯特瓦尔德在《伟人论》中作了结论说，对于天才的教育绝对需要的是暗示和书。所有的大科学家都受过他周围的人的某种暗示。比起那些冗繁的教学细则、方法、课程表、提纲之类的东西，我们更需要的是那些能给学生以暗示和神火的教师。

　　自觉与努力，绝不是通过道学式的训示式的说教可以得到的。越被禁止的事情越想试试，越让干的事情越不想干，这是人之常情。儿童尤其如此。做教师的应当理解这种心理。各种做法和教法之所以也有很大的力量，实际就是教师本身的不断努力所致。第斯多惠说："只有不断进步的人才有权利教别人。"只有不断努力、具有进步的热烈的探究精神的人才能使人灵化，迸发出感人的火花。这就是唤起他人的自觉与引发他人的灵感。只有这种人才能给予暗示，使天才的能力得到开发。人格与人格的关系愈神秘，也就愈深刻。我们在大学生活中得到了许多宝贵的东西，其中那种真挚、热烈的学术气氛使我们热爱学问。东大文学部姑且不论，各位老师的那种在学问良心上敏锐的、极其虔诚而又谦虚真挚的态度使我们得到了净化。那种不为金钱、地位、富贵所动，甘于清贫，忠于

---

　　①　小原国芳(1887—1977)，日本教育理论家、玉川学园的创立者。

学问的精神,那种旺盛的探究精神,给了我们多少激励,给了我们多大的教育,这些都是我们一生中最宝贵的东西。

要在真理面前做一个纯真虔诚的孜孜不倦的朝拜者,这确实能匡救我们的教学。与其做一个完成的大行家,不如永远做一个未完成的学徒!与其追求居高傲下的地位,不如做一个谦让的苏格拉底式的"无知者"!要时常感到自己的不完全和不足,要永远做一个用探寻的目光看事物的婴儿!不因经验和老一套而陷于麻痹,而要敏感常存!要使自己的窗子常为汲取真理而打开!不要陷于褊狭固陋,而把自己陈旧的真理观奉为后半生的圭臬!要做一个对真理永远顺从的少女!

惟有如此,惟有这样的人,才能发出真正的灵光、自觉和火花。

只有自己艰苦努力的人,才能同情别人的艰苦,鼓励别人。只有自己对某一事物亲自进行长期的研究,才能得到真正的实验资料。释迦与基督在经历了痛苦磨难之后才找到了普度众生的方法。同样,只有通过自己艰苦地钻研才能创造出生动活泼的教学法。那些自己不想花费任何精力,甘做笔记机械,满堂灌出来的师范毕业生,能搞出真正活的教育来吗?更何况连教材还不精通呢!

最后要谈的是爱。爱!一颗诲人不倦的父母心,一种企望学生提高到自己那种程度的同情心,一种对弱者和失败者的怜悯心,一种对优秀者和日益上进者的尊敬心。这样,生动活泼的教学法就会产生。

刘剑桥、由其民、吴光威　译

图书在版编目（CIP）数据

站住讲台的力量：文化·教师·讲台 / 吴国平主编. — 上海：上海教育出版社,2017.8（2025.7重印）
ISBN 978-7-5444-7774-1

Ⅰ.①站… Ⅱ.①吴… Ⅲ.①教育—文集 Ⅳ.①G4-53

中国版本图书馆CIP数据核字(2017)第193769号

总 策 划　刘　芳
责任编辑　宁彦锋　李千里
　　　　　王嫣斐　梁乐天
封面设计　陆　弦

站住讲台的力量
——文化·教师·讲台
吴国平　主编

出版发行　上海教育出版社有限公司
官　　网　www.seph.com.cn
地　　址　上海市闵行区号景路159弄C座
邮　　编　201101
印　　刷　上海华顿书刊印刷有限公司
开　　本　700×1000　1/16　印张21.25　插页2
版　　次　2017年8月第1版
印　　次　2025年7月第4次印刷
书　　号　ISBN 978-7-5444-7774-1/G·6411
定　　价　78.00 元

如发现质量问题，读者可向本社调换　电话：021-64373213